篮球运动教学与训练实践研究

陈 含◎著

线装书局

图书在版编目（ＣＩＰ）数据

篮球运动教学与训练实践研究 / 陈含著. -- 北京：
线装书局, 2023.8
ISBN 978-7-5120-5615-2

Ⅰ. ①篮… Ⅱ. ①陈… Ⅲ. ①篮球运动－体育教学②
篮球运动－运动训练 Ⅳ. ①G841.2

中国国家版本馆CIP数据核字(2023)第151346号

篮球运动教学与训练实践研究
LANQIU YUNDONG JIAOXUE YU XUNLIAN SHIJIAN YANJIU

作　　者：陈　含
责任编辑：白　晨
出版发行：线装書局
　　　　　地　　址：北京市丰台区方庄日月天地大厦 B 座 17 层（100078）
　　　　　电　　话：010-58077126（发行部）010-58076938（总编室）
　　　　　网　　址：www.zgxzsj.com
经　　销：新华书店
印　　制：三河市腾飞印务有限公司
开　　本：787mm×1092mm　　　　1/16
印　　张：17
字　　数：400 千字
印　　次：2024 年 7 月第 1 版第 1 次印刷

定　　价：68.00 元

线装书局官方微信

前　言

　　篮球运动作为一种社会文化元素和文化载体，已经被赋予了经济、科技、信息乃至政治的社会文化功能。在体育事业不断发展的推动下，篮球运动的技术也是日新月异。我国篮球运动水平在亚洲虽为一流，但却不能与世界一流水平比肩，要缩小与世界一流国家篮球运动水平之间的差距，就必须在篮球运动技术教学与训练方面有一些新的突破。充分重视篮球运动技术的教学与训练，增强技术和训练方面的理论研究和方法指导，这对提高篮球运动水平具有积极的推动作用。

　　为青少年提供优质的篮球教学与训练活动是提升他们篮球技能的重要举措。随着现代篮球运动的不断发展，其在教学与训练方面上也有了较之以往很多的不同，然而在实践中发现青少年的篮球教学与训练中仍然存在着教学内容陈旧、教学方法不适配、教学手段单一等问题，如此都会对青少年的篮球技能精进带来阻碍。为此，特撰写《篮球运动教学与训练实践研究》一书，以期为我国青少年篮球技能的提升做出绵薄贡献。

　　本书行文共计十章。第一章为篮球运动概述；主要研究了篮球运动的起源与发展、篮球运动的特点与价值、中国篮球运动的发展与现状以及重要篮球赛事与联赛介绍；第二章是篮球教学与训练方法，主要内容有篮球教学方法的内容与特点以及篮球训练方法的内容与特点；第三章是多维视角下的篮球教学研究，主要研究了分层次教学视角下的篮球教学研究、拓展训练视角下的篮球教学研究、启发式教学视角下的篮球教学研究以及掌握学习视角下的篮球教学研究；第四章是篮球技术训练，主要内容为：球性递进训练方法、移动训练方法以及运球递进训练方法；第五章讨论了位置技术的教学与训练，主要研究了位置技术训练内容、队员各位置技术训练；第六章是篮球专项力量训练法，主要研究了：结合篮球技术动作力量训练的基本原则、结合篮球技术动作力量训练方法、篮球运动核心力量训练方法；第七章是篮球战术教学与训练，主要内容有：篮球战术教学的特点与实践方法以及篮球防守、进攻战术教学与训练；第八章为篮球运系统性体能训练研究，主要内容有：体能训练理论与篮球体能训练要求、基础体能训练方法设计、篮球专项体能训练方法设计；第九章内容为篮球教学与训练的评价方法；主要内容有篮球教学与训练的评价原则、内容与评价方法；第十章为篮球教学与训练实践；主要涵盖了篮球运动员的选材与训练行法、篮球运动员智能与心理训练、优秀篮球教练员素质培养与竞赛指挥以及篮球竞赛组织与管理方法。

本书全面、细致地对篮球运动教学的理论与实战技巧进行了探究，呈现了以下特点。首先，本书做到了理论与实践的有机结合，本书从理论分析入手，逐步过渡至教学实践，使得篮球教学理，论与实践相互影响、相互促进。其次，本书内容丰富翔实，结构严谨清晰，便于读者对篮球运动教学有一个系统的了解和认识。最后，本书语言通俗易懂，图文并茂的形式更是便于读者阅读，具有很强的实用性。无论是对教师、学生还是致力于篮球运动教学研究的人士而言，本书都有着极大的参考价值。

　　笔者在撰写本书的过程中，得到了许多专家和学者的帮助和指导，在此表示诚挚的谢意。由于笔者水平有限，书中所涉及的内容难免有疏漏之处，希望各位读者多提宝贵意见，以便笔者进一步修改，使之更加完善。

编委会

陈　含　王翠微

目　录

第一章 篮球运动概述

篮球运动是由一种游戏发展而成的一项世界性体育运动。随着世界体育的科学化进程，对其价值功能的认识和开发、对其运动方式方法的规范等，逐渐形成了一套相对完备的教学、训练和竞赛的理论与实践科学体系，进而推动了篮球运动在全球范围的发展，为世界和平、人类和谐与全面发展做出了贡献。本章论述篮球运动的起源与发展、特点与价值，篮球在中国的发展与现状，以及重要篮球赛事与联赛介绍。

第一节 篮球运动的起源与发展

一、篮球运动的起源

篮球运动起源于美国。1891年，马萨诸塞州斯普林菲尔德市基督教青年会训练学校体育教师詹姆斯·奈史密斯博士发明了篮球运动。这一运动的发明是经过了一定时间的酝酿的。

1866年，加利福尼亚州学校法中有了对体育的条文规定。1885年成立了"国际基督教青年会训练学校"（即春田学院），篮球运动就是在这个学校逐渐产生的。

1890年冬，参加青年会活动的人明显地减少，主要是缺少一项适合在冬季室内进行的运动项目。根据当时的情况，奈史密斯认为，为了使新的体育竞技项目达到预期的效果，必须做到以下三点：第一，为了消除人们对当时的体育活动由于粗野行为而产生的恐惧心理的误解（指橄榄球），新的竞技运动必须是"文明"的，严禁粗野的行为。第二，为了弥补足球、棒球受季节、气候的局限，这是一项在冬季不受气候影响而能在室内和晚上进行的体育活动。第三，必须改变过去采用的瑞典、法国、德国式枯燥的训练方法，使不同年龄、性别的人都能参加这项运动，它特别能吸引青年们参加。

在提出这三点要求之前，奈史密斯曾把各种室外运动项目搬进健身房内进行。他试用过橄榄球，但橄榄球猛烈的旋转和变向使其难以在体育馆内坚硬的场地上进行。随后他把足球搬进室内，但又有不少队员受伤，许多窗户玻璃被踢得粉碎。在室内进行曲棍球运动的尝试也失败了，因为受场地限制，学生经常搅在一起用球棍互相打击。奈史密斯先生意识到，要把某一种成熟的运动项目照搬进室内，是很难达到理想的效果的，只有吸收各项目的一些特点，才能创造出一种受学生欢迎的运动项目。他经过分析发现，已有的项目大多使用球进行活动，而活动时，动作的难易程度与所用的球的大小似乎成反比关系，即用小球的时候，需要用球棒、球拍等器具间接地控制球；相反，使用较大的球，可以不需要棒、杖、拍之类的间接物来控制球，而要用脚、手控制支配球，才便于做出各种动作。因此，奈史密斯觉得可以设计一种用手直接控制球的新型运动项目。

奈史密斯想到玛雅人曾发明的一种名叫场地球的球类游戏。球场的形状就像大写英文字母"I"，在一条边墙的上部中点以外的地方砌一垂直的石圈，比地面高出25英尺左右，石圈中心的洞直径为9英寸。比赛时，每一队球员都力图抢到那个具有弹性的橡胶球，并将球弹起击进高出球场地面的石圈洞里才能得分。这大大地启发了奈史密斯。此外，小孩向装桃子的竹筐里扔桃子的游戏进一步启发了他。最早的篮筐是使用装桃子的竹筐，悬挂在健身房两侧的栏杆上，离地面10英尺（3.05米）左右，用足球做比赛用球，投球入篮得1分，这是沿用足球的计分方法，按得分多少来决定胜负。原始的比赛，每次投球中篮后要爬梯子上去把球取出来，再重新开始比赛。之后，又将装水果的竹篮子改为铁质篮圈，篮网用绳子编制而成，并在网底连接一条绳子，通过球篮上沿，将投入的球拉出，这样就减少了爬梯子所耽误的时间和造成的麻烦。到了1893年，才以带网的铁篮圈代替竹筐。

最早的篮球场地与参加活动的人数并没有统一的规定，队员没有固定的区域和固定的人数，只规定双方参加比赛的人数必须相等。比赛开始时，双方队员跑向场中抢球，持球队员可以抱球跑到篮下投篮。比赛在两个15分钟内进行，中间休息5分钟，结果以投中球多的一队为胜。如果平局，经双方队长同意，比赛可以延长至谁先命中一球为止。

二、篮球运动的发展

（一）初创试行时期（19世纪90年代——20世纪20年代）

19世纪90年代，篮球运动无明确的竞赛规则。场地大小、活动人数不限，仅在室内一块狭长的空地两端各放一个桃筐，竞赛时把参加者分成人数相等的两队，以横排方式分别站在场地两端界线外。当竞赛主持者在边线中心点把近似现代足球大小的球向场地中心区抛起后，两队便集体奔向球落地点抢球，随即展开攻守对抗，将球投进筐一次得一分，累计得分多者为胜，而每进一球后都需要按开始时的程序重新比赛。

1892年，奈史密斯将比赛场地按照进攻方向分为后场、中场和前场，同时明确了比赛的要求。如不准个人持球跑；限制攻守对抗中队员间身体接触部位等；对悬空的篮筐装置也做了明确规定。不久，他又提出了13条简明但必须严格执行的比赛规则。其中包括：比赛时间分为前、后两个15分钟，其间休息5分钟；比赛结束双方打成平局时，若双方队长同意，可延长比赛时间，先投进球的队为胜；掷界外球规定在5秒钟内完成，超过5秒钟时，裁判可判违规，由对方发界外球；某一方连续犯规三次，判对方投中一个球；可以用单手或双手运球，但不允许用拳击球；不准用手或脚对对方队员进行打、推、拉、拌、捶，违者第一次记犯规，第二次判犯规者停止比赛，直至对方投进一个球后才允许该犯规队员再次进入场地参赛。对故意或具有伤害性质的犯规行为，则取消犯规者该场比赛的资格，而且该队不得换人。

此后，比赛场地由不分区域到逐步增划了各种区域的限制线，如中圈及罚球线，不久又增加了中场线；篮圈也由铁圈取代了其他形式的篮筐；篮圈后部的挡网也换成木质规则的挡板，并与铁质篮圈相连，接近于现代使用的篮板装置。具体为：竞赛开始，由中圈跳球，赛中的队员也开始有锋、卫的位置分工，前锋、中锋在前场进攻，后卫负责守卫本队篮球和把球传给中场和前场的中锋和前锋。至此，现代篮球运动的雏形基本具备。

从1904年第3届奥运会上美国队举行了国际上第一次篮球表演赛至20世纪20年代末，国际虽未有统一的篮球运动规则，但每队上场人数已基本定为5人，进而球场有了电灯泡式的限制区和罚球时的攻、守队员分列的站位线。但是，此时攻守技术简单，仅限双手做几个传、运、投的基本动作，竞赛中以单兵作战为主要攻守形式，战术配合还在朦胧时期。

1891——1920年，由于篮球比赛的趣味性较强，篮球运动在美国教会学校迅速得以推广。同时，通过基督教青年会组织以及教师、留学生间的交往，在1891—1920年，篮球运动随着美国文化和宗教先后传到欧洲、亚洲、澳洲及非洲。

（二）完善、推广时期（20世纪三四十年代）

进入20世纪30年代以后，篮球运动迅速向欧、亚、非、澳四大洲的许多国家推广、发展，篮球技术不断改进，单兵作战的基本形式逐渐被掩护、协防等几个人相互配合的形式所取代。为了推动世界各国篮球运动的发展，1932年6月18日，由葡萄牙、罗马尼亚、瑞士、意大利、希腊、拉托维亚、捷克斯洛伐克、阿根廷8国的代表酝酿组织，在瑞士的日内瓦成立了国际业余篮球联合会，并以美国大学生篮球竞赛规则为基础，初步制订了国际统一的竞赛规则。如规定每队参赛人数为5人；场地上增加了进攻限制区（将电灯泡罚球区扩大为直线罚球区的3秒钟限制区）；进攻投篮时，若对手犯规，则投中加罚1次，未投中加罚2次；竞赛时间由女子8分钟、男子10分钟一节，共赛四节；改为20分钟一节，共赛两节。进攻队在后场得球后必须10秒钟过中线，不得再回后场等。1936年第11届奥运会上，篮球运动被列为男子正式竞赛项目，现代篮球运动从此登上国际竞技舞台。

20世纪40年代，随着篮球技术、战术的不断演进、发展，特别是运动水平的提高，高大队员开始涌现，篮球界也对篮球规则进行了充实、修改。例如，严格了侵人犯规罚则和违例罚则；篮板分长方形和扇形两种；球场中圈分为跳圈和禁圈两个圈；球场罚球区的两侧至端线，明确分设了争抢篮板球的队员的分区站位线等。这些使篮球技术、战术不断变化和充实，并各成体系地向集体对抗方向发展。到20世纪40年代末，进攻中的快攻、掩护、策应战术，防守中的人盯人防守、区域联防等战术阵型和配合，已被各国篮球队所运用，篮球运动在国际进入完善、推广的新时期。

（三）普及、发展时期（20世纪五六十年代）

20世纪五六十年代，篮球运动在世界各地得到普及。特别是随着篮球运动技术、战术的创新发展，规则与技术、战术之间的不断制约和相互促进，篮球运动对运动员的身高也有了要求，高度开始成为现代篮球竞赛中决定胜负的重要因素之一。由此，一种利用高大队员强攻篮下的中锋打法风行一时，篮球运动员选材进入了一个向高大体型发展的新时期。特别是1950年和1953年在阿根廷和智利举行的男、女首届世界篮球锦标赛上，高大队员威震篮坛。国际上开始流行"得高大中锋者得篮球天下"的说法。这些使得篮球规则中增加了在场地和时间上对进攻队的限制。

如20世纪50年代，篮下门字形3秒钟区域扩大成梯形3秒钟区；一次进攻有30秒钟的限制以及进入20世纪60年代中期一度取消中场线（60年代末又恢复）等。攻守区域的扩大，高度与速度的相互交叉、渗透，使比赛中的速度、技巧、准确性、争夺篮下的优势，成为竞赛胜负的重要条件，有力地推动了攻守技术、战术的全面发展。例如，进攻中的快攻、"0"字形移动掩护突破快攻以及防守中的全场紧逼人盯人防守，成为当时以快制高、以小打大的重要手段。20世纪60年代末，世界篮球运动开始形成以美国队为代表的高度、速度与技巧相结合的美洲型打法，以苏联为代表的高度、力量和速度相结合的欧洲型打法，以韩国、中国队为代表的矮、快、灵、准相结合的亚洲型打法，篮球运动跨入普及、发展的新时期。

（四）全面提高时期（20世纪七八十年代）

进入20世纪70年代以后，身高2米以上的队员大量涌现，篮球竞赛空间争夺越发激烈，高度与速度的矛盾更加尖锐，高空技术的发展和占有高空优势显示着实力，篮球竞赛名副其实成了巨人们的"空间游戏"。为此，规则对高大队员在进攻时有了更多的限制和要求，这有利于调动防守和身高处于劣势队员的积极性。随之，一种攻击性防守——全场及半场范围内的区域紧逼人盯人防守和混合型防守战术展现出新的制高威力。1973—1978年，竞赛规则中又多次调整了犯规次数，增设了追加罚球的规定，促使防守与进攻的技术在新的条件制约下，向既重高度、速度，又重智慧、技巧、准确、多变的方向发展。这些表现为：进攻中全面的对抗技术、快速技术、高空技术结合得更加巧妙；传统的单一型的攻击性技术、机械的战术配合和相对固定的阵型打法，被全面化、整体性、综合性频繁移动中穿插掩护的运动中打法所取代；防守更具破坏性和威胁力，个人远距离斜步或弓箭步站位干扰式防守和单一型的防守战术，被近身平步站位，积极抢位，身体有关部位被破坏型的个体防守和集约型防守战术所取代。尤其自1976年第21届奥运会篮球赛（女子篮球被正式列为奥运会竞赛项目）和1978年第8届男子世界篮球锦标赛后，篮球运动高身材、高技巧、高速度、多变化、高比分的特点，特别是高空技术有了进一步发展。这一趋势和特点到20世纪80年代则更为突出和明显。为此，20世纪80年代中期，国际篮球联合会又对篮球竞赛规则中有关进攻时间、犯规罚则做了修正，规定了远投区，增加了3分球规定等。

（五）创新、攀登时期（20世纪90年代至今）

进入20世纪90年代以后，国际奥委会允许职业篮球队员参赛，给世界篮球运动开创了新的发展渠道和方向。1992年，在西班牙巴塞罗那举行的第25届奥运会上，以美国"梦之队"中的超级球员乔丹、约翰逊等为代表表演现代篮球技艺，将这项运动的技艺表现得更加充实、完善，战术打法更为简练实用。随着苏联、南斯拉夫、巴西等欧美地区篮球竞技水平的迅猛提高，形成了美、欧两大洲对抗的格局。从此以后，世界篮球运动发展跨入了创新、攀登，机智化、技艺化于一体的新时期，标志着现代篮球运动整体结构、优秀运动队伍综合智能结构，以及运动员的体能、智能与掌握、运用篮球技术、战术的能力结构发生了质的变化。

1994年后，国际篮球联合会因运动员制空能力增强、空间拼抢激烈，对篮球竞赛规则又做了些修改，使比赛空间争夺更安全、更合理、更具观赏性，并将篮板周边缩小，增加保护圈。1999年12月，又决定在2000年奥运会后实行某些新的规定，即比赛分为4节，每节比赛时间10分钟；每队每节如达4次犯规，以后发生的所有犯规均要处以2次罚球；两节比赛后中场休息15分钟；首节与第2节之间、第3节与第4节之间休息2分钟；首节、第2节、第3节每队只可暂停1次，第4节可以暂停2次；球队每次进攻的时间从30秒钟缩短为24秒钟；球进入前场的时间限制为8秒钟；奥运会和世界锦标赛可以实行三裁判制度等。现代篮球运动，无论是男子篮球还是女子篮球，今后都将向着智、高、快、全、准、狠、变和技术、战术运用技艺化的方向发展，形成高度技艺性、文化性、观赏性、商业性的发展趋势。

由此可见，现代篮球竞技运动的形成是有阶段、有层次，从低级向高级逐步演进的。其发展线索为：某一个国家的地方性游戏→区域性文化活动→竞技性项目→世界范围的体育文化现象→体育科学的一个分支。

第二节　篮球运动的特点与价值

一、篮球运动的特点

（一）集体性

在篮球运动中，只有通过队员之间集体协同配合，才能够出色地完成技、战术行动。球员所做的中动作，都是需要两人以上的协同配合才能够实现，因此，球队必须要重视全队行动的协调一致性，与此同时，还要注意调动动每一位球员的积极性。总而言之，只有集合全队的技能与智慧，发挥出团队的精神，才能够获得理想的成绩，而这也是篮球运动集体性的表现。

（二）对抗性

作为一项直接发生身体接触的对抗性运动，篮球的基本特征与规律就是攻守的强对抗。而这种对抗表现在诸多方面，比如，无球队员之间的对抗、争夺篮板球之间对抗、双方球员意志品质的对抗等。通过对抗能够培养人的竞争能力与意识，而这也是现代素质教育的一个重要组成部分。

（三）综合性

篮球运动的技术动作非常多，而且在比赛中应用的技术都是以组合形式呈现的，加之比赛情况的复杂不定，导致技术组合具有无确定性、随机性与多样性的特征。除此之外，篮球运动作为一门交叉的边缘性学科，所涉及的学科包括教育学、竞技学、社会学、管理学、社会学等，因此，对教练员的科学化的训练、教学以及高水平的指挥管理都提出了更高的要求。上述这些都说明篮球运动是一项综合性的体育运动。

（四）变化性

篮球是一种攻守快速转换的运动，且转换都发生一瞬间，从而使得比赛自始至终处于快节奏中，让观众处于专注、紧张的状态，充分体现了篮球的独特魅力。另外，由于赛场情况变化多端，因而，如果球员采用固定不变的打法无法取得比赛胜利的，所以需要球员具有善于根据主张情况随机应变的能力。上述这些特点充分地体现了篮球运动的变化性。

（五）多元性

发展到今天，篮球运动已经成为一门具有较强交叉性的学科课程，并且其在运动方面的知识也开始向多元化方向发展。因此，要求球员与球队必须具备特殊的个性气质、生理机能、心理品质、身体形态条件、运动意识、道德作风，以及团队精神、身体素质、专项技战术配合方法体系、实战能力等，这体现了篮球运动的多元性。

二、篮球运动的价值

（一）篮球运动的健身价值

1.篮球运动对身体形态和机能的价值

（1）篮球运动对身体形态有着重要的作用。篮球运动对人体的身体状态有着重要的作用，首先体现在对骨骼的作用。人们进行适宜的篮球运动锻炼，使骨骼承受一定负荷的刺激，能够促进血液循环，改善骨骼的营养供给，加快骺软骨的增生和骨化增长，从而促进骨骼的生长发育；经常参加篮球运动，采用较低和中等强度的运动负荷，对于发育中的骨骼，可明显促进其骨密质的形成；篮球运动对骨松质的作用也是篮球运动对骨骼作用的体现，大量研究表明，篮球锻炼使骨小梁新骨形成增加，骨小梁排列更有序化。篮球运动对人体的身体状态有着重要的作用还体现在篮球运动对肌肉的作用上。骨骼肌是实现人体运动的器官。研究证明，科学的体育锻炼可使骨骼肌的形态、结构及功能发生一系列适应性变化。具体表现在以下几个方面：篮球运动能够使肌肉体积增加；篮球运动可以促使肌腱和韧带中的细胞增生，也可使肌外膜、肌束膜和肌内膜增厚，肌肉变得结实，抗牵拉强度提高，从而增强肌肉抗断能力；作为一项集力量、爆发力、耐力、速度、灵敏性和柔韧性于一体的运动项目，篮球运动可使肌纤维得到最大限度的发展，而且快肌纤维增粗明显。篮球运动还可以增强肌肉收缩能力，篮球运动通过改善和提高肌群的协调性，使肌肉收缩能以最有效、最经济的方式来完成某一动作，肌肉收缩的效率得到充分发挥。另外。经常参加篮球运动，一方面会使肌肉中的线粒体数量增多，体积增大，肌肉有氧氧化生成ATP的能力增加；另一方面会使肌糖原含量增多，增加肌肉内能源储备，可以延缓运动性疲劳的产生，有利于肌肉进行紧张持久的工作。此外，篮球运动对身体成分的作用也是篮球运动对身体形态作用的体现。

（2）篮球运动对呼吸系统机能有着重要的作用。经常参加篮球运动，能使呼吸肌得到发展、胸围加大、呼吸深度加深、肺和胸廓弹性增强、安静时呼吸次数降低、肺活量增大。经常参加篮球运动的人们，肺活量明显增加，有氧运动能力有显著提高，这说明篮球运动对改善机体的生理机能有积极的影响。篮球运动可导致安静时呼吸深度增加，而呼吸频率下降，肺泡通气量和气体交换率加大，即肺通气更有效。人体通过呼吸系统摄取到氧气，还要通过心血管系统把氧输送到组织器官。经常参加篮球运动还可以使肌肉中的毛细血管增加，线粒体数目增多和体积增大，促进静脉血液回流和有氧氧化酶的活性增加，并可提高肌红蛋白含量和最大吸氧量。

2.篮球运动对身体健康素质的价值

（1）篮球运动对有氧代谢能力有着重要的作用。篮球运动可以提高有氧代谢能力。现代篮球比赛中的运动负荷为高密度、大强度。由于比赛中经常出现犯规、暂停、换人、球出界等情况中断比赛，运动员可以利用这些时间获得短暂的休整，所以在比赛中大部分时间都是以有氧代谢为主。作为普通人参加篮球运动或篮球比赛，运动强度要大大小于专业篮球运动员，其有氧代谢提供的能量比例更大。因此，经常参加篮球运动可以有效提高肺泡通气量，提高呼吸效率，改善心血管机能，促进组织器官中氧化酶活性升高，增强利用氧的能力。

（2）篮球运动对肌肉力量有着重要的作用。篮球运动可以使肌纤维增粗，募集更多的运动单位，从而能够增加肌肉力量。参加篮球运动，运动者的肌红纤维增粗，合成ATP能力也得到增强，肌肉持续工作时间延长，从而增强了肌肉耐力。

（二）篮球运动的健心价值

1.篮球运动有助于情商的培养

情商是一种非智力因素，通常表现为协作配合能力、处理人际关系的能力、组织管理能力、解决问题的能力以及承受挫折的能力等。情商作为一种非智力因素，对参与者的学习、工作、生活以及事业的成功都很重要。篮球运动有明湿的对抗性、集体性和统一性规律，参加篮球运动可以培养参与者充沛的体力和精力、良好的心理承受能力、公平的竞争意识、广泛的社会交往能力，以较高的情商去应对学习和生活中的困难。参加篮球运动。可以培养团结拼搏、乐于奉献、积极向上的优良品质；在篮球规则的约束下，有利于形成文明的行为方式和良好的体育道德风尚；在篮球竞赛过程中，有利于培养克服困难、善于创新的精神。有利于培养科学、文明、健康的生活态度。

2.篮球运动有助于提高健康幸福感

健康幸福感也称心理自我良好感，是指与积极参加身体锻炼有关的某种兴奋、自信和自尊的情绪和态度体验。积极参加体育锻炼者比不运动者的自我感受和评价更积极，这主要是由于锻炼身体产生了内心愉快和乐趣的结果。锻炼身体对健康幸福感产生积极影响的原因有生理的、心理的和社会的，也可能是三者综合作用的结果。在篮球运动中，当一个技术或战术运用成功，或者取得比赛胜利后，个体会以自我欣赏的方式传递其成就信息于大脑，体验成就效应，从而产生自我成就的认识和情感体验，产生愉快、振奋和健康幸福感。

3.篮球运动有助于塑造健全的人格精神

人格精神即指包括气质、能力、性格和理想、信念、动机、兴趣、人生观等各方面能够得到协调与平衡发展，人格作为人的整体的精神面貌能够完整、协调、和谐地表现出来。篮球运动从宏观上看是群体的竞争，从微观上看又是群体中个体之间的身体冲突和技巧智能的直接对抗。篮球运动中的每一个环节，都要求个体在充分发挥自身特点和水平的基础上，构成整体实力，或者说群体的默契配合依赖于个体的技巧和智能的充分发挥。篮球运动复杂多变，每一个瞬间都要求个体必须做出正确的观察判断，独立果断地选择个人战术行动。

篮球比赛中，运动员运用技、战术的时机很重要。个体失误的累加往往会影响局势的发展。篮球运动的这种特点表明，艰难中需要勇气，常态下需要创新，只有个性鲜明、人格独立的人才敢于冒险和创新，才有可能在极端复杂困难的条件下坚持与强有力的对手进行顽强的斗争，并取得比赛的最终胜利，创造出意想不到的成功。篮球比赛的竞争可以最直接、最富有力度地表现人的本质力量。因此，通过篮球比赛，不仅能够锻炼人们坚韧不拔、勇敢顽强、吃苦耐劳的意志品质，而且对人的自觉性、目的性、果断性以及自制力、坚持力、创造性等均有极大的影响，所以篮球运动可以实现人的个性的自由发展。运动中需要观察对手，分析判断，扬长避短，创造优势，把握时机，敢于胜利，这也是现代人人格精神的内涵，是激烈的社会竞争中必须具备的基本素质。

（三）篮球运动的社会价值

1.篮球运动对社会规范的作用

篮球运动有一定的规则，参与者必须在规则的规定下进行运动。规则对篮球运动是十分必要的，攻击性是人性的一大特点，篮球运动也是一项对抗激烈的运动，如果没有规则的制约，可以想象篮球运动中定会出现一些粗野的动作和不礼貌、不道德的行为。规则的出现，是对参与者行为的控制，它保证了双方在公平合理的条件下进行对抗，限制了不合理行为的出现。通过篮球运动，人们在规则下运动，这对参与者有着个人行为规范化的教育功能，使参与者获得对现代社会生活方式的规范与演练，使人们健康文明的社会行为习惯得到培养。在篮球运动中，个体行为要符合规则，要自觉养成遵守规则的行为习惯。个体的行为要体现敬业精神，表现出踏踏实实、全力以赴的精神风范，取得社会规范的认同；要学会控制侵人犯规行为。在比赛激烈对抗的情况下，发生身体碰撞是在所难免的，但参与者的动作要合理，其目的应是力争获得球或有利的位置，绝不能故意害人伤人。在篮球比赛中，对于一些常常因情绪过激而发生暴力行为，都有着严厉的惩罚措施，同时还会受到社会规范、社会公德的谴责，严重的还要受到法律的制裁。这种惩罚措施对篮球运动参与者有着一定的震慑作用，使参与者们按照篮球运动的规则进行运动，从而有利于社会规范的形成。

2.篮球运动对经济的作用

篮球运动是体育的重要组成部分，体育产业的发展离不开篮球运动的发展。体育产业兴起，而作为其重要内容的篮球运动，由于普及广、发展快、影响力大，具有极大的发展潜力。尤其是近些年来，篮球运动的职业化，商业化进程加快，篮球运动对体育产业的贡献与日俱增，随着篮球运动的进一步发展，篮球运动的巨大经济价值将得到进一步体现。

3.篮球运动对社会交往的作用

篮球运动是一项团体运动，自然涉及人与人的交往，通过篮球比赛，还会涉及球队与球队之间的交往，甚至是国家与国家之间的交往，篮球运动可以促进社会交往的进行。由于篮球运动在世界范围内开展。已成为社会交往的重要手段。人与人、团体与团体，国家与国家，通过篮球运动，建立起了理解、信任、团结和友谊的关系。对于国家与国家来说，人种不同、肤色不同，语言也不同，为相互之间的交流增加了障碍，但篮球可以成为各个国家之间共同的"语言"，通过亲身体验或者观看篮球比赛，人们对篮球运动的理解是一致的，人们在共同的参与中得到欢乐、愉悦和满足，相识并了解，从而产生了共同语言，建立起了良好的关系。

4.篮球运动对终身体育的作用

篮球运动对终身体育有着重要的作用。篮球运动深受人们喜爱，因为通过篮球，人们可以获得身心的发展。随着社会的发展和生活节奏的加快，人们面临着巨大的压力，各种文明病对人们产生了威胁，体育运动成为人们缓解压力、保持健康的最有效方式之一。尤其是篮球运动，对场地器材的要求较低，其消费水平较适合广大消费人群，很容易普及。于是人们纷纷亲自参与到篮球运动中来，体验运动的乐趣。人们在篮球运动中的奔跑跳跃、抛掷运投、攻防抢球，使身体得到了锻炼，使身心得到了愉悦。篮球运动，给人们带来了极大的好处。运动要想取得理想的效果，必须持之以恒。终身体育的理念就是主张体育锻炼要持之以恒，目前，终身体育的理念已经深入人心。篮球作为全民健身的项目之一，深受广大群众的喜爱，它不仅内容丰富，锻炼价值高，而且对增强体质，提高人体的各项机能都有积极作用。它既是一种保健性项目，又是人们进行积极休息的一种良好手段，同时对提高人的身体素质和人体机能产生特殊的影响。篮球运动是一项全民健身终身体育的项目，由于它的开展比较容易，必将对终身体育的发展有着积极的促进作用。

第三节 中国篮球运动的发展与现状

一、中国篮球运动的发展

1895 年，篮球运动由美国国际基督教青年会协会第一任总干事来会理（David Willard Lyon）传入天津，开始了它在中华大地上的艰难而辉煌的行程。

根据篮球运动在中国发展的社会背景、发展特点和标志性事件等因素，把中国篮球运动的历史划分为五个时期：传入与传播时期、普及与提高时期、停滞时期、恢复与辉煌时期、创新时期。

（一）传入与传播时期（1895——1949 年）

篮球运动在中国的传播是在近代中国被逐步殖民化的大背景下发生的，具有殖民地体育的特点。篮球传入中国的初期，主要在天津、上海、北京等有限的城市青年会组织和某些中等以上学校少数学生中开展。如当时天津市的南开学校、高等工业学校、省立一中等学校，北京市的清华学校、汇学校、协和书院等，上海市的圣约翰、南洋、沪江等大学，南京市的金陵、东南等大学，苏州市的东吴大学等。

1910 年旧中国举行的第一届全运会上男子篮球被列为表演项目，1914 年第二届全运会上男子篮球被列为正式竞赛项目，1924 年第三届全运会上女子篮球被列为正式竞赛项目。此后，篮球运动逐渐在社会上活跃起来，华北、华东、华中等地区性的运动会都把篮球列为正式比赛项目。我国男运动员参加了 10 次远东运动会篮球比赛，在 1921 年的第五届远东运动会上获得过一次冠军。另外，1936 年我国曾派队参加了第11届奥运会篮球赛，虽未能进入决赛，但对推动我国篮球运动的发展起到了重大作用。在1936年第11届奥运会期间中国加入了国际业余篮球联合会，篮球运动被更多人关注，社会篮球竞赛较过去更加活跃了。

1937—1945年，中国处于抗击日本侵略的战争状态，在国民党统治区因受政局的影响，篮球活动基本处于停滞状态，国民党军队中有一些篮球活动，特别是赴印度的远征军和美国军队有篮球交往活动，抗战胜利后一度活跃的"征轮队"与此有很大关系。在日伪占领区，日本侵略者为粉饰太平也举办过一些篮球比赛。在"孤岛"上海，篮球活动较为频繁，"回力""大公""华联"等球队，具有一定的技术水平。

旧中国共举办了7届全国运动会，每一届都有篮球表演和比赛，比赛规模越来越大，水平也在不断提高。如1948年在上海举办的第7届全国运动会篮球比赛，有33支男队和16支女队参加，组织和竞赛表现了较高水平。1948年组队参加在伦敦举办的第14届奥运会男子篮球比赛，在23支参赛队中获第18名。

进入20世纪30年代后，在革命根据地，在陕甘宁边区，在晋察冀解放区，篮球活动和各种篮球竞赛都十分活跃。贺龙亲自组建的"战斗篮球队"，以及抗日军政大学三分校以东北干部为主组成的"东干篮球队"特别引人注目。他们共同的特点是宗旨明确、纪律严明、斗志顽强、技术朴实、打法泼辣、体能良好，充分反映出中国共产党领导下的革命军人优良道德品质和战斗风格，给根据地军民留下了深刻的印象，不仅有力地推动了篮球运动在这些地区的普及和提高，而且形成了我国篮球队的优良传统。我国"八一"男子篮球队长期保持国内榜首地位，与继承该传统密切相关。"战斗篮球队"和"东干篮球队"不少成员成为新中国体育事业的开拓者、领导者，为新中国体育事业及篮球运动的发展做出了突出贡献。

1945年抗日战争胜利后，篮球运动开始活跃，特别是社会篮球竞赛活动较为频繁，天津、北京、上海以及东北地区涌现出不少新球队，给1949年中华人民共和国成立后我国体育事业的蓬勃发展和群众性篮球运动的大普及、运动技术的大提高奠定了一定的基础。

（二）普及与提高时期（1950—1965）

中华人民共和国成立前夕的1949年8月，由京、津两地大学生组队参加在匈牙利举行的第10届世界大学生运动会篮球比赛，获第6名。中华人民共和国的成立，使中国篮球运动获得了新生。1949年10月，北京市举办了第一届体育大会，当时主管全国体育工作的共青团中央邀请上海市男篮冠军华联篮球队访问北京，体现了新中国对篮球运动的高度重视。我国篮球运动进入了空前的普及、发展和提高时期。

1950年12月24日—1951年2月4日，世界强队苏联男子篮球队依次访问了我国北京、天津、南京、上海、广州、武汉、沈阳、哈尔滨等8个城市，共进行了33场比赛，苏联队都以大比分获胜。1952年7月15日—8月30日，波兰国家男女篮球队应邀访问我国，在北京、天津、上海、沈阳等地进行了13场比赛，波兰亦获全胜。

苏联国家男子篮球队和波兰国家男女篮球队的访问比赛充分暴露了我国篮球竞技水平的落后状况。为了改变中国篮球运动的落后状态，我国体育主管部门积极采取措施，组建专门队伍，更新观点，学习先进经验、先进打法，并积极参加国际比赛，短期内成效显著，战胜了不少欧洲的强队，一批优秀运动员的技艺表演给人留下了深刻印象。不久，各大地区、各省市都组建了长年篮球集训队，篮球运动跨入了新的发展时期。

1955年举行全国篮球联赛以后，有了相对固定的分等级的竞赛制度。随着普及与发展的需要，1956—1957年间又实行了篮球等级升降级联赛制度和教练员、裁判员等级制度。

群众性篮球活动蓬勃发展，篮球成为广大青少年、战士、职工最喜爱的运动项目之一，群众自发建立的业余篮球队遍布各地。据1954年统计，北京、上海、天津等30个城市组织职工篮球队12874个，山东省有篮球队5241个。据1956年统计，全国27个省、自治区修建篮球场16549块，为群众篮球活动的开展创造了条件。

自1952年起国家陆续建立了上海、北京、武汉、西安、沈阳、成都体育学院，在综合性大学和师范大学建立了体育系、科，为中国篮球运动的发展打下了雄厚的人才基础。1957年，教育部委托上海体育学院举办篮球研究生班，聘请苏联篮球专家拉古纳维丘斯来华授课，开创了中国篮球研究生教育的先河。

1956年和1957年，全国篮球指导员训练班在北京举行，聘请苏联篮球专家波·莫·切特林进行讲学。参加学习的主要是我国各优秀队的教练员和体育院系篮球教师共133人。波·莫·切特林是苏联功勋运动员，也是著名的篮球教练员。他在讲学中系统地讲解了篮球技战术的教学和训练内容与方法，以及计划考核、临场指挥等内容，当时他还详细地讲解了苏联篮球运动员身体训练的方法与手段。讲学方式采取理论教学、技术课典型示范的办法，使参加学习者系统、全面地掌握了篮球运动的理论与实践内容及教学与训练方法，从而奠定了中国现代篮球运动在相当时间内的理论基础，影响着优秀运动队的训练和院系篮球教学工作。

由于重视现代篮球运动的理论学习与研究，各级篮球队的训练及管理工作走上了计划的轨道，中国篮球运动在1957年有了迅速提高的好形势。其表现是，中国篮球队开始战胜一些世界强队，如南斯拉夫、巴西和意大利等队。1958年以后，中国篮球运动水平日新月异，全面提高，逐步形成了自己的独特风格。

1957年8月，巴黎大学生运动会和国际学生文化联欢节在法国巴黎举行，国家体委和团中央决定由上海组队前往。参加这次比赛的共有13个国家的篮球队，他们是巴西、保加利亚、中国、法国、德意志民主共和国、德意志联邦共和国、匈牙利、意大利、波兰等。中国篮球队在比赛中较好地展现了快、灵、准的特点，先后战胜德意志联邦共和国队（67：52），巴西队（73：68），德意志民主共和国队（60：50），意大利队（67：52），获得了第五名的成绩。

1957年，与来访的南斯拉夫男、女篮球队共进行了9场比赛，都是5胜4负。苏联俄罗斯男、女篮球队访华，在男、女各8场的比赛中，我男队5胜2平1负、女队6胜1平1负。在这些比赛中，我国篮球运动员充分发挥了突切、抢断、中距离跳投的特长，在快攻、紧逼盯人等战术运用中，鲜明地表现出"积极、主动、快速、灵活、准确"的独特风格。通过比赛可以看出，中国篮球队的水平已有了很大的提高，运动技术有了长足的进步。

1957年以后，中国篮球出现的好形势，这是多种因素促成的，其中运动竞赛与等级制度的颁布与实施起了很大作用。全国篮球划分为甲、乙、丙三级队的比赛办法，以及建立的运动员、裁判员等级制度，使各级球队能够有计划地安排冬、夏集训，增强竞争能力。这些都是提高中国篮球运动水平必不可少的有力措施。

1956、1957年两次全国篮球联赛过后，国家体委对篮球训练工作提出了要求：为发挥我国篮球运动员的特点，全国各级篮球队要加强中、远距离投篮（特别是近距离跳投）的训练、中锋队员的身体与技术训练等，要进一步树立和发展中国篮球运动"积极、主动、快速、灵活、准确"的独特风格。

1958年国家男、女队和"八一"队在访问阿联酋、瑞士、法国、苏联等国家的比赛中，取得胜32场、平3场、负6场的好成绩。1959年国家女子篮球队访问保加利亚，与欧洲女篮亚军保加利亚队比赛。两次打成平局。国家女篮和四川女篮分别战胜来访的欧洲劲旅苏联国家青年队。在这一年里，我国男子篮球队也分别战胜当时具有欧洲一流水平的匈牙利队、获得第十七届奥运会第五名的捷克斯洛伐克队、获得世界锦标赛第四名的保加利亚队，以及实力很强的苏联国家青年队。

但是，这一时期也暴露出一些问题，主要是训练工作有机械模仿外国、结合自己实践不够等问题。最突出的是对中锋队员和高大运动员的训练仿照东欧中锋的模式，因而使原有的特点得不到发挥，甚至削弱。其次是缺乏国际比赛经验，对比赛过程中带有规律性的问题驾驭和适应性差。还有，当时中国篮球队接触到的主要是苏联和东欧一些国家，对全世界篮球运动的整体全貌尚缺乏了解，更没有机会同更多的国家球队进行对抗与较量。但是，中国现代篮球的进步是飞速的、为世人所瞩目的，中国篮球可以和东欧一些强队分庭抗礼了。

1959年，我国篮球界提出了"以投为纲"，发扬快、准、灵的风格和以我为主、以攻为主、以快为主、以小打大、积极防守的战术指导思想。此后又在总结我国篮球运动发展历程和世界篮球运动现状的基础上，从中国运动员的实际出发，召开多次篮球训练工作会议，确立了积极主动、勇猛顽强、快速灵活、全面准确的训练指导思想。从此，我国篮球运动的思想建设、队伍建设、理论建设、科学研究有了明确的发展方向。1959年出现了新中国篮球运动史上的第一个高峰。

随着篮球运动国际交往逐步增多，运动技术水平不断提高，我国篮球运动有了快攻、跳投、紧逼防守三大制胜法宝，逐步形成了快速、灵活、准确的独特风格。1960至1966年"文命"前夕，我国篮球运动已接近世界先进水平，战胜了不少欧洲强队，后因10年"文革"影响而停滞，与国际强队拉大了距离，与世界篮球发展趋势脱轨并转入低谷。

（三）停滞时期（1966——1976年）

1966年开始，我国运动训练包括篮球训练全面停止，直到1972年五项球类运动会才开始逐步恢复。1975年中国篮球协会恢复了在亚洲业余篮球联合会中的合法席位，1976年，国际业余篮球联合会通过决议，恢复中国篮球协会在该会中的合法席位，中国篮球的国际交往逐步恢复。

在此期间，为体育活动释放了时间和空间，学校的篮球活动曾兴盛一时，知识青年上山下乡在某种程度上推动了农村篮球活动的开展。

这一时期，台北地区女子篮球曾获亚洲女子篮球锦标赛第2名（1972年）和3次第3名（1968、1970、1974年）。男子篮球获亚洲男子篮球锦标赛第3名（1973年）。

（四）恢复与辉煌时期（1977——1994年）

1977年以后，体育战线全面拨乱反正，我国篮球运动确立了赶上国际水平的新目标，在总结经验、走自己的发展道路、努力研究国际篮球运动发展趋势，并重视在继承传统风格打法的基础上，倡导积极创新，重新强调"积极主动、勇猛顽强、快速灵活、全面准确"的训练指导思想和贯彻"三从一大"的科学训练原则，篮球训练得到了迅速恢复与发展。我国男女篮球队开始重新活跃在国际篮坛上。

1978年，中国共产党十一届三中全会开启了中国改革开放的新时期，我国篮球界严格训练，严格管理，加强对外交流，学校和群众篮球运动继续蓬勃发展，青少年篮球训练网络建立并得到巩固，篮球运动进入最佳发展时期，在亚洲篮球锦标赛、亚洲运动会篮球比赛、世界篮球锦标赛和奥运会篮球比赛中不断获得优异成绩。

1981 年 12 月—1982 年 1 月，国家体委在杭州召开全国篮球教练员工作会议，确立了"国内练兵，一致对外"的方针，确立了科学化训练的指导思想，为我国篮球运动攀登世界篮球运动高峰奠定了基础。

1985 年在沈阳召开的全国篮球训练工作会议上提出了坚持"以小打大"，迅速、灵活、全面、准确"的训练指导思想。男篮形成的技战术风格基本上和训练指导思想的要求一致，也和我国传统的风格接近。1987 年提出的"以防守为主"的训练指导思想，是希望将训练的重点放在防守上。通过加强防守训练来促进攻守技战术的全面发展，这符合世界竞技篮球运动更加注重防守的趋势，对解决我国篮球运动中长期存在的重攻轻守问题极为有利。

中国女篮在 1983 年第 9 届世界女子篮球锦标赛上和 1984 年第 23 届奥运会上均获得了第 3 名；在 1992 年第 25 届奥运会上获得亚军；1993 年世界大学生运动会上获冠军；1994 年第 12 届世界锦标赛上获亚军。中国女篮进入了世界强队行列，先后涌现出宋晓波、柳青、邱晨、郑海霞、丛学娣等在国际上具有较高声誉的著名运动员。

中国男篮在连居亚洲榜首的基础上，于 1994 年第 12 届世界男子篮球锦标赛上获第 8 名，第一次进入世界前八名，表明我国篮球运动竞技水平正向世界最高水平冲击，跨入了百年发展的黄金时期，这也可以说是我国篮球运动史上的第二个高峰。

（五）创新时期（1995 年至今）

随着我国社会主义市场经济的逐步建立，体育改革进一步深化，我国篮球运动更新观念、转变思想，大胆改革创新。一方面进一步抓好篮球运动的全面普及与全民健身活动的结合；另一方面针对我国男、女篮先后在竞技水平上处于滑坡状态，狠抓竞技水平的提高，改革管理体制和竞赛制度，依靠社会办队，着手进行了大胆的实践。如引进外资与外援，举行职业化主客场制联赛，有力地促进了我国篮球运动的发展与提高，加快了与国际篮球运动的接轨。

篮球界坚持"积极稳妥、健康有序"的改革方针，抓住了外商注资的机遇，与国际管理集团等外资合作，在 1996 年举办了由前卫体协、吉林、北京体师、上海交大等 8 个省市、部队、学校组队参加的男子"职业"篮球联赛（当时称 CNBA 职业联赛），这是我国职业化联赛的开端，也是一次大胆的改革尝试。

1995 年，中国篮协决定进一步对竞赛制度进行改革，以产业化、职业化为导向，并以全国男篮甲级联赛赛制改革为突破口，开始加速篮球竞赛体制改革的进程，1996 年推出了中国男子篮球职业联赛（简称 CBA）联赛。

1997 年 11 月，国家体委成立了篮球运动管理中心，在管理体制改革上迈出了重要的一步。通过改革实践，市场经济和体育产业化使我国篮球运动发生了深刻变化，带来了新的生机和活力，不仅初步摆脱了困境，而且展现出更为广阔的发展前景。CBA 联赛的成功进行，吸引了众多篮球爱好者和社会的关注，老将新秀的出色表现有效地扩大了篮球的影响力，王治郅、姚明、巴特尔、孙悦、易建联进军美国男子篮球职业联赛（简称 NBA），进一步扩大了中国篮球的影响力。而巨大的市场潜力也吸引了众多国内外企业介入，为他们提供了有利的商机，同时也迈出了篮球职业化、产业化的新步伐。

1996—2012 年，中国女子篮球队参加了第 13~16 届世界女子篮球锦标赛，在第 14 届（2002 年）世界女子篮球锦标赛上取得了第 6 名；参加了第 26~30 届奥运会篮球比赛，在第 29 届（2008 年）奥运会上取得了第 4 名，在第 30 届（2012 年）奥运会上成绩不佳。中国男篮参加了 13~16 届世界男子篮球锦标赛，没有进入前 8 名，参加了第 26~30 届奥运会篮球比赛，获得了三个第 8 名（第 26、28、29 届），在第 30 届（伦敦）奥运会上一场未赢，名列最后。

1998 年中国大学生篮球协会在恒华集团的赞助下，组织了全国大学生篮球联赛（简称 CUBA），掀起了中国高校篮球运动的新高潮。它活跃了高等学校校园文化生活，也带动了中学篮球活动的开展，对在学生中普及篮球运动起到了积极的推动作用。CUBA 还为 CBA 输送了部分优秀运动员，CUBA 成为体教结合、体育体制改革探索的成功范例。

中国的篮球运动是在近代"西风东渐"的大背景下传入的，是在我国积贫积弱的基础上艰难起步的，是在抵抗外族入侵、争取民族独立和解放的斗争中发展起来的，是在改革开放的伟大事业中创造了辉煌。新中国成就了中国篮球，中国篮球运动正为中华民族的复兴贡献力量。

二、中国篮球运动运动的发展现状

（一）专业运动训练的科学性较为欠缺

我国篮球运动训练情况不理想的原因，主要包括以下几点。

1.训练强度低

在训练强度方面，篮球运动员在强度与量并不能达到比较高的水准，而造成这种结果的原因主要包括：目前，我国用于篮球运动队的经费较少，运动员的营养条件跟不上，而低水平、低强度的运动训练很难将训练质量提高，因而，在一定程度上影响了我国篮球运动员水平的提高。

2.没有充足的训练时间

在训练时间方面，篮球运动员由于文化基础普遍薄弱，因此，想要顺利完成学业，就必须要在学习方面花费更多的精力，从而导致只能够在课余时间进行篮球练习，而且每一次的训练时间也只有短短的两到三个小时，而这些训练时间显然不够提高他们的专项竞技能力。

3.训练手段与方法落后

在训练手段与方法方面，在训练条件的限制下，使得我国很多篮球选择采用一般性的训练手段与方法来完成篮球训练，并且在内容方面主要是技战术训练，其中，心理训练与体能训练占据的比重很小。

4.不具备完善的训练检测与恢复方法

在训练过程与运动后恢复方面，我国篮球运动队中多数甚至还处于空白状态。

上述这些问题，对我国篮球运动水平的提高造成了一定的负面影响，因此，一定要尽快圆满地解决这些方面的问题，只有这样，才能够更好地促进我国篮球运动运动的发展。

（二）竞技水平相对较低

一些体育发达的国家，在篮球运动竞技方面已经达到了比较高的水平了，但我国目前还处于比较低的水平，导致这种情况的原因主要有以下两个。

第一，中华人民共和国成立初期，苏联模式对我国篮球运动的影响非常大。篮球等竞技体育在长时间计划经济体制的制约下，也实行了单一化体委负责制模式，这并不利于它的发展。

第二，篮球等竞技体育脱离了主体教育，而是选择了一个极为狭窄的体校道路，但高校教学内容却是一些业余运动训练。目前，我国篮球运动发展依然有很多问题存在，其中，最主要的一个问题，就是我国篮球运动运动员在毕业之后，能够被与篮球相关的职业队选中的概率很小。

（三）发展目标定位不够明确，有一定的偏差

目前，我国的竞技体育运营机制和管理体制，是符合我国的国情的，而且也取得了不错的成绩。但是，如果从全面发展的角度出发，现阶段的竞技体育人才培养模式依旧存在着很多问题，比如，由于运动员所接受的体育运动训练和文化教育并不呈正比，导致后备人才资料匮乏。

我国该校竞技体育，多年来都处于一种比较窘迫的环境中，主要体现在虽然有竞赛市场，但是却并未培养出优秀人才，因此，在我国篮球运动运动未来的发展中，这也是一个急需解决的问题。

（四）实施的比赛赛制与实际情况不符

目前，我国篮球运动联赛赛制分为两种，具体如下：

第一，为赛会制，这种赛制主要用于基层选拔赛、八强赛和分区赛。

第二，为主客场相结合的赛制，此种赛制主要用于进入半决赛之后。中国篮球CBA联赛一直以来，都适用一种赛制，那就是主客场制。

虽然中国篮球CBA联赛可以让运动员获得更多的实战机会，而这对球队的锻炼以及赛事的推广是有利的，但是，由于赛制的时间比较长，而且经济开支也比较大，从而导致很多高校无法负担这些。由此可见，我国实施的篮球赛制并不符合我国的实际情况，因而，需要进行进一步的完善。

第四节 重要篮球赛事与联赛介绍

一、FIBA重大赛事

（一）世界篮球锦标赛

男篮比赛始于1950年，每4年一次，参加比赛的队数和选拔办法经常变更。如1986年的第10届锦标赛共有24个队参加，1990年的第Ⅱ届锦标赛只有16个队参加。女篮比赛始于1953年，1967年后定为每4年举行一届，参赛队数为14个。

（二）奥运会篮球比赛

1936年，男篮被列为奥运会正式比赛项目；1976年，女篮也被列为奥运会正式比赛项目。此项赛事随夏季奥运会每4年举行一次，男女参赛队各12个。

（三）世界青年男女篮球锦标赛

世界青年男篮锦标赛始于1979年，世界青年女篮锦标赛始于1955年，均各有14个队参加，每4年举办一次。

（四）斯坦科维奇洲际篮球冠军杯

斯坦科维奇洲际篮球冠军杯比赛于2005年在中国首都北京市首次举办，比赛是由国际篮球联合会（FIBA）主席程万琦博士发起，为表彰国际篮联秘书长斯坦科维奇先生为国际篮球发展所做出的贡献，以斯坦科维奇先生名字命名而举办。同时，为了帮助和推动中国篮球事业的发展，作为国际奥运会单项主席中唯一一位华人，程万琦博士决定将该项赛事在中国举办。

二、国外著名职业联赛

（一）美国职业篮球联赛（NBA）

美国职业篮球联盟"NBA"（全称 National Basketball Association），简称"美

职篮"。"NBA"是美国第一大职业篮球联赛，也是公认的世界上最高水平的篮球赛事，转播信号覆盖全球。其中，产生了威尔特·张伯伦、奥斯卡·罗伯特森、迈克尔·乔丹、科比·布莱恩特、勒布朗·詹姆斯、沙奎尔·奥尼尔、蒂姆·邓肯等篮球巨星。该协会一共拥有30支球队，分属两个联盟：东部联盟和西部联盟；而每个联盟各由三个赛区组成，每个赛区有五支球队。30支球队当中有29支位于美国本土，另外一支来自加拿大的多伦多。

（二）欧洲篮球联赛（UL）

欧洲篮球联赛，原名"欧洲篮球冠军杯"，是欧洲最大规模的跨国男子职业篮球联赛，创立于1957年，现有来自欧洲18个国家的24支球队参加。欧洲篮球冠军杯原由国际篮球联合会举办，但在2000年，一些顶级欧洲篮球俱乐部自行成立了欧洲篮球联赛联盟（ULEB），接管了欧洲篮球冠军杯，迫使国际篮联另行举办FIBA超级联赛，导致欧洲篮坛出现分裂，次年产生两个冠军。2001年，国际篮联同ULEB妥协，将超级联赛并入冠军杯，改名为欧洲篮球联赛。此后，国际篮联专职组织国家队比赛，退出俱乐部比赛组织活动。

三、国内重大篮球赛事

（一）中国男子篮球职业联赛（CBA）

中国男子篮球职业联赛（CBA，China Basketball Association）是由中国篮球协会所主办的跨年度主客场制篮球联赛，简称"中职篮"。

"CBA"自每年的10月或11月开始至次年的4月左右结束，长度和美国的NBA相仿。2001年曾吸收了台湾的新浪狮队，2002年，香港的香港飞龙队也曾参加联赛，但一年之后，这两支球队都退出CBA联赛。CBA从2004年开始取消升降级制，并在2005年开始转而采取准入制。2007年，联赛的队伍扩充到了16支；2008年，扩充到18支；2009年，球队数目调整为17支。2005年开始，中国篮球甲级联赛正式更名为中国男子篮球职业联赛，联赛的规模、管理、运作和受关注程度都堪称是中国最好、最规范的职业联赛，同时也是亚洲地区水平最高的篮球联赛。

（二）中国女子篮球甲级联赛（WCBA）

中国女子篮球甲级联赛（WCBA）是由中国篮球协会主办的女子篮球联赛。联赛分两个阶段进行：常规赛阶段采用主客场双循环比赛的办法，按积分排出12个队的预赛名次；季后赛阶段是常规赛前8名进入季后赛，前4名顺序自行选择对手，1/4决赛和1/2决赛进行主客场制3战2胜交叉淘汰赛；总决赛进行5战3胜制比赛。预赛9~12名不再进行第二阶段比赛，以预赛成绩排定名次，最后两名直接降为乙级队。

（三）中国大学生篮球联赛（CUBA）

中国大学生篮球联赛是中国篮球协会主办的高校间篮球联赛，其宗旨是"发展高校篮球，培养篮球人才"，参照美国的NCAA大学篮球联赛模式。"CUBA"于1996年开始酝酿，1997年建立章程，1998年开始正式推行，设男子组和女子组。目前，CUBA的影响力仅次于中国男子篮球职业联赛。

中国大学生篮球联赛是中国历史上第一次面向社会、面向高校的大学生专项运动联赛，在1996年由中国大学生篮球协会与杭州恒华（国际）集团有限公司联合推出。

"CUBA"联赛共分为四个阶段：预选赛、分区赛、十六强赛和四强赛。预选赛：比赛地点由主办单位与承办单位协商确定。分区赛：承办单位（比赛地点）由参赛的会员院校提前一年申办，经CUBA组委会评议后选定。基本上按照地域关系，全国共分东南、西南、东北、西北四个赛区。十六强赛：承办单位（比赛地点）由参赛院校申办，经CUBA组委会评议后选定。四强赛：承办单位（比赛地点）为符合条件的参赛院校。

中国大学生篮球联赛的主题口号：

"领悟篮球、领悟体育、领悟文化。"

"中国篮球新感觉！"

"上大学是我的梦想，打篮球是我的梦想，CUBA是我圆梦的地方。"

（四）中国大学生篮球超级联赛（CUBS）

中国大学生篮球超级联赛（CUBS），简称"大超联赛"，是由中国篮协和中国大学生体育协会创办的一项由官方举办、推广的大学篮球赛事，于2004年6月1日在北京成立。大超联赛的任务是为今后国家组队参加"世界大学生运动会"输送人才，为CBA各专业队直接输送人才。

"CUBS"和"CUBA"在参赛队员资格上有着本质区别。"CUBA"不允许在中国篮协注册的专业运动员参赛，参赛队员必须是通过国家正规考试的全日制在校大学生；"CUBS"则向在中国篮协注册的专业队员敞开了大门，各高校在引进专业运动员上有了较大的运作空间，与赛季时间没有冲突的CBA球员、青年队球员只要入学手续完备、年龄适合并能提供"在校在读"的证明就可以参赛。

第二章 篮球教学与训练方法

第一节 篮球教学方法的内容与特点

一、篮球教学方法

篮球教学法是指篮球教师在篮球教学过程中，为引导学生达到一定的篮球教学目标而采取的一系列活动方法和手段的总称。教学方法的选择是否得当，对篮球教学的质量和效果有很大的影响。选择正确的篮球教学方法，可以激发学生的兴趣，激活他们的思维，提高他们锻炼的积极性。可以用较短的时间和精力加快教学过程，取得较好的教学效果，这也反映了体育的特殊性和体育规律。篮球教学方法主要包括传统教学方法和现代教学方法。传统的教学方法主要有讲解教学法、示范教学法、实践教学法、纠错教学法等。现代教学方法包括指导发现教学法、掌握学习教学法、程序性教学法、案例教学法、合作学习教学法等。然而，两种方法一般都包含以下内容：运动的负荷强度、负荷测量、间隔时间、技术组合等。

二、篮球教学方法的特点

到目前为止，随着科学技术的发展和理论的创新，篮球教学方法的种类大大增加。但总的来说，我们通常把它们分为传统方法和现代方法。这两种方法在概念、模式和结构上有很多不同之处，在总结篮球教学方法特点的同时，必须对这两种方法进行深入的分析。

（一）传统教学方法

传统的教学方法注重"教"，强调以教师为主体。这种方法的理论基础是传统教学中的教学过程理论。目前教师常用的几种常规教学方法有：演示法、讲解法、练习法和纠错法。演示法主要是教师通过各种视听媒体手段使学生直观地感知内容。因此，我们可以想象，在这种方法中几乎没有学生的"主导"作用。只要教师准备好各种教学设备和材料，学生就只是被动地学习。这种方法便于教师对教学进行管理，但在今天的教学理念中逐渐暴露出许多不足，它不能体现"以人为本""以学生为中心"的理念，这种方法不能充分调动学生的学习积极性和兴趣。在常规教学中，各种方法被结合使用。篮球教学是一个复杂多变的过程。在这个过程中，只有运用多种教学方法，才能使教学取得更好的效果。在传统的教学方法中，教师往往将演示法、讲解法和实践法相结合，使学生不仅能从听觉和视觉上感知篮球技术，还能通过亲身打篮球对篮球有更深刻的理解。同时必须指出，各种方法的配合不是简单的组合，而是需要不断的实验测试，才能达到更好的教学效果，更快完成教学任务。

（二）现代教学法

现代教学方法注重"学"，强调学生为主体。现代篮球教学方法的理论基础来源于现代科学理论中学习理论的研究成果。与传统的教学方法相比，现代的教学方法更注重充分发挥学生的自主学习能力，提倡给学生更多的机会去思考和探索知识和技能。教师只起辅助和引导作用。换句话说，教师给学生一个大致的概念或一种学习篮球知识和技能的思维，然后学生需要充分发挥他们的主观能动性来学习知识和技能。如果学生在学习某一项技能的过程中遇到了长期无法克服的困难，教师会再次给予间接的指导。我们可以通过引导发现教学法、合作学习教学法等方法深入认识这一点。

现代教学方法善于运用各种现代理论。这包括系统论、信息论、控制论等理论。系统方法是从系统的角度研究和转化客观对象的理论。该理论注重把事物作为一个高度联系的整体来看待，全面分析和探索事物的本质，追求效果的最优化。引导发现教学法的第一步是"教师对教材的改造和设置，同时学生也在进行预习和试解"，这深刻反映了该方法在当代系统论中的合理运用。这一步骤使教学系统中的教师、教材、学生和教学工具更加紧密地联系在一起，不会因为顺序的不同而产生脱节。信息论是运用数理统计方法研究信息的测量、传递和转化的科学。这一理论可以深刻地反映在评价学生掌握学习方法的各种差异上。在程序教学法中，有一个步骤是"建立评价反馈系统"和"检查测验"，这两个步骤都需要不断运用信息论。控制论是研究各种系统的调控规律的科学。事实上，信息论在严格意义上是控制论。指导探索教学方法中，"教师有目的地对所教授的教材进行改造"，掌握学习教学法中的"把教材内容分解成不同层次的目标体系"；以及在程序教学法中的"对能不能进行下一步学习的标准进行制定"都反映了控制论思想。面对如此多的现代先进理论，只有结合我们的实际需要，我们才能更好地利用它们。

第二节　篮球训练方法的内容与特点

一、篮球训练方法的内容

篮球训练是在教练员的指导和运动员的参与下，提高运动员竞技能力的一种特殊的教育过程。在此过程中，教练员应根据篮球训练的目标和原则，运用科学的训练方法和手段，结合运动员的发展特点，对运动员的身体素质、技能、战术、心理、智力等素质进行教育和训练。与篮球教学过程相比，篮球教学过程对学生的竞争能力有更高的要求和期望。这个教育过程是为创造优秀的体育成绩做准备，在很大程度上也是为了满足"金牌"或社会对竞技篮球的需要。因此，为了以最短的时间和最少的精力提高运动员的篮球竞技能力，科学合理的篮球训练方法是必不可少的，甚至方法的好坏直接决定了运动员的竞技能力水平。

篮球训练方法是教练员进行篮球训练，完成训练任务，提高篮球运动员竞技能力的一种应用工具。现代竞技篮球的发展历史表明，篮球训练方法的不断创新和科学应用，对竞技篮球的整体发展水平有着相当大的影响。科学训练方法的诞生不仅是科学训练原则的具体体现，而且是对科学训练时间的高度概括。因此，正确认识和掌握不同的篮球训练方法是毫无疑问的。构成训练方法的主要因素有练习动作及其组合方式、运动负荷及其变化方式、过程安排及其变化方式、信息媒体及其传播方式、外部条件及其变化方式等。根据不同的分类标准，我们会对篮球训练方法有不同的理解。例如，根据竞争能力的目的，可以分为：体能训练法、技能训练法和战术能力训练法。然而，目前篮球训练方法的分类主要考虑的是理论的完整性和实际应用的方便性。根据不同培训方法的基本功能和应用范围，将其分为两大类：总体控制方法和具体操作方法。前者包括程序训练法和模式训练法，具有整体思维的特点。后者包括完整训练法、重复训练法、分解训练法、间歇训练法、连续训练法、转换训练法、循环训练法和竞赛训练法八种具体的直接操作训练方法。当我们考虑使用哪个训练方法，我们应该充分发挥我们的培养目标是什么，学生当前的竞争能力，训练点和每个方法的科学原则，学校的硬件和软件条件本身，间隔时间的长度，负荷强度、承载能力和其他方面的问题。此外，我们还需要学习培训方法的结合、转变和创新。虽然只给出了十种方法，但只要我们去思考和探索，它们的多样性是无限的。

二、篮球训练方法的特点

（一）针对性

每种方法都有其特定的训练目标，并用于提高特定的竞争能力。例如：重复训练法主要是为了巩固和加强技术动作；间歇训练主要是为了提高篮球运动员对乳酸的抵抗能力，从而保证运动员能够在更高的强度下继续训练；改变训练方法是为了提高篮球运动员各方面的适应能力。

（二）互补性

这里所说的互补性，主要是指一种篮球训练方法和另一种训练方法在技能学习上可以互补。例如，如果我们使用分解训练方法，它可能会导致我们的技术动作在很长一段时间内脱节。如果我们以后采用完整的训练方法，它将使我们保持技术动作作为一个整体。另一方面，如果我们先应用整个训练方法，它可能不会让我们更仔细地理解某项技术的每个重要细节。

（三）相关性

每一种训练方法都不是独立存在的，它们之间存在着很强的相关性。每一种方法的使用都是对另一种方法使用的启发。例如，间歇训练法的应用可以提高运动员的抗乳酸能力，从而提高连续运动的能力，可以进行比赛训练法的应用。相反，如果你先使用比赛训练法，那么使用间歇训练法也可以对后者起到重要的作用。只是在这个时候具体的作用是不同的。因此，我们可以从他们之间的相关性得到启发。我们应该善于思考每一种方法前后的序列，或者我们可以进一步进行方法的组合和变换。只有这样，我们才能选择最适合自己的篮球训练方法，才能得到最优的训练。

第三章 多维视角下的篮球教学研究

我国体育教学的深入改革对篮球教学事业提出了越来越高的要求，因此应该从多维视角出发对篮球教学进行深入研究与科学探索，从而不断提高篮球教学质量，推动篮球教学事业的发展，并为其他体育项目的教学改革与创新提供良好的借鉴与参考。本章主要在多维视角下研究与探索篮球教学，主要包括四个科学而先进的教学视角，分别是分层次教学视角、拓展训练视角、启发式教学视角以及掌握学习视角。

第一节 分层次教学视角下的篮球教学研究

一、篮球分层教学的含义

篮球分层教学指的是在篮球教学中教师以学生的个性差异、兴趣能力差异、篮球水平差异等实际情况为依据展开针对性教学。在篮球教学中，每个学生都有自己的个性，能力水平也有不同，对此，教师必须做到区别对待，因材施教，采用不同的篮球教学方式进行有针对性的教学，从而让不同能力的学生都能有效掌握篮球知识与技能，促进篮球教学效率和实际效果的提高。在分层视角下进行篮球教学，还要求在篮球教学考核中，以学生的不同层次水平为依据对考核难度进行不同的设置，将主次和逻辑关系分清，以充分发挥分层教学的作用，切实提高篮球教学水平。

二、篮球分层教学实施的基本思路

在篮球课堂上实施分层教学，首先要确定一些测试指标，依据测试结果对学生进行分层，对不同层次的合作小组加以组建然后通过对不同层次目标的设定、依据目标分层教学引导小组合作练习等环节开展篮球教学工作，基本思路如图3-1所示。

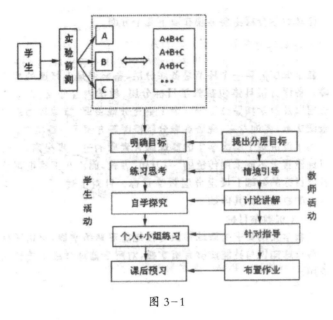

图 3-1

（一）学生分层

学生分层主要指的是对实验班学生的分层，教师可从学生的身体素质、学习态度及篮球技术成绩等几方面着手将学生分为A层、B层和C层三个层次，A层学生的特点是学习主动性高、篮球基础扎实；B层学生的特点是学习具有主动性，篮球基本功不太扎实；C层学生的特点是学习不自信，篮球基础薄弱。分层主要是为了对学生的基本情况有更好的掌握，并针对不同层次学生的特点对不同的教学目标和要求进行设定，从而有序授课。分层后的小组设定主要是为了促进不同层次学生之间的互动，这样一来，教师因分层教学而顾不到全面的问题就得到了一定的解决；此外，篮球基础薄弱的学生在篮球基础扎实的学生的带动下也能够取得明显的进步。

（二）教学分层

篮球教学分层主要体现在以下几个方面。

1.备课分层

教学分层的第一个环节是备课分层，备好课是上好课的重要保障。备课分层具体包括教学目标分层、教学内容分层、教学方法分层以及教学辅导分层等。为了更充分地备课，篮球教师需要在查阅文献、咨询专家、现场观摩分层授课等方面下一番功夫。

为了促进每个层次学生的篮球综合素质的进一步提高，在教学目标设置上不能采用传统的"一刀切"方式,而应在正确把握总体教学目标的基础上设定分层教学目标。针对上述三个层次学生提出的教学目标具体如下。

(1) A层教学目标。对教学大纲要求的篮球知识与技能能够熟练掌握,对拓展性的一些篮球知识与技能能够有所掌握,对所学篮球技战术能够熟练应用。

(2) B层教学目标。对教学大纲要求的篮球基本知识与技能能够掌握,对所学篮球技战术能够较为熟练地应用。

(3) C层教学目标。对教学大纲要求的篮球知识与技能能够基本掌握,在篮球应用上有所进步。

2.授课分层

在整个教学分层中,授课分层是重点环节,这个部分也是最难掌控的。在篮球分层教学中,既要将教学的整体性把握好,又要将教学的层次性把握好,既要将学习能力好的学生照顾到,又要对学习基础薄弱的学生给予较高的关注。所以,教师应以篮球基础性知识与技能为起点进行授课,为了衔接好教学的整体性与层次性,应在内容递进、方法分层、难度分层等方面做好工作。

以篮球投篮为例,首先是学习基础性的投篮动作,这是三个层次的学生都需要掌握的,然后以此为基础,指导A层学生在不同角度练习投篮,巩固B层学生在选定的一两个点练习投篮,辅助C层学生在一个固定的位置练习投篮,在难度分层与内容分层的基础上,再引导三个层次的学生进行小组合作式投篮练习,A层学生辅助B层和C层学生,或者B层学生辅助C层学生等,从而使各个层次的学生的投篮技术与应用水平都能得到提高。

在授课分层中,因为学生经过一定时间的学习,能力水平会有相应的变化,如B层和C层学生取得一定的进步,对于原本就进步显著的学生,原有ABC小组组合不变,提升学习内容的难度只是针对已经进步的B层或C层学生,从而促进这两个层次学生的篮球水平不断提升。

3.评价分层

在学生学习评价中,为了减少评价因素对实验结果的影响,在结束教学实验后,由同一教师采用统一标准对实验班与对照班的学生进行评价。但对实验班的学生要进行分层评价,评价结果不纳入最终教学考核成绩,它的作用主要是发挥激励的作用。评价中,以三个层次学生的基本情况为依据采用不同的标准进行评价。

(1) A层评价。评价标准高,以促进学生对篮球知识与技能的熟练掌握。

(2) B层评价。以学生对篮球基础知识与技能的掌握为起点,评价标准略有难度,以此来激励学生,使学生通过努力达到标准,获得成就感。

(3) C层评价。评价标准难度较低,通过达标评价激发学生学习篮球知识与技能的积极性。

（三）实验后测

完成教学实验后，对实验班和对照班学生进行统一测试，测试内容包括学习情趣、情感与合作表现、身体素质、篮球技术等，以对教学实验效果进行分析；同时，再次对两个班级的学生开展问卷调查，将整个篮球教学实验中学生的反馈信息收集起来，为进行实验分析提供参考。

三、篮球分层教学中存在的问题

科学分层是进行篮球分层教学的重要前提之一，如果没有合理分层，教学效果就会大打折扣，甚至会有负面影响出现。在篮球分层教学实验中，虽然实验前和实验后都进行了测试，也取得了较好的教学效果，但总体上还是存在一些不足，具体表现如下。

（一）教学分层的标准和依据相对较为简短

分层标准和依据的不足主要体现在以下几方面。

1.没有全面考虑教学分组测试的相关要素

在测试内容的选择上，仅仅选择了几个简单的测试内容，如身体素质、篮球技术等，对学生的个性、心理、篮球锻炼年限、参赛情况等测试要素没有充分考虑。

2.缺少对教学实验分组理论的深入研究

以篮球技术分层教学为例，对分层的依据与标准缺乏统一的认识，在分层教学实验的实施中，只是选择了几个常见的篮球教学测试指标，对其他因素的实验研究明显不足，尤其是缺乏深入的理论研究。

为了更好地实施篮球分层教学，在篮球教学实验上还需进一步做好相关工作，在分层因素选择上要不断丰富，并不断完善分层标准和要求。篮球教师应在教学实践中积极尝试，积累丰富的分层教学实践经验，总结出科学的理论结果，从而为篮球分层教学水平的优化与提高提供积极的指导。

（二）教师备课有较大的难度，上课耗费过多精力

传统篮球教学中，篮球教师面对整个集体来备课，备课内容、教学方法、教学要求等方面都比较统一，很少考虑分层教学因素，经过长时间的教学，这种备课思维形成了习以为常的习惯，篮球教师自身掌握的篮球知识、篮球技能和具备的其他篮球素养也与其备课形成了对等关系。但在分层教学中，教师长期以来形成的备课习惯与其自身掌握的篮球知识、技能存在供需失衡的矛盾，分层教学实施中需要全面考虑备课分层、目标分层、授课分层、辅导分层、评价分层等多项

内容，教师在前期要根据分层教学计划认真备课，将每一个学生的基本情况把握好，以便在分层授课时对每个层次的学生都能给予相应的关注，在分层授课中，教师也需要以不同层次学生的学习情况为依据灵活调整教学目标、教学要求和教学方法，这对教师来说，要耗费很多精力，而且课堂教学压力也比较大。因此，教师的备课习惯与篮球知识技能储备与分层教学对其提出的要求存在一定的差距，教师还需要在分层教学前期做大量的准备工作。

（三）学生小组合作的效果不理想

分层教学中设置了ABC小组，这是不同层次的结合，旨在培养学生的合作意识，使学生相互帮助、互相促进。但在教学过程中，有时对分层教学因素考虑过多，而没有深入思考如何在小组内建立更好的合作模式，这就导致学习小组在合作学习中不敢和不愿表达自己的见解，在这一方面，教师也没有引导好，没有明确说明ABC的合作方式，小组学生在合作中缺乏角色意识，这就大大影响了合作效果。

四、篮球分层教学的对策

（一）建立完善的分层标准

1.对相关规律有深刻的把握

要深入认识篮球教学规律和学生身心发展规律，对不同特点学生的学习规律有正确的把握。青少年学生的个体差异不仅体现在身体素质、篮球技术方面，还体现在非智力因素方面，而这些差异是有规律性和自身特征的，在分层教学前期需要全面了解学生的这些特性与差异，对每个学生的基本特点有所掌握，建立学生档案，从而正确把握分层教学的大方向，同时在小方向上灵活进行动态调整，以构建与学生身心发展特点相符的篮球分层教学模式。

2.善于从实践中总结有效的经验

现阶段，在篮球分层教学的实施过程中，同质化问题在学生分层环节上普遍存在，同一分层标准也限制了实验数据的多元性，为了对分层教学在篮球教学中产生的影响有更全面的了解，教师应打破传统思维的束缚，对学生年龄、性别、语言表达、人际关系、篮球学习能力等方面的差异都要有所掌握，要从教学实践中对能够产生积极影响作用的措施加以总结，深入分析分层教学的负面影响因素，特别是要挖掘潜在影响因素，通过个案访谈、对比分析等方式展开细致而深入的研究，从而为更好地采取分层教学模式奠定基础。

3.对其他学科分层教学的经验加以借鉴

当前，物理、化学、英语以及体育其他项目等课程教学中都在采用分层教学法，分层教学在这些学科教学中应用的突出特点是利用学生的层次性促进学生互助合作，提升教学效果。分层教学方法在其他学科或者其他体育项目教学中应用的分层标准和依据可以被引用到篮球教学中，正确把握分层标准和依据，分析分层教学的规律，深入了解学生的基本情况，在篮球分层教学划分的依据和标准中融入有利于提升篮球教学效果的要素，充分实践，从而对教学效果进行检验。正因为学生的学习规律具有一定的共同性，所以才能在各学科之间相互参考借鉴，但每个学科都有自己的侧重点，通过对各学科差异的分析，对有利于篮球分层教学的内容加以提炼，可以使潜在不良因素造成的负面影响降到最低，提高教学效果。

（二）提高教师分层教学的综合素质

分层次教学增加了教师的备课难度，也消耗了教师太多的精力，这并不是因为教学数量增加了，而是提高了对质量的要求，教师自身的综合素质难以把好分层教学的质量关。所以，培养与提升教师分层教学的综合素质非常必要。篮球教师可以从以下几方面来锻炼与提升自己的综合素质。

1.加强对分层教学理论知识的学习

篮球教师要系统而深入地学习关于学生生理、心理基本特征的知识，以更好地了解学生的非智力因素。教师还要学习体育学科知识和规律，增加理论知识储备，以便更好地发挥自己的组织能力，并在教学中加以创新。此外，教师要多收集一些与分层教学有关的科研论文及教育学、心理学材料，系统学习有关知识，从而使自身的综合理论基础更加扎实稳固。

2.积极对外交流学习

篮球教师彼此之间缺乏交流互动，无法共享经验，这会直接影响篮球教学效果和整个篮球教学事业的发展。篮球教师要勇敢"走出去"，与同行及专家积极交流，集中探讨教学过程中存在的共性问题，分享自己的教学经验，集中力量对教学难点加以解决，分享交流有益的教学案例，以促进自身教学视野的拓宽、教学经验的丰富和教学能力的提高。

3.提高创新能力

篮球分层教学的实施不能死板、拘泥一格，如果用传统的办法解决分层教学中学生遇到的问题，是难以取得良好效果的。篮球教师必须要有创新思维，要在备课中预测可能出现的问题，并设计创新性的解决策略，并在教学过程中以学生的动态变化为依据及时采用相应的创新方法。

近年来，国家特别重视青少年体质健康，并在体育教学改革中提出了相关要求，出台了相应的系列政策，这都是篮球教师进行教学创新的指导纲领，教师一定要将这些政策和要求吃透，根据篮球分层教学的实际情况不断提升自己的创新能力，以使篮球教学效果得到最大程度的优化。

（三）加强对学生团队合作精神的培养

在篮球分层次教学中培养学生的团队合作精神，关键在于激励分层小组发挥团队精神和团队作用，具体方法如下。

第一，篮球教师多布置一些需要学生合作完成的学习任务，如篮球技术配合任务，通过设置团队小任务，使小组的凝聚力不断增强，进而使团队合作精神得到强化。

第二，篮球教师在了解不同层次学生特点的基础上对团队合作的契合点加以把握。不同层次的学生都有自己的优势，教师要善于发现学生的优势，促进团队内成员的优势互补，进而促使团队合作意识与能力的增强。

第三，篮球教师要尽早介入团队合作中出现的各类问题，对于团队中因情感、性格、技术等差异造成的不和谐问题，要及时采用多种方法予以解决，最大限度地降低不和谐因素。

第四，篮球教师要科学制订具有引导性和发展性的合作评价指标，以促进学生在篮球重点内容学习上形成良好的合作意识和合作行为习惯。评价指标还要有可变性，每节课教学内容不同，评级指标也不同，要灵活变化评价指标，促进学生之间的互助与合作。例如，教师在课堂上布置3人传接球上篮技术的练习任务，在学生经过反复几次练习后，教师客观评价学生小组合作的方式、合作的默契度及合作的效果，然后指出存在的问题和改进的建议，让学生小组在后续合作学习中更加高效地互助合作。

第二节　拓展训练视角下的篮球教学研究

一、拓展训练引入体育教学

（一）拓展训练引入体育教学的现实意义

1.有利于学生身心健康发展

将拓展训练融入体育教学中，可以使学生加强身体锻炼，促进学生身体健康。拓展训练有助于对学生智力的开发，促进其心理素质水平的提升。学生在参加拓展训练的过程中，不断挑战身心极限，从而养成勇敢坚强的意志力，提高心理承受能力。

2.有利于调动学生的学习兴趣

在体育教学中实施拓展训练，可对全新的课堂环境进行构建，使课程内容更加生动，教学体系更加丰富，可对学生的学习兴趣与积极性进行有效的激发。在拓展训练实施中，开展多样化的训练项目，促进学生养成积极向上的学习态度，从而提升教学效果。

3.有利于学生主体性的充分发挥

拓展训练能够全面激发学生的主体性。在传统体育教学中，教师的主导位置被过分强调，教师依据教学目标来培养学生，学生比较被动。拓展训练强调学生的主体性，能够将学生的主观能动性激发出来，巩固学生的主体地位，促进学生学习兴趣和参与意识的增加，从而促进体育教学实效性的提升。

4.有利于学生综合素质与能力的提高

现代化社会需要复合型人才，复合型人才的特点是具备专业知识和技能，心理素质良好。社会发展对人才的这个要求为体育教学指明了努力的方向和目标。通过拓展训练的实施，可对学生的综合素质进行培养，使学生的身体机能、创新意识和团队意识得到全方位的锻炼，这也体现了教育教学对社会发展的适应性。体育教学在教育体系中是非常重要的组成部分，体育教学可促进学生综合素质的提升与全面发展，其所发挥的作用是其他教学所不可替代的。拓展训练当前在各行业的应用比较广泛，也取得了比较显著的效果。

5.与体育教学目的一致

促进学生身体健康，强化其身体素质与身体机能，培养其健康心理素质，使其全方位发展，这是体育教学的主要目的。拓展训练以训练的形式培养学生的身心素质，促进学生团队协作能力、创新能力的形成与提高。可见，拓展训练与体育教学具有一致的目标，从这一角度来看，两者的融合是必然的。

（二）拓展训练引入体育教学的策略

1.更新教学理念

教学理念落后，没有从根本上得到转变，这是体育教学中难以落实拓展训练的根本原因。因此，必须从实际情况出发对教学理念进行适时更新，引进先进的教学理念，并依据体育教学的特点，对教学理念进行全面更新和创新。另外，要强化拓展训练意识，真正推动学生健康全面发展。

2.开设拓展训练课

因为学生的身体素质存在个体差异，所以要采用不同的拓展训练方式，这就增加了体育教学中拓展训练实施的难度，也提高了对学生身心素质的要求。对此，要从学生的身心素质出发实施针对性的拓展训练，尊重学生的个体差异，对训练项目合理设置。具体应做到以下几点。

首先，在实施体育拓展训练时，对于一些简单、开放、透明的项目，可直接引进，针对这些项目设置拓展训练必修课，要求每个学生都参与。

其次，体育拓展训练实施中引入一些具有挑战性的项目，针对这些项目设置选修课，学生根据自身情况自主选择自己感兴趣或适合自己的训练项目。

在设计拓展训练项目时，应尽可能使学生的多元化需求得到满足，将一些具有个性化的拓展项目加入拓展训练课中，引导学生从自身条件出发合理选择，同时促进学生的个性化发展和综合发展。

3.完善拓展训练的场地器材

一般的拓展训练项目对场地设施没有很高的要求，场地宽敞便可。因此，学校配置场地器材来开展拓展训练课也没有太大的难度。但拓展训练中的团队合作训练项目对场地器材提出了比较高的要求，因此必须对器材设施进行全面优化，将项目成本适当缩减，促进拓展训练水平与质量的提高。在体育拓展训练的开展过程中，应对器材的组合不断加以改善，提高器材的利用率，循环利用难以定向使用的体育器材，节约成本的同时确保拓展训练顺利开展。

4.培养专业拓展训练师

将拓展训练引入体育教学中，能够使不同学生的身体素质得到很大程度的改善与提升。在拓展训练的实施过程中，对一支专业的拓展训练师资队伍进行培养非常重要，拓展训练教师应具备较高的训练能力与良好的专业素养。学校应重视对拓展训练教师的培养与培训，为他们提供交流学习和培训的机会，以促进其专业素养与技能的不断优化和提高。学校应加强对轻松、自由的拓展训练氛围与校园体育文化的建设，通过组织校内比赛、校际比赛及其他多种形式的娱乐活动来激发学生参与拓展训练的热情，将学生参与拓展训练的积极主动性充分调动起来。此外，学校还要不断创新拓展训练的方式方法，与时俱进，促进拓展训练效果的提升。

5.引进俱乐部拓展训练教学模式

将拓展训练引入体育教学中，可采用俱乐部教学模式，依据学生的兴趣爱好和身心素质，围绕拓展训练项目，对具有个性化、针对性的优质服务进行设计。对于校外俱乐部模式的精华部分，可以适当借鉴、吸取，促进拓展训练俱乐部的不断优化和完善，提高拓展训练的开展效果。

6.加强拓展训练的多元管理

拓展训练管理可参考体育教学管理的方法，这里简单分析经费管理与安全管理。

（1）经费管理。学校应加大对拓展训练项目的资金投入力度，重视对新器材的购置与已有器材的维护。如果条件允许，可将拓展训练的场地器材与设备对外开放，以优化配置和高效利用场地和器材资源，同时获取经济收入，缓解资金压力。

（2）安全管理。在拓展训练课前，教师应全面检查设施设备，确保安全。拓展训练教学中对学生的安全教育是非常重要的一环，教师要做好安全监管工作，而且这个工作应在整个教学过程中予以落实，不能有丝毫的松懈，从而提高教学的实效性，保证教学的安全性。

（三）体育教学中拓展训练课程的设计

1.内容选择

不同的拓展训练项目对训练器材有不同的要求，见表3-1。

表3-1 拓展训练课程内容

器材要求	训练内容
不需要器材	仰卧起坐
	传递信息
	千斤顶等
简单器材	木人梯
	传球
	橡皮筋
	独木桥
	呼啦圈等
复杂器材	信任背摔
	求生墙
	七巧板
	电网等

另外，穿越、攀岩、野外生存等野外基地训练项目能够对学生的综合能力与素质进行培养。

2.时间安排

有些拓展训练项目具有一定的冒险性，想要在这些项目中促进学生认知能力、动作技能、情绪情感能力的提升，就要合理安排教学时间与顺序，先对拓展训练的具体内容进行详细介绍，明确拓展训练的任务，做好相关准备工作，在团队合作类的拓展训练项目中可以实行责任制，集体进行团队建设活动，并将小组项目和任务安排好，培养学生的团队意识与协作能力。

3.课程实施

课程实施主要分为以下三个部分。

（1）准备部分。教师简单介绍活动，引导学生进入角色。

（2）基本部分。教师对学生的语言、行为及其心理动态的外在表现等进行观察，然后认真记录，以便在体验分享时清楚地回忆。教师要及时提示学生在训练时出现的误区。

（3）结束部分。这个环节主要是对活动进行回顾与分享，学生积极表达自己的想法，提出自己的疑问。师生之间与学生之间交流心得，教师进行简要总结。

4.评价考核

评价考核也是体育拓展训练中不可缺少的重要环节，可以用小组档案的方式来考核，教师对学生的表现与进步情况详细记录，引导学生自我反思和自我评价，鼓励学生主动学习与参与。

二、篮球教学中引入拓展训练的重要性

（一）培养学生的团队协作精神

作为世界竞技体育的重要项目之一，篮球运动对参与者的集体合作意识与协同配合能力提出了较高的要求。在篮球比赛中获取胜利，有一个不可忽略的关键因素，即拥有良好的团队精神。拓展训练与传统篮球训练相比，与实际更贴近，训练价值更高，更有利于在既定时间有效完成训练目标。学校的篮球训练方法单一，以体能训练和篮球技巧训练为主，或设计一些游戏训练方式来调动学生的练习兴趣，这种方式虽然趣味性较强，但如果长时间采用，学生也会感到厌烦，进而失去学习篮球知识与技能的兴趣与动力。而在篮球教学中引入拓展训练方式，可以改变单一枯燥的教学方式，使篮球训练更加人性化，并且有助于培养学生的团体意识、合作意识，使学生之间的沟通与交流进一步加强，促进学生团队意识、责任感及对他人的信任感的提升。另外，拓展训练方式具有一定的变动性，这样就能不断吸引与刺激学生，使学生一直保持积极的学习心态，顺利达成学习目标。

（二）帮助制订有利于教学的训练方案

在篮球教学中将拓展训练思维运用其中，可以从学生的实际情况与需求出发将相应的训练形式确定下来，从而有效激发学生的学习热情，进一步挖掘与开发学生的潜力。篮球基础薄弱的学生通过参与适合自己的拓展训练项目，可以锻炼自己的篮球技能，并能对篮球运动的内涵有更深刻的体会，重新认识篮球运动。此外，因为学生之间存在明显的个体差异，所以他们都有自己的篮球风格和运动技巧，将拓展训练思维方式引入篮球教学中，对促进学生的进一步发展具有重要的导向作用，能够使学生明确自己要努力的目标，使自身价值更好地实现。

在篮球教学中进行拓展训练，还能适当延伸篮球基础技能训练内容，从学生的实际情况出发对适合他们的训练方式进行设计，促进学生篮球基础能力的不断

增强。篮球教师还可以在教学中以学生的实际情况为依据对一些强度较高的训练活动进行安排，并参考"适者生存"的标准考察学生的能力，从而激发与培养学生的竞争意识，使学生在训练中不断克服困难，独立解决问题，超越自己，在促进篮球技巧及综合素质提升的同时对意志力进行有效的锻炼。

（三）促使教学训练内容多样化

传统篮球教学中，训练内容较为单一，训练方法也十分有限，这对学生学习能力及技巧掌握能力的提升造成了一定程度的限制。此外，在传统篮球教学中，教师对学生的体能训练与技能训练更重视，将学生的训练成绩看得非常重要，而对学生内心的真正诉求却不够重视，这导致学生在学习中产生厌烦心理，从而对学习水平的提高造成了不好的影响。

随着新课程的深入改革，传统篮球教学理念在一定程度上受到了冲击，教学目标越来越多元、完善，越来越强调培养学生的团队意识、适应能力、协作能力及综合素质。将拓展训练思维方式引进篮球课堂教学中，能够有效落实新课改理念，并对新课程理念起到一定的宣传作用。在应用拓展训练方法的过程中，要对科学合理的训练方式加以设计，依据现有的篮球设施条件，参考篮球技术教学规定，安排多样化的训练活动，学生在这种氛围中可通过多种方式来锻炼自身的篮球技能，促进自身实践操作能力的增强。总之，在篮球教学中引进拓展训练思维，能够使传统篮球教学中存在的问题得到一定的解决，并有效指导现代化篮球教学的发展。

三、篮球教学中引入拓展训练的可行性

（一）拓展训练所需场地器材比较简单

拓展训练与其他训练模式相比，有比较强的适应性和灵活性，在室内和室外都可以开展相应的拓展训练活动，而且拓展训练在篮球赛事中也可以得到落实。教师可以对学生进行分组，进行小组练习，小组练习需要一些比较简单的器材，可用篮球替代，甚至还有一些不需要任何器材就可以开展的训练项目，教师可从学生的真实情况出发来合理安排与调整不同的场地和器材。另外，教师需在深入分析和研究训练目标的基础上合理配置与有效利用各种器材资源，从而在整体上提升拓展训练的效果和水平，使拓展训练的作用和价值得到充分有效的发挥。

（二）拓展训练安全性较高

拓展训练具有组织性和计划性，在拓展训练实践的落实过程中，大部分活动都是相对安全的，主要是地面项目，学生在参与训练前，教师会对其进行正确引导和安全教育，教师需要从学生实际情况出发做好前期策划和客观分析工作，不

同环节之间的联系必须要加强，从而使拓展训练活动开展的安全性和可靠性得到有效的保障。另外，要严格按照国家的统一标准来检查拓展训练中采用的器材，使双重保护的作用和价值得到真正的发挥，最大化地保证拓展训练的安全性。

（三）篮球教师可胜任拓展训练师的角色

拓展训练涉及的内容较多，也具有一定的复杂性，而且不同项目与游戏活动之间存在某些联系，篮球教师应结合学生的日常生活与学习而安排一些能够吸引学生注意力、激发学生参与积极性的拓展训练活动。传统体育和游戏活动对学生具有一定的吸引力，对学生实际学习需求进行深入了解是教师的一个职责，在实践教学中掌握了相关实践经验的教师不在少数，这些教师对拓展训练的活动要求、相关规则也有一定的了解，因此能有效组织学生的拓展训练活动，有效点拨和引导学生参与拓展训练活动，同时鼓励学生分享团队经验。因此，现有的篮球教师基本可以胜任拓展训练师的工作。

四、拓展训练在篮球教学中的应用策略

（一）建立与完善拓展训练实践体系

为了能够有效开展学校篮球教学活动，篮球教师应以学生的实际情况为依据将拓展训练方法应用到篮球教学中，并重视对拓展训练体系的建立与完善，从而实现既定的篮球教学目标。建立与完善拓展训练实践体系需要做好以下工作。

第一，分析篮球培养目标，在此基础上选择适宜的拓展训练项目来开展。

第二，在篮球教学过程中依据教学需要实施拓展训练。

第三，根据体育场地条件来调整与完善拓展训练计划，并对相应的拓展训练实施方案加以制订，不断完善拓展训练实践体系。

拓展训练教学方式具有可持续性，能够有效培养学生的篮球技能、提高学生的篮球竞技水平。

（二）教师充分发挥自身的引导作用

篮球教师要意识到自身在篮球拓展训练活动中的重要性，并将自身的引导作用充分发挥出来，合理设计拓展训练的个人与团队项目，有效培养学生的兴趣，充分调动学生的积极性，培养学生的团队合作意识，促进学生身体素质水平的提高，实现健康全面发展。拓展训练对教师的专业能力、思维能力、创新能力有较高的要求，因此教师要不断丰富与完善自身知识结构与技能素养。

（三）对篮球教学与拓展训练进行整合

在篮球教学中将拓展训练法融入其中，要将二者的主次关系分清。拓展训练

为篮球教学服务，是一种辅助性的教学方式。因此应该以篮球教学为主，将教学目标明确下来，依据教学目标对拓展训练项目进行科学合理的安排。

第三节　启发式教学视角下的篮球教学研究

一、启发式教学的概念与特点

（一）启发式教学的概念

启发式教学指的是在充分发挥教师主导作用的前提下，依据学生的认知规律和本学科的规律，激发学生的求知欲，调动学生的积极性，从而让学生最大限度获取知识与技能的一种教学方法。

（二）启发式教学的特点

启发式教学最主要的特点是调动学生学习的积极性、主动性，以促进其综合能力与素质的发展。

1.启发式教学的目的观

启发式教学的目的是让学生充分发挥自己的能动性、主动性与创造性，提升学生的学习兴趣，使其养成自主学习的良好习惯，促进其全面发展。

将启发式教学应用到篮球教学中的目的在于，让学生在学习中发挥自己的主体作用，调动学生学习篮球的积极性，从而全面、灵活、熟练地掌握篮球技巧。

2.启发式教学的过程观

启发式教学的过程既是灵活多变的，也是统一协调的。在篮球启发式教学中，篮球教师应设置一定的情境，引导学生自己发现问题，具体程序如图3-2所示。

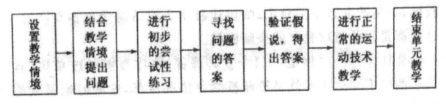

图 3-2

启发式教学有以下两点基本要求。

第一，充分重视对学生收敛性思维与发散性思维的培养。

第二，充分重视学生智力因素以及非智力因素的全面发展。

3.启发式教学的课程观

启发式教学与过去"填鸭式"的教学方式是相对的，启发式教学强调在课堂教学中采取各种有效的方式引导学生积极独立思考，以自主获得新知识。

启发式教学的实质为：调动学生学习的主动性，引导、启发学生积极自主思考，挖掘学生的内在潜能，让外部教学产生内化作用。

篮球启发式教学的课程观强调的是学生的自主创新、实战练习，充分发挥学生的创造性思维，获得可观的学习效果。

二、启发式教学视角下篮球教学模式分析

随着体育教学改革的不断深入，传统体育教学模式的弊端越来越明显，学生学习的需要难以得到充分的满足。传统体育教学模式单一、死板，只关注传统技术动作，不重视传授技术效果，从而导致学生在实践中无法灵活运用所学的技术。针对这种情况，改变传统的教学模式最为关键，不同的教学模式都有自己的优势、运用范围、运用条件与运用时机，转变传统思想，更新观念，对新的教学方法和模式进行积极的研究与探索是非常重要的。

目前，如何让学生对篮球课产生兴趣，如何提升学生的专项技能，如何改善教学的效果，如何让教学方法适应学生自身状况，这些都是目前篮球教学的全新课题。

篮球在体育院校是一门专业必修课，在体育教学改革中，有一个始终不变的热点就是篮球教学方法的改革，这同时也是改革的难点。在体育教学的改革历程中，体育教师一直以来都在深入研究如何改革篮球教学方法，如何提升学生学习篮球的兴趣，并最终提升篮球教学的质量。到现在，这些方面已经取得了一些可喜的改革成果。但在篮球教学中，因为对现代体育教学思想的理解不全面，再加上受到传统教学思想的影响，导致仍有一些教师采用传统单一的教学模式与方法进行篮球教学，从而导致无法实现预期的教学目标，并遇到很多瓶颈与障碍。启发式教学思想的学生观指的是学生是一个完整的个体，教学活动在学生的一生中是一段极为重要的经历。

在篮球教学中，对学生全面性的培养目标体现在意、行、知、情等方面，学生若在教学中实现了长足的发展，便会反作用于教学，优化教学。篮球教学不但可以提升学生的认知能力，还能使其情感控制力得到提升，使其情感体验更加丰富而深刻。

三、篮球启发式教学的评价方法

篮球考核包括理论考核与实践考核，前者主要包括平时作业完成情况、课堂提问等内容，要求简单实用、针对性强；后者包括传接球、多种变向运球与一分钟投篮等。

下面主要探讨实践考核的方式。

（一）传接球

1.测试方法

两人从端线外开始同时向对面球篮进行行进间传接球，然后行进间上篮（若未投中，不补篮），抢篮板球后返回，往返两次，最后依次上篮，投篮出手后停止计时。

2.成绩评定

依据受试者的成绩来排名。只需记录最佳成绩。

3.技术规格评定

传接球测试的技术规格评定见表3-2。

表3-2 技术规格评定

单位：分

等级	分值	评分标准
优	10~8.6	动作正确、协调实效、连贯
良	8.5~7.6	动作正确、协调
中	7.5~6	动作基本正确、协调
差	<6	动作不正确、不协调

（二）多种变向运球上篮

1.测试方法

受试者站在篮球场端线中点，面向前场，右手运球至①完成背后运球变向动作，然后左手运球到②，做转身运球变向动作，接着用右手运球到③完成胯下运球后再换左手上篮。

受试者在球中篮后方时，用左手运球返回③，然后背后运球，换右手运球到②，后转身变向运球到①，右手胯下运球，再右手上篮（图3-3）。

球中篮后重复一次，然后回到原处，停止计时。

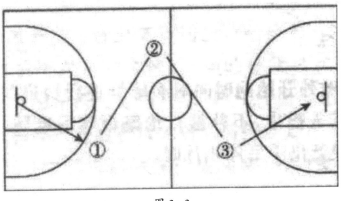

图3-3

需要注意的是，篮球场上的①、②、③三个标志，指的是以40厘米为半径的圆圈，在测试时，受试者要一脚踩到圆圈内或圆圈线上才能变化方向。

2.成绩评定

依据受试者的成绩排出名次，只需记录最佳成绩。

3.技术规格评定

变向运球上篮的技术规格评定见表3-3。

表3-3　技术规格评定

单位：分

等级	分值	评分标准
优	10~8.6	动作正确、协调实效、连贯
良	8.5~7.6	动作正确、协调
中	7.5~6	动作基本正确、协调
差	<6	动作不正确、不协调

（三）投篮

1.测试方法

以篮圈中心的投影点为圆心，55厘米为半径画弧，受试者在弧线外连续进行2分钟的自投自抢，投篮方式不限，记录投中次数，共测2次，记录最佳成绩。

2.成绩评定

根据投中次数排列名次，只记录最佳次数。

3.技术规格评定

投篮测试的技术规格评定见表3-4。

表3-4技术规格评定

单位：分

等级	分值	评分标准
优	10~8.6	动作正确、协调实效、连贯
良	8.5~7.6	动作正确、协调
中	7.5~6	动作基本正确、协调
差	<6	动作不正确、不协调

第四节 掌握学习视角下的篮球教学研究

一、掌握学习理念解析

掌握学习理念是以人人都要达到预期学习目标为基础，以基本学习能力和能力发展趋势及不同基础的学生团队为前提，在学习过程中以形成性评价为主要的评价体系，结合个性化差异和及时反馈的教学方法，使班级学生都达到预期教学目的的教学理念。

目前，在篮球教学中，有很多教师依然习惯采用传统教学方法，只有少数教师在教学中应用"掌握学习"的方法。可见该方法还不够普及。造成这一现象的主要原因有传统教学思想的影响，缺乏对该方法的宣传，教师没有认识到掌握学习教学的意义与作用，教师缺乏实施这一教学方法的综合素质等。在之后的篮球教学中，应针对这些实际问题逐一改善，以在掌握学习视角下提高篮球教学的效果。

二、掌握学习教育目标分类理论

在体育教学中参考一定标准对教学目标进行划分，有利于预期教学目标的达成和对教学资源的充分利用。在掌握学习教学理论中，教学目标主要有以下三类。

（一）认知领域目标

这类目标强调学生的技能掌握情况和对已学知识的巩固情况。

（二）情感领域目标

这类目标强调学生学习的兴趣、态度和自主性。

（三）动作技能领域目标

这类教学目标强调学生的动作技能培养效果。

教学目标分类如图3-4所示。

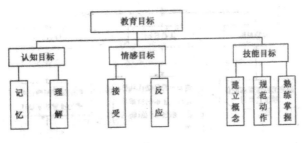

图 3-4

对教学目标的划分不是越细越好，而且注意相互间的顺序和逻辑关系，要便于对教学顺序进行合理安排，以便更好地引导学生学习，使学生获得更好的学习效果。

根据上述分析，可以建立篮球教学目标体系，如原地单手肩上投篮教学目标，如图3-5所示。

三、掌握学习教学法的意义

掌握学习教学法是学生利用学习时间学会相关内容的新型教学方法。掌握学习教学法具有以下几方面的意义。

（一）有利于形成新的教学观

传统教学对教师的主导地位过分重视，而对学生的主体地位则不够重视，学生学习的积极性和主动性因此而受到严重的影响。而掌握学习教学法直接面向广大学生，对学生应该达到什么目标提出了明确的要求，对学生学习进行直接的引导，学生的主体性和能动性得到充分发挥，学习的积极性被成功调动。采用教与学的双向方式能够有效提高教学水平。掌握学习中既有针对教师教学的目标，也有针对学生学习的目标，充分发挥教师的主导作用和学生的主体性，并将二者密切结合，对培养新型人才特别有意义。

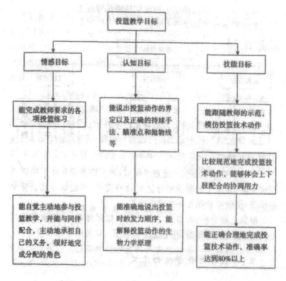

图 3-5

（二）有利于形成新的学生观

"学生的学习成绩呈正态分布"，这是一种传统的学生观，学生尤其是后进生的发展在很大程度上受到了这种观念的制约与束缚。布卢姆提出，"人人都能学习"，只要每个学生的学习时间充足，并给予其恰当的引导，学生的学习成绩都能有所进步，这时学生的学习成绩将呈偏态分布，偏向高分一端。很多实验都表明，教师力图使学生学会的知识，学生是能学会的，只是不同基础的学生学会同一知识所用的时间长短不同。

（三）有利于促进反馈与矫正的及时性和有效性的增强

传统教学强调量的积累，教师给予的帮助和指导不够，而篮球运动对参与者的速度、协调性有比较高的要求，教师的指导与帮助对学生来说是必不可少的。掌握学习理论要求教师以课堂上的直观信息和非直观信息为依据对学生的学习情况进行形成性评价，从而促进反馈——矫正（教师）和自我反馈—矫正（学生）的形成，及时纠正错误动作，提高学习效率和动作质量。

（四）有利于班级的个别化教学

传统的教学组织形式和教学方法很难使不同发展水平学生的需要得到充分的满足，一部分学生"吃不饱"，一部分"吃不了"的现象在传统教学中普遍存在。布卢姆认为，学生智力因素并不是造成这种现象的原因，教学方法与学生的特点不适应、学生得不到较多的指导与帮助以及学生学习时间有限才是造成这种现象的主要原因。只要以学生的个性特点和学习规律为依据提供教学方法与指导帮助，那么基本上所有学生都能有所收获。

（五）有利于教学目标和教学评价的有机结合

传统教学评价不重视评价教学过程，以评价结果为主。而掌握学习教学注重诊断性评价、形成性评价和终结性评价等多种评价方式的有机结合。这些评价方式在教学中所起的作用都非常重要，有助于教学时效的提高和高质量地完成教学任务，也能使教学目标和教学评价得到充分结合。

四、掌握学习教学与传统教学的比较

如图3-6所示，传统教学以自然班的集体教学为主，教师按照教学大纲组织教学工作，教学进度统一，期末测验标准也基本统一，通过终结性评价来了解学生的学习情况。在体育教学改革不断深入的今天，传统教学的弊端已经有目共睹，必须将此作为重点改革对象。

图3-6

掌握学习教学同样以班级授课为主，如图3-7所示，但教师依据教学大纲对

教学内容分单元、分层次地进行安排与实施，而且还会定期进行阶段性评价，了解学生某个阶段的学习情况，及时发现问题，以便在后面的教学中做得更好，契合教学大纲要求。

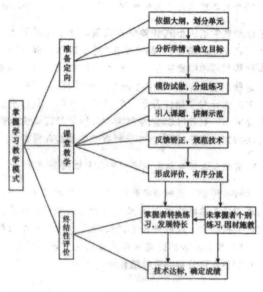

图 3-7

掌握学习教学关注学生的个性需求与个体差异，也有利于发挥集体教学方式的作用与优势，可有效提高教学质量。

五、掌握学习视角下篮球教学的程序

掌握学习教学的具体操作程序如图3-8所示

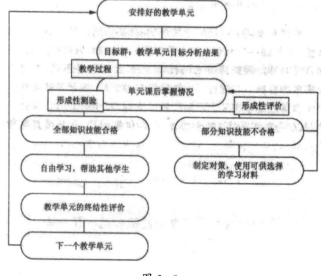

图 3-8

在掌握学习视角下进行篮球教学，以下几个程序非常关键。

（一）呈示掌握目标，交代学习任务

篮球教师先交代本次课的目的，再引出具体教学目标，让学生清楚在本次课上要达到什么目标，从而使学生的学习更有方向。这一教学阶段的中心任务是促进学生统合认知结构的形成。

（二）教师指导学生实现目标

篮球教师依据教学目标、教学内容和教学对象的实际情况恰当选择教学方法，旨在实现预期的教学目标。

在篮球教学的这个阶段，教师教给学生达标的方法和技巧，使学生迅速进入学习状态，积极主动地学习。教师还要编制一些具有层次性、逻辑性，且能够激发学生学习、有助于达标的辅助材料，并对学生的思维能力进行培养。

（三）形成性检测和评价

教师对预期学习目标与最终学习成果进行对照，进行形成性评价，了解哪些目标已达成，哪些目标未实现，有哪些问题等，从而有针对性地调整接下来的教学过程，及时弥补不足，实现那些未实现的目标。在进行形成性检测与评价后，教师要针对优秀的学生和落后的学生采用不同的教学方式，对于前者，以"强化""深化"其学习效果为主，对于后者，多提供学习技巧，帮助其提高动作质量。

第四章 篮球技术训练

第一节 球性递进训练方法

篮球运动员的"球感"是篮球训练过程中形成的一种特殊的感觉，是提高控球能力的基础。其特点是篮球形状、大小、重量、弹性、空间运动速度和方向的变化，人类手部肌肉的稳定性和分散注意力的能力达到极为精细分化的程度，由此，提高人手对球的支配、控制能力，将篮球运动技术的动作特点与实际需要相结合，充分训练手指、手臂、手腕的屈、挥、伸、翻、摆、推、转、按、拉、点等动作是有力提高运动训练水平的重要方面。加强球性练习是提高对球的控制能力的基础，是提高学员对球的不同速度、旋转、距离、弹跳高度和方向变化的观察判断能力的关键。

一、原地球性练习

（一）原地抛接球球性练习

1.原地抛接球

方法：如图4-1所示，双手持球于身前到位，垂直向上抛球（双脚并拢或前后张开），当球在空中时，双手迅速做身体击掌前后动作。在球落地前接住它，看谁击掌最多。

要求：不能移动两脚，把球向上抛的高度取决于双手能否完成击掌，之后慢慢降低抛球的高度来完成以上练习。

图 4-1

2.上下抛接球

方法：如图4-2所示，以站立的姿势双手垂直向上抛球，迅速坐下双手接住球，再以目前坐姿向上抛球，然后再站起接住球。

要求：站起和坐下时，不能用手撑地。

图 4-2

3.正踢腿交接球

方法：如图4-3所示，在原地进行正踢腿，同一侧的手持球把球绕腿下传给另一只手，左右腿这样交换进行。

要求：当两腿向前交替踢起时，球可以顺利地转移。

图 4-3

4.立卧撑起接球

方法：如图4-4所示，站在原地，将球放在胸部和腹部之间。练习开始时，用力向上抛球后，立即原地做一个俯卧撑。站起来后，用双手接住球。

要求：抛球时一定要有相当的高度，失败的人做5个俯卧撑。

图 4-4

5.抛球转体接球

方法：如图4-5所示，抛球的方法和上面一样。向上抛起球后，原地向前转360°~720°（也可以向后转），转身后双手接住球。

要求：向左或向右转体可交替进行，注意双眼看球。

图 4-5

6.侧踢腿交接球

方法：如图4-6所示，原地做侧踢腿，同一侧手把球从侧踢的腿下绕过，然后向另一侧的前方抛起，另一侧手将球接住，左右腿可交换进行。

要求：抛球要正确，接球要自然。

图 4-6

7.后抛前接、前抛后接

方法：如图4-7所示，双脚并拢，双手握球放在背后。双手把球从头部用力打到身前，双手在身体前面接住球，然后再从身体前面往背后抛球，双手在背后接住球。

要求：向前向后抛球时，球必须得经过头顶。

图 4-7

8.双手胯下交叉颠接球

方法：如图4-8所示，左腿和右腿分开，蹲下，用右手夹住球，左手放在腿后。在练习开始时，双手将球穿过胯下轻轻抛向左手，然后迅速改变持球的位置（右手在后面，左手在前面）。连续进行。

要求：下蹲时双眼要向前看，双手在前后接球的时候不准使球接触地面。

图 4-8

9.胯下双手前后颠接球

方法：如图4-9所示。双脚左右开立，深蹲，双手持球，位于体前胯下，练习开始时，将球稍微向上颠抛穿过胯下，双手快速移到身后胯下接住球，然后再将球稍微向上颠抛穿过胯下，双手再迅速移至体前胯下接住球。连续进行。

要求：双手在前后接球的时候不准使球接触地面。

图 4-9

（二）原地环绕交接球球性练习

1.环绕双腿、单腿交接球

方法：如图4-10所示，右手持球绕两腿1次，然后两腿分开，绕右腿1圈，然后两腿再并拢绕1圈，两腿再分开绕左腿1圈（4圈为一个动作周期）。同样动作进行反方向练习。

要求：动作协调一致，球地来回传递要自然。

图 4-10

2.胯下"8"字环绕交接球

方法：如图4-11所示，双脚平行或前后张开，双膝蹲下，双手捧球，放在两腿之间，将球在两腿间呈"8"字形围绕。同样动作进行反方向练习。

要求：动作连贯和谐，直视前方。

图 4-11

3.环绕颈、腰、腿间交接球

方法：如图 4-12 所示，双脚微微张开，用右手握住球，在头部环绕 1 圈，左手将球传到右侧腰部，把球传给右手绕腰部 1 圈，继续在两腿 1 圈，然后根据腰，头的顺序做相反方向绕球。

要求：动作要连贯协调，不能停顿。

图 4-12

（三）原地运球球性练习

1.双手胯下反弹前后交接球

方法：如图 4-13 所示，两脚左右平行开立，弯膝下蹲，双手握球于前面的两腿之间，双手将球撞击位于双脚中垂线的地面上，双手立即转到背后接球，然后球从后面撞到地面反弹体前，双手迅速从后收回体前接住球。

要求：当在两腿之间来回运球时，直视前方，将球打到脚的中线。

2.原地胯下左、右运球

方法：如图 4-14 所示，运动员两腿前后开立成弓箭步姿势。双手交换运球，让球在两腿间的地面上向左右反弹。

要求：同练习1。

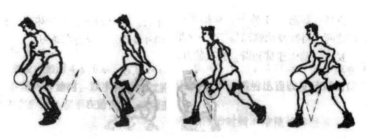

图 4-13　　　　　　　　　　　图 4-14

3.原地胯下前、后运球

方法：练习同图 4-14，两脚左右开立，两手在身前身后通过胯下交替运球，如图 4-15 所示。

图 4-15

4.原地背后换手变向运球

方法：如图 4-16 所示，两脚左右开立，膝盖微微弯曲呈半蹲姿，上体稍向前屈，两手伸向背后，在身后左右运球。

要求：抬头，眼睛看向前方，不能回头看球。

图 4-16

5.胯下"8"字运球

如图 4-17 所示，双脚左右开立，双手持球于两腿间，两手交换在胯下呈"8"形围绕运球。

要求：双脚平行或前后张开，略大于肩，蹲时抬头。

图 4—17

6.两腿外侧和胯下两次运球

方法：如图4-18所示，右手握球，在右腿的外侧向后方运球1次，右手往后绕，在两腿之间用左手接住从后面传到前面的球。左手在左腿的外侧向后方运球1次，左手绕到后面，在两腿中间从后往前做1次运球，把球传到右手。

要求：有节奏地移动身体，逐渐增加速度。

图 4—18

7.单手胯下运球

方法：如图4-19所示，右手从后面在两腿之间拍球，然后绕到前面接住球，这样反复练习，在熟练之后，可以换左手进行同样练习。

要求：动作连贯、协调。

图 4—19

8.快速1~2次低运球

方法：如图4-20所示，两腿分开，前面用左手和右手各做一次运球，使球从腿中间反弹到身后，并在身后用左手和右手各做一次运球。

要求：动作连贯、协调。

图4-20

（四）原地多球球性练习

1.内外旋肘

方法：如图4-21所示。两脚分开，双手在胸前各持1球。上身向前倾斜90°，双手握住球，向内旋转，向外伸展、侧平举手心向上托球，停顿5秒之后，再收回双臂，还原。

要求：双脚分开，不要移动，从腋窝向外旋转到双手伸直支撑球，增加双手对球的控制。

图4-21

2.原地双手胸前抛接球

方法：如图4-22所示，两脚分开，双手在胸前各持1球。右手抛左手接，左手将球传递给右手，这样循环进行。

要求：左抛右接与右抛左接轮换交替进行。

图 4-22

3.双手上下抄球

方法：如图4-23所示，双脚并拢，胸部两侧各持一个球。一节拍双臂伸直双手向上举球，二节拍屈腕屈指、提踵向下抄球，反复进行。

要求：抬球时两臂必须伸直，下球时快速屈腕控球。

图 4-23

4.手指尖旋球

方法：如图4-24所示，两脚分开，右手持球举起，将球快速向内旋转，用一个指尖顶住球的底部，另一手进行同样动作，双手同时将球向2个方向旋转，这样来增强双手的球感。

要求：注意控制球体平衡。

5.一抛一腰间围绕

方法：如图4-25所示，两脚平行或者前后开立，与肩同宽，两手各持1球在胸前。左手向上抛球1次，右手持球，在腰间围绕1圈，左右手交替进行。

要求：上抛球与腰间绕球时间要相等，双手与两球配合要协调。

图 4-24   图 4-25

6.一抛一腿间围绕

方法：如图4-26所示，两脚平行或者前后开立，与肩同宽，两手各持1球在胸前，左手向上抛球1次，右手持球，在腿间围绕1圈，左右手交替进行。

要求：抛球与腰部绕球时间相等，双手与两个球要协调。

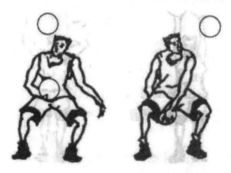

图 4-26

7.身后抛球身前换手

方法：如图4-27所示，双脚平行或前后张开，肩宽分开，两手各拿一个球，前面一个球，后面一个球。右手背后用手指手腕用力向上抛球后，迅速回到身体上接住左手递过来的球，左手到左肩前接住右手抛出去的球。

要求：不要把球抛过头顶。

图 4-27

8.左右前后胯下换手抛球

方法：如图4-28所示，双脚平行或前后张开，略宽于肩下蹲。左手持球放在左膝前，右手持球放在两腿之间。右手将球从左腿下部传过来，从外侧将球抛起1米高左右，右手迅速接住左手传来的球，左手迅速接住右手传过来的球。这样交替进行。

要求：完成动作过程中必须深蹲。

图4-28

9.原地双手同时运两球

方法：如图4-29所示，两脚左右张开，前后稍微分开，膝盖微微弯曲，双手各持1球。练习时，两手按同一节拍运球。

要求：两手需同时运球，运球时必须用手腕、手指控制球。

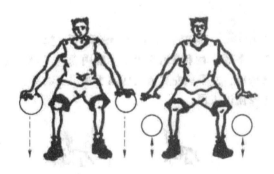

图4-29

10.原地双手高低交替运两球

方法：如图4-30所示，在练习中，右手先拍球，当球从地面弹起时，左手再拍球，这样两手交替运球。

要求：当运球时，抬头看，眼睛不要看球，两只脚不要动，两个篮球必须交替地从地上弹起来。

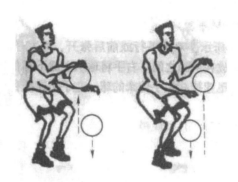

图 4-30

11."死球拍活"

方法：如图 4-31 所示，身体向下蹲，两球平稳放在地面上，两手击打两球的上部，用手指和手掌的前部连续击打球的上半部分，让球由在静止的状态下反弹起来，然后原地运 2 个球。

要求：只能用手指、手腕的力量快速按压球，使球变成"活的"，而不是捡起球。

图 4-31

12.原地前推桥拉运球

方法：如图 4-32 所示，两脚前后站立，双手各持 1 球，同时将球击向地面，双手迅速向后接住球，再向前击向地面，这样反复进行。

要求：当运球的时候，双腿必须下蹲。

图 4-32

13.两球穿过两腿中间运球

方法：如图4-33所示，每只手拿一个球，将球从身体后部从两腿之间弹到前方。把手绕到前面接住球，接住球后，快速把球从两体侧绕到后面，然后再将球从身体后部从两腿之间弹到前方。

要求：带球时不看球，达到快速、敏捷带球而不看球的目的。

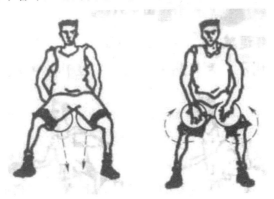

图 4-33

14.球绕固定点运球

方法：如图4-34所示，两只脚平行打开，两只手各拿一个球，左手拍向地面定点，右手绕该点运球，熟练后可以改变两只手的位置和动作方向。

要求：身体的重心不能太高，双眼目视前方，不要低头看球。

图 4-34

15.两球绕腿运球

方法：如图4-35所示，双手各拿一球，使右手球从腿的后部向前弹起，右手迅速向前接住球。当右手接住球时，另一只球从腿的后部向前弹起，左手迅速向前接住球。

要求：双眼目视前方，不能低头看球。

图 4-35

16.原地背后变向运球

方法：如图4-36所示，两只脚平行打开，双手各拿1球于身体两侧运球，用左手把球从身体后面推到右边，球击地面弹起，用右手接住球，然后用左手回球。左手和右手可以来回切换。

要求：一定要注意双手向两个方向运球，双手需要同时向下推球和运球。

图 4-36

二、移动中球性练习

（一）移动中单球球性练习

1.行进间弓箭步胯下交接球

方法：如图4-37所示，左腿向前弓步，用同一只手把球绕着胯下传给另一只手，然后换腿。

要求：动作要连贯，协调。

2.行进间胯下"8"字交接球

方法：如图4-38所示，两只脚平行打开，略宽于肩，左右持球于膝前。练习时，向前迈出右腿，同时左手将球穿过两腿之间递给右手，继续迈出左腿，右手再将球穿过两腿之间递给左手。

　　要求：过程中速度要逐渐加快。

图 4－37　　　　　　　　　　　　图 4－38

　　3.弓箭步加转体胯下交接球

　　方法：如图4-39所示，以弓箭步姿势跳，跳的同时在两腿之间交换球，转身，做同样动作，反复练习。

　　要求：速度一定要快。

　　4.移动高抬腿跑和腿下交接球

　　方法：如图4-40所示，教练做出手势，运动员根据手势迅速做出向前、后、左、右高抬腿跑的反应，高抬腿的同时做腿下交接球。

　　要求：动作要连贯，不能停顿。

图 4－39　　　　　　　　　　　　图 4－40

　　5.抛接球转高抬腿与弓箭步腿下交接球

　　方法：如图4-41所示，将球垂直向上抛起，单手接住球，高抬腿将球转到腿下，再转弓步将球转到后腿下。

　　要求：动作要连贯，不能停顿。

图 4-41

（一）移动中多球球性练习

1.脚分前后移动运球

方法：如图4-42所示，每只手拿一个球向前和向后弓步。当听到口令时，两脚前后交替进行。

要求：两脚前后运动连贯，动作不脱节。

图 4-42

2.行进间运球抄球

方法：如图4-43所示，向前行进，两手各运1球，等待球弹起，立即用手向上托起球。双手交替做运球托球动作。

要求：单手运球，单手托球。当球向上弹起时，手贴在球上。利用球的反弹力，用手腕托球。

图 4-43

3.运球中"耍"球

方法：如图4-44所示，双脚平行站立，一只手运球，另一只手不停地抛球和接球。开始用右手运球，左手抛接球，技术熟练，可以双手交替练习动作。

要求：眼睛平视，不要看球，上下肢体要协调，抛接球要有一定的高度。

4.运球前后移动

方法：如图4-45所示，两脚平行站立，左右手各运1个球。练习时，用右手按拍所运球的右侧上方，使球从身体右侧经体后地面反弹到身体左侧，同时用左手按拍所运球的左侧上方，使球从身体左侧经体前面反弹到身体右侧，随之迅速用手分别接触反弹过来的球，并继续运球。依次反复练习，可以调换两只手转移球的方式。

要求：不要移动脚。用双手移动球。

图 4-44　　　　　　　　　　　图 4-45

5.弓箭步同时转移球

方法：如图4-46所示，两腿前后开立成弓箭步，两手在左右两侧各运1球，当你听到信号时，把一个球从后面移到另一边，另一个球从前面移到另一边，球转移后，两手继续运球，然后重复练习。

要求：转移时注意球的部分，不要移动身体。

6.运球体前转移

方法：如图4-47所示，站在原地，双手各运1球。练习前，用右手按拍球的右侧上方，使球从身体右侧经过体前的地面反弹到身体左侧，同时用左手将所运的球从体前腹部拨向身体的右侧，与此同时，迅速用两手分别接住传来的球，并继续运球。依次重复练习。

图 4-46   图 4-47

三、两人配合球性练习

1.胯下地滚球

方法：如图4-48所示，两人背对着站着，双脚与肩同宽，上身向前弯曲。其中一个把球放在他两脚之间的地上。在开始的时候，球是用双手从胯部滚到后面的。另一个人从胯部接住球，然后用双手把球滚到后面。依次重复。

要求：脚不动，用手指的指根部位拨球，不要把球捡起来。

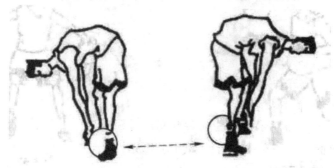

图 4-48

2.坐地滚球

方法：如图4-49所示，两人面而坐，双腿分开，把球放在两腿中间的地板上，手将球滚到另一边，另一边将球滚回去，重复进行。

要求：用你的腿接住球，把球滚直，双手交替。两个人之间的距离可以适当增加。

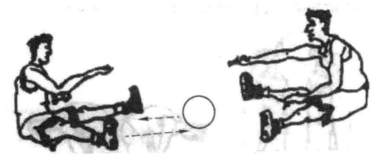

图 4-49

3.胯下运球

方法：如图 4-50 所示，两人背对着站立，双脚和肩膀一样宽。其中一人将球自然地举在身前。练习时身体向前弯曲，用双手将球穿过双腿之间，接着另一个人接住球，也将球穿过双腿之间，这样两人交替进行。依次重复。

要求：不要移动脚，上下移动身体太多，并始终跟随节拍。

4.背后抛接球

方法：如图 4-51 所示，彼此相对站立，双脚自然张开，其中一只手将球放在身体后面臀部的位置。开始时，双手将球抛向上方，使球从背面通过头顶到达对方的背面，对方接住球后再将球抛回。依次重复。

要求：保持身体挺直，不要移动双脚，把球扔到一个合理的高度，动作连贯和谐。

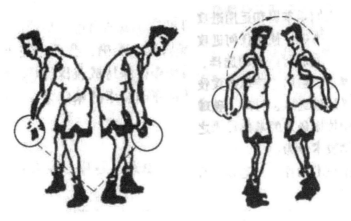

图 4-50   图 4-51

5.头上、两脚之前传接球

方法：如图 4-52 所示，两人背对站立，双脚与肩同宽。其中一个把球举在胸前。一开始，球从胸部传到头部，另一个人接住两个人头上的球后，他把球从胸部、腹部和腿部传到后面，后者接住两个人两腿之间的球。反反复复地练习，熟练以后，可以做相反方向的传接球。

要求：两脚不能移动，传接的球动作要正确、连贯、协调。

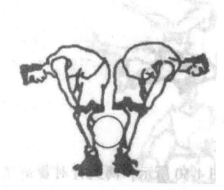

图 4-52

第二节　移动训练方法

一、移动技术基本理论

（一）移动技术的概念

移动是篮球运动员为了改变位置、方向、速度和追求高度而采取的各种步法的总称。它们是掌握和运用进攻和防守技术的基础。

移动与掌握、使用任何进攻或防守技术密切相关。运动员运用移动的目的是摆脱对手，完成对位置的选择、切入、接球，或快速、准确、合理地完成传球、运球、渗透、射门等持球进攻技巧。防守中运用动作以保持或获得优势，防止对手及时果断地运球、打球、破球或抢篮板。移动是篮球技术的基础之一，也是篮球运动中使用最多的基础技术之一。

移动技术分为：

平步技术动作——起动、变速跑、侧身跑、后退跑、急停、攻击步、交叉步、滑步。

转动技术动作——前转身、后转身、各方向的跨步跑、后撤步。

跳动技术动作——单脚跳和双脚跳。

（二）移动技术动作分析

1.准备姿势

球员在场上需要有一个稳定、轻松的起跑姿势，才能快速、和谐地完成各种进攻和防守动作。准备姿势是指站立位置球员，正确的姿势是两脚前后（或左右）开立，两条腿之间的距离与肩同宽，脚掌着地，膝盖弯曲（大小腿之间的角度在135°），身体重心落在两脚之间，上半身略前倾，两臂屈肘自然下垂（准备接球或持球），两只关注场上情况。

2.身体平衡

平衡是篮球技术成功的关键。身体的平衡与支撑面大小成正比，头部位置在支撑面中点的垂直上方。平衡也是关于你的重心离地有多高，即使在你跑步的时候也要降低它。稳定角也是平衡的一个因素。稳定角是重心作用线（重心垂直）与重心到支承面边缘对应点的夹角。稳性角大，稳性也大；稳性角小，稳性也小。控制身体平衡也需要中枢神经系统的作用，使运动员感到身体在空间的位置，更好地控制肌肉，改变身体的姿势，身体的关节坐标之间的关系来维持身体的平衡。

3.蹬地用力

对于任何一种运动，人体都必须在地面上施加一种力，并利用地面来支撑反作用力，也就是通过脚蹬地、碾地、抵地的力来实现。这些力的大小和方向决定了人体的加速度、减速、旋转、制动、滑动、飞行等位移的变化。地面上的力决定了运动的速度和方向。其中，蹬地角度与身体重心移动的距离有关，蹬地角度是指身体重心与地面的夹角。夹角越小，重心投影点与力作用点之间的距离越远，产生的水平分力越大。反之，夹角越大，垂直分力越小。力的作用点与重心成垂直线，人体向上跳，在重心之后则向前移动，在重心之前则向后移动或制动人体前移。

4.协调配合

没有身体各部分的协调配合，很难适应比赛不断变化的要求。协调不仅反映在髋关节和膝关节提前弯曲，主动扩展，还需要头、上肢，躯干和下肢各部分相互，使人体内部和外部力量更好的结合，控制用力方向和角度，充分利用反应力和惯性力来克服阻力，以正确和迅速完成不同的移动技术，提高移动速度和灵活性。

（三）移动技术教学顺序

基本站立姿势——起动——跑（各种跑）——急停（跨步、跳步急停）——跨步或转身——跳——综合移动。

二、移动技术基本训练方法

（一）基本站立姿势练习方法（图4-53）

基本站立姿势是篮球攻防技术的准备姿势，它直接影响着各种动作的速度和质量。

根据信号要求的站立位置，做好基本站立姿势后，把重心移到一只脚上，然后移到另一只脚上，不断地移动重心，保持它的稳定。做好基本站立姿势，一只脚为中心脚，另一只脚在踏、退、同侧步、交叉步后，恢复基本站立姿势。做好基本的站立姿势，以一只脚为中心脚，另一只脚连续做两到三步，恢复基本的站立姿势。在各种动作练习中，遇到信号停止，立即站在基本位置。

（二）跑动技术练习方法（图4-54）

跑步是篮球比赛中的一项基本运动。步法教学应从跑步开始，同时结合基本站立姿势、起跑和综合步法组织练习。

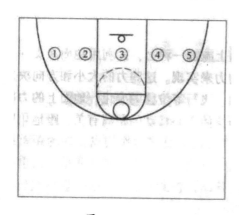

图 4-53

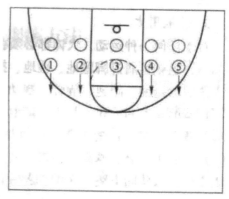

图 4-54

跑首先学习放松跑，然后学习快跑、变速跑、变向跑、侧身跑、后退跑等动作。在教学中要抓住篮球运动跑的特点，特别要注意正确的蹬伸动作和全身各部位的协调配合。为了使队员掌握跑的技术，可组织向不同方向、不同距离和用不同速度跑的练习，并重视用视觉信号来指挥和训练队员的判断反应能力，完善跑的技术，提高跑的速度（图4-55）。①原地放松跑、高抬腿跑、小步跑等。②放松中速跑。③听信号或看信号向不同方向起动快跑。④在各种不同情况下（蹲下时、原地各种跑步、原地向上向侧起跳落地、滑步中、急停后等）听信号或看信号向不同方向起动快跑。⑤自己抛球或另一人抛球（先近后远）后，起动快跑接球，不让球落地。⑥在场地内根据手势或其他信号做侧身跑、变速跑、变向跑、后退跑。⑦在场内按规定的位置或结合绕障碍物，做侧身跑、变速跑、变向跑、后退跑。⑧在场内做直线快跑，并结合急停、转身做折回跑。⑨在场内利用圈、线做折线跑、弧线跑。⑩在场内利用变向、急停、转身做折线快跑。⑪在场内连续交替做各种跑。如直线跑转为弧线跑，弧线跑转为直线跑、变向跑转为弧线侧身跑等。

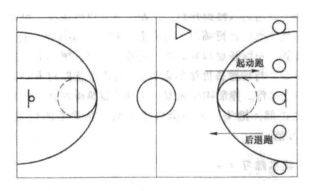

图 4-55

（三）急停技术练习方法

在急停教学训练中，应先学习跨步急停，然后再学习跳步急停。在解释紧急停止动作的方法时，我们应该分析如何利用外力和内力的相互作用来改变人体的运动状态。演示时一定要注意行驶速度和制动方法，注意动作规范（图4-56）。①慢跑、中速跑中做跨步急停和跳步急停。②直线快跑中做跨步急停和跳步急停。③快跑中听信号或看信号做跨步急停。④跑动中急停接球做策应。⑤跑动中做接球急停和接球急停后传球。⑥跑动中做急停后转身传球。⑦运球急停后传球。⑧运球中急停急起。⑨运球急停跳起传球。⑩运球急停跳投。

要求：训练可以组织从慢跑开始，逐渐过渡到快跑练习，根据场地不同情况紧急停后，结合其他动作进行练习，提高急停动作的实用性。练习队员急停时，保持身体平衡姿势，两脚开立与肩同宽，屈膝，直腰，臀部下坐，抬头，保持三威胁姿势（假设双手持球准备投篮的姿势）。但要注意控制重心，在急停后，连贯地连接到下一个动作。控制跑步速度，注意不要跳得太高，而是要轻轻地跳起来，重心要放在臀部，抬头，否则会失去平衡。注意手的位置（假设双手持球），随时准备投篮。

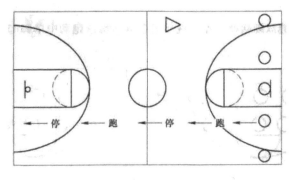

图 4-56

（四）转身技术练习方法

转身教学，首先要队员明确中枢脚和移动脚的作用、两种转身方法可以同时进行（图4-57）。①原地徒手或持球，做两脚交替转移重心练习。②原地徒手或持球，做跨步、撤步、前转身、后转身的练习。③原地徒手或持球，面对或背对防守，做跨步、撤步、前转身、后转身的练习。④原地接球后做前转身、后转身传球或运球的练习。⑤跳起接球后做前转身、后转身传球或运球的练习。⑥跑动中急停后做前转身或后转身继续跑动的练习。⑦跑动中接球急停后，做前转身或后转身传球后继续运球的练习。⑧跑动中做后转身继续前跑的练习。⑨运球中做前转身或后转身的练习。⑩在一对一攻守中做前后转身护球和摆脱对手的练习。

要求：掌握转身的动作要点，转动要快，重心要平稳，不要上下波动。转身后要快速连接到下一个动作。

（五）跳技术练习方法

跳应从原地双脚起跳开始，逐步过渡到助跑或跑动中单脚起跳和双脚起跳（图4-58）。①原地（基本站立姿势）向上，向前上方，向侧上方，向后上方做双脚起跳。②原地向上连续轻跳（逐渐用力向上跳）。③原地向上跳起转体90、180、360。④原地后转身双脚起跳或后转身向侧跨步双脚起跳。⑤助跑两三步、变向跑两三步，后转身助跑两三步后接单脚起跳或双脚起跳。⑥助跑后单脚起跳用手触及篮板或篮圈。⑦跑动中左右跨步和向前跨步。⑧两人轮流起跳抢双吊球，一人连续起跳抢双吊球。两个球（球的距离可以增减，加大难度）的侧跳；也可两人连续交替跳起抢双吊球。⑨空中接、传球练习，2人面对站立、相距3米左右，连续跳起在空中传接球。队员面对篮板成一路纵队站立，依次跑动跳起在空中接篮板反弹球并在空中将球传向篮板。⑩跑台阶或连续向凳子面跳上跳下。

要求：起跳方法要正确，蹬冲动作要快速、突然、有力（爆发力），要注意提腰和摆臂的协调。在持球或接球的组合练习中，要注意培养判断球的方向、落点、起跳时间以及空中控制身体平衡能力的培养。落地时要注意膝盖弯曲，并与下一步动作连接。跳的训练要与素质训练相结合，并要规定一定的数量。

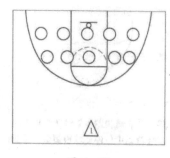

图 4-57

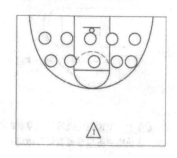

图 4-58

（六）防守步法练习方法

防守步法教学中要突出以滑步为重点，在掌握滑步动作的基础上，再学习后撤步、攻击步、交叉步、绕步等步法。

1.原地做好基本姿势，看手势或信号做以下练习；①侧滑步、前滑步、后滑步（由单个动作向连续动作过渡）。②后撤步、交叉步、攻击步、碎步（由单个向连续动作过渡）。③后撤步接侧滑步、交叉步接侧滑步、攻击步接后撤步。

2.按规定的路线或设置障碍物做练习（图4-59）；①"Z"字形滑步；②三角形滑步（上步、撤步、侧滑步）；③小"8"字滑步；④围绕障碍物做向前或向后的绕步；⑤"丁"字碎步。

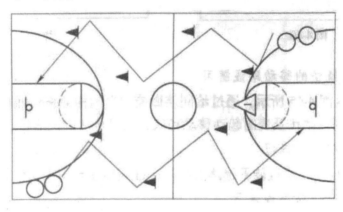

图 4-59

3.防守步法组合练习；①快跑——退跑侧滑步；②快跑——侧滑步——向上跳；③侧滑步——后撤步——侧滑步；④侧滑步——前滑步——侧滑步；⑤侧滑步——向上跳——侧滑步；⑥攻击步——向上跳——侧滑步；⑦侧滑步——向上跳——向后跑；⑧侧滑步后滑步向侧跑；⑨前滑步——向侧跑——侧滑步；⑩后滑步——向侧跑——向上跳。

要求：开始可以单独进行教学，但任何步法的移动都要保持屈膝弯腰降低重心的基本姿势，有利于在移动中身体的稳定性和易变性，同时还要注意手臂伸张的方向与幅度，以控制较大的范围。

三、移动技术组合训练方法

（一）半场组合练习

1.徒手跑路线练习

如图4-60和图4-61所示，通过利用徒手偏转摆脱防守切入篮筐，提高了步法的灵活性和快速偏转切入篮筐的能力。在移动和改变方向的过程中，速度可以由慢变快，从而快速启动，突然改变方向摆脱防守。

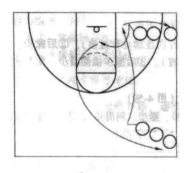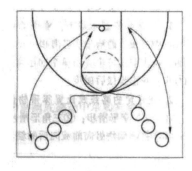

图 4-60   图 4-61

2.徒手做掩护的移动路线练习

如图4-62~图4-65所示，通过给同伴做掩护后的移动路线练习，使被掩护者体会掩护后的切入动作及变向起动移动路线，提高步法的灵活性。

3.半场摆脱攻守练习

如图4-66所示，通过徒手跑路线练习，提高运动员脚步动作的灵活性。

4.结合传接球跑路线练习

如图4-67~图4-70所示，通过传球接球的练习，使接球者了解跑动过程中的换向和截球技术，提高跑动过程中的步法灵活性和接球能力。

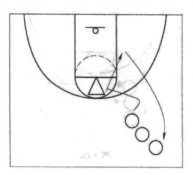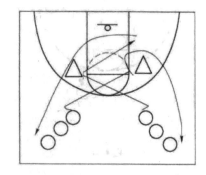

图 4-62   图 4-63

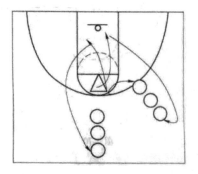

图 4-64   图 4-65

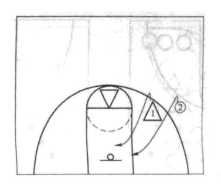

图 4-66

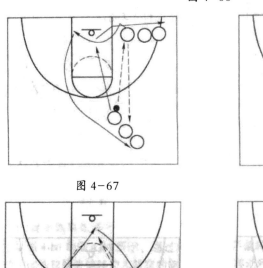

图 4-67

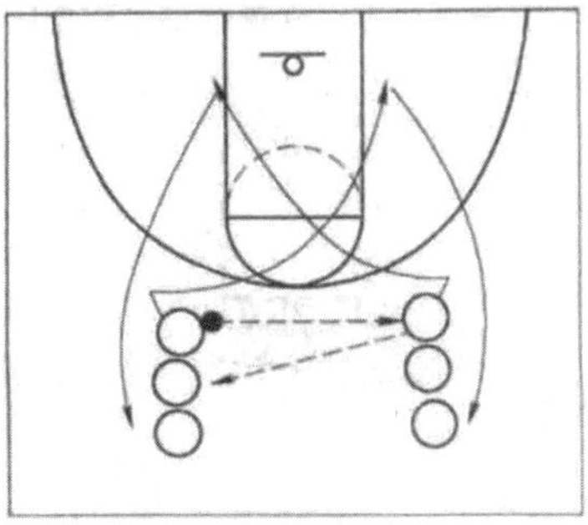

图 4-68

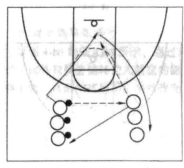

图 4-69

图 4-70

5.三人一组的传接球与空切练习

如图4-71~图4-74所示,通过三人之间的徒手移动或传接球移动练习,能够理解三个人之间的运动路线,提高步法的灵活性,使接球者提高跑动过程中的变向与切入技术动作,提高跑动过程中脚步动作的灵活性与接球能力。练习时钟作速度可由慢到快,注意纠正技术动作在各环节中的错误。

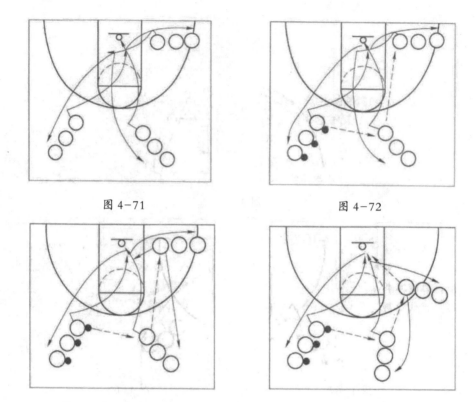

图 4-71   图 4-72

图 4-73   图 4-74

6.掩护配合综合练习

如图 4-75~图 4-79 所示，通过两三个人之间的掩护，学员可以了解掩护战术+脚步移动和站位技术，以及在无掩护操作中运动员的动作路线，从而提高运动员的脚步移动质量和动作路线。

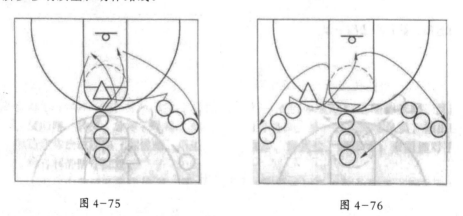

图 4-75   图 4-76

7.一防二综合练习

如图 4-80~图 4-82 所示，通过一防二防技术的训练，可以提高步法的灵活性和速度，提高步法的质量。

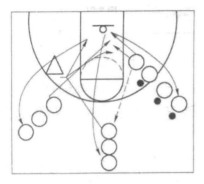

图 4-77

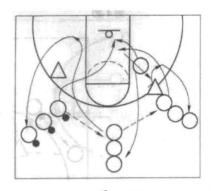

图 4-78

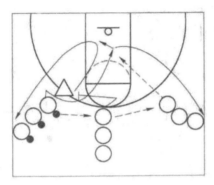

图 4-79

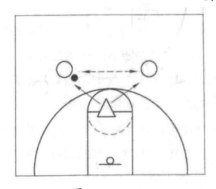

图 4-80

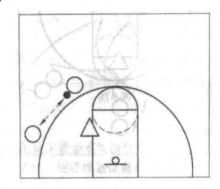

图 4-81

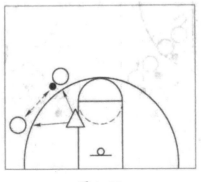

图 4-82

8.二防三综合练习

如图4-83和图4-84所示，通过二防、三防技术的训练，提高步法的灵活性和速度，实现两名防守队员之间的协调配合，提高移动技术的质量。

半场组合练习要求：根据半场的特征组合，突出策略的灵活性和移动的速度运动，同时结合实际的篮球比赛，突出半场进攻和防御的特点，移动路线，强调操作的正确性和合理性。

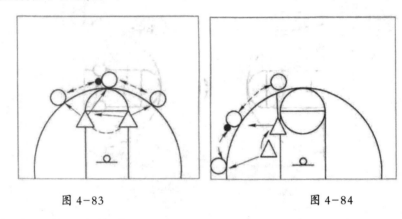

图 4-83   图 4-84

（二）全场组合练习

方法：二人一组，一人为进攻队员，在球场上原地或行进间做快跑、变速跑、变向跑、转身、急停、跳起、固定策应等动作。另一人为防守队员，做出相应的防守步法或动作（如快跑、后退跑、滑步、撤跳起、绕步等）来阻挠对手，并保持有利的防守位置。①进攻中跑动及换位练习（图4-85）。②起动与滑步组合练习（图4-86）。③快速斜侧滑步综合练习（图4-87）。④后退跑接交叉步接滑步练习（图4-88）。⑤撤步、滑步、交叉步、跳起断球动作练习（图4-89）。⑥进攻中跑动及换位练习（图4-90和图4-91）。⑦攻守转换练习（图4-92和图4-93）。⑧步法综合练习（图4-94）。⑨徒手转身摆脱防守练习（图4-95）。

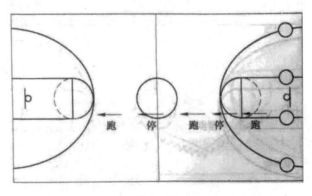

图 4-85

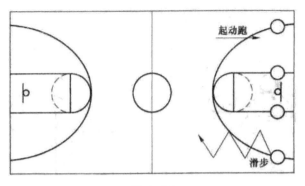

图 4-86

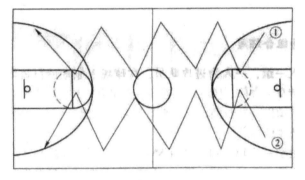

图 4-87

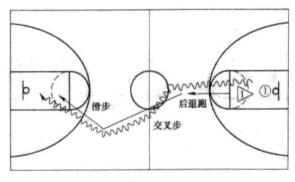

图 4-88

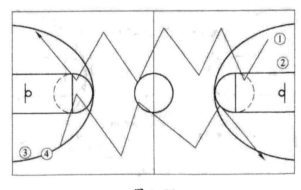

图 4-89

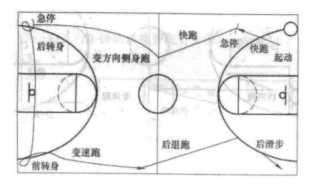

图 4-90

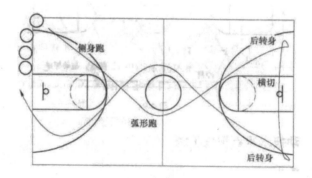

图 4-91

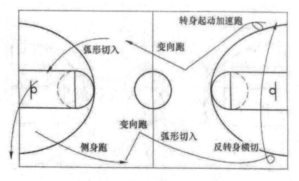

图 4-92

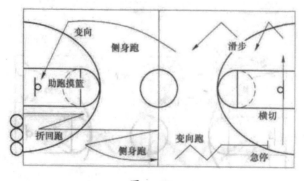

图 4-93

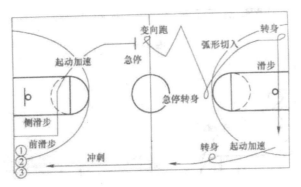

图 4-94

全场组合练习要求：要充分利用全场，突出跑、滑、撤、急停、转身、绕步等综合移动的运用，通过攻守对抗，提高移动的应变能力，同时强调各动作的正确性和合理性。

四、移动技术重点训练示例

（一）切入练习

方法：这项训练需要一个后卫、一个中锋和一个前锋。如图4-96所示，三名队员站在各自的目的位置上。练习开始，后卫队员传球给前锋队员，然后借中锋队员的定位掩护移动到底位策应区。中锋队员上提接球，前锋队员再为后卫队员做掩护，后卫队员借掩护到底角处接中锋队员的传球面向球篮跳投，中锋队员下至弱侧抢篮板球。

要求：后卫队员切入与中锋队员掩护配合要默契，前锋队员的掩护质量和后卫队员的伺机外拉。

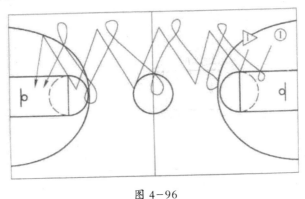

图 4-96

（二）限制区滑步

方法：攻防两名队员一组。如图4-97所示，练习从底位策应区开始，攻防队员P1、P2面对面站立。此练习利用限制区的各个边线，进攻队员P2设法运球到达罚球线，防守队员P1利用滑步将P2逼向限制区的"边线"，直到进攻队员运球通过罚球线练习结束。

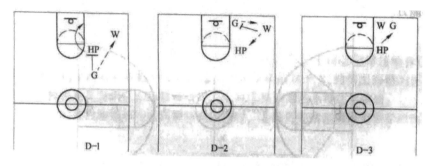

图 4-97

要求：（1）进攻队员应利用脚的快速移动和方向的突然变化来摆脱防守队员。（2）防守队员被进攻队员突破时，要尽量利用变向重新获得正确的防守位置。

（三）六点防守练习

方法：如图4-98所示，将队伍分成两组，站在中心线两侧，彼此平行，面对中圈。练习开始，两组的第一名队员隔中线面对面站立，假想面前有进攻队员在进攻，同时开始做防守练习，方向相反。练习队员首先后撤至3分线弧顶处，然后向左侧滑步至边线附近急停，做紧逼防守，然后转身滑步至底位策应区，再变向滑步至限制区的另一侧，然后滑步到边线附近做紧逼防守，最后回到队尾。

要求：（1）每一个防守动作都要严格按照正确的防守技术来进行——脚快，手臂位置正确；重心低，随时准备端球。（2）注意防守队员各种防守姿势的转换能力。

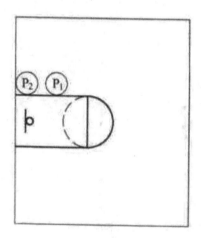

图 4-97

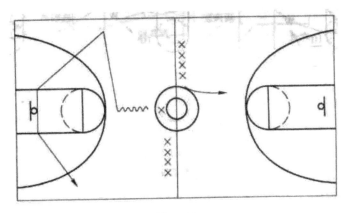

图 4-98

（四）快速起跳练习

方法：如图 4-99①，②，③所示，队员捡起球，向球篮冲跳，使球触及球篮（若身体条件好，则可让球触到篮圈上沿），然后双手握球落地。队员落地后，立即做后转身动作（可运球，也可不运球）至另侧篮下重复上述使球触篮圈的动作，落地后做后转身（可运球或不运球），回到原来起始练习的一侧，继续在该侧重复同样的起跳。

要求：起跳迅速，转身时重心平稳。

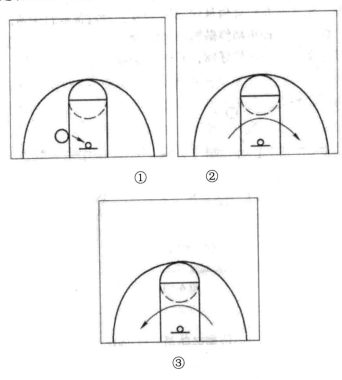

图 4-99

（五）抢位移动并对付协防练习

方法：如图4-100所示，⑤设法抢占有利位置，以便①或③把球传给自己。⑤得球后，X_4从稍靠异侧篮下过来协防，⑤必须根据对手X_5的情况而做出正确的移动，教练要及时纠正⑤的错误动作。X_4在⑤接到球前不得过早移动。

要求：如果教练想练习从弱侧切向强侧时，⑤即可先站在弱侧再横穿限制区切向强侧。

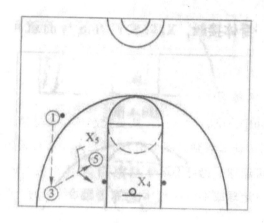

图 4-100

（六）对付夹击的脚步动作练习

方法：如图4-101所示，把队员分成若干组，每组三人，二守一攻。防守队员夹击持球者，允许守方打得稍具侵犯性，设法把球打掉成自由球。持球者要把球握得很低，设法利用脚步动作摆脱两个对手之一。

要求：对方夹击下要保护好球，并通过空隙跨步穿过。

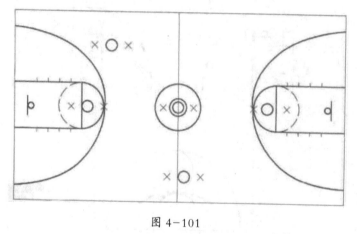

图 4-101

（七）防快速移动

方法：如图4-102所示，外线两名队员，①持球，不加防守，⑤抢占强侧的策应位置。①传球给②后，X_5变为弱侧的内线防守者，原地退后一步，随着球的移动而相应地调整自己与球之间防守位置。⑤此时可挤靠X_5，等着球被转移至①手中，或者⑤也可准备从②处接高吊球，但主要的还是向②一侧移动，准备接球，随后做动作，切向篮下。X_5必须切断⑤通向②的最近路线，并防止他接到球，这样⑤就向另一侧篮下移动，和X_5抢占内策应的有利位置。当②把球回传给①时，攻方就可从另侧发动同样的进攻。如果⑤从靠近罚球线一侧切向②时，X_5阻止他向篮下移动。假若⑤从靠近端线一侧切向②，则X_5在⑤与球之间的一侧防守。X_5必须让⑤比自己离球更远一步。当⑤移向球时，X_5用身体接触来察觉⑤的位置。为了做好身体接触，X_5只要站在⑤身前就可以了。如果⑤继续前进，则X_5可造成他撞人犯规。

　　要求：防守移动快速，及时在强侧抢占正确的防守位置。

图 4-102

（八）一对一攻防

　　方法：如图4-103所示，此练习每次有两名队员参加，一名为进攻队员运球从后场向前场推进，另一名则对其进行防守，两人练习的区域要限制在球篮一侧的纵半场内。进攻队员可以运用体前变向、后转身变向、急停急起等运球技术，但不可以突破超越防守队员。练习的重点在于提高防守技术与脚步移动，防守队员可以选择足够近的距离甚至能够触及进攻队员，防守位置始终保持在球与前场球篮之间，近球侧的手要始终伸向球与对手之间的连线方向，教练应认真观察攻守练习的整个过程，并要求前一组队员过半场后下一组再开始练习。

　　要求：教练必须强调防守队员的撤步、转身与滑步动作的正确性、合理性。无论是在防守滑步，还是在变相时，都不允许出现脚步交叉的现象。

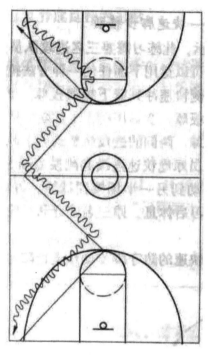

图 4-103

（九）"五对五"卡位

方法：如图4-104所示，五名进攻队员和五名防守队员练习。在训练开始时，教练投篮，进攻和防守队员都要积极抢篮板。防守队员应根据进攻队员的动作，保持同进攻队员进行身体接触（臀部顶在进攻队员的腹部上），合理运用肘部进行卡位，然后向前两步跳起抢篮板。

要求：（1）防守队员在卡位时，要用臀部顶住进攻队员的腹部；（2）进攻队员可以在教练罚球之前进行5~10次传球跑动。

教练也可传球给任一名进攻队员，该队员立即投篮，然后进行以上练习。

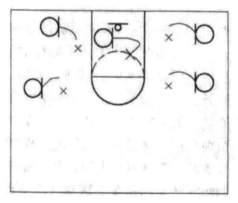

图 4-104

（十）抢篮板球——快下一快速脚步移动

方法：如图4-105所示，此练习需要三名进攻队员三名防守队员，防守队员松动防守。三名进攻队员可以运用下面任何一种方法抢前场篮板球：①向一侧做假动作摆脱，然后从另一侧快速冲到篮下抢篮板球。②运用后转身（左右两侧）技术摆脱防守队员冲抢篮板球。③运用脚步卡住防守队员以便和防守队员处于平等的位置，然后冲抢篮板球。两侧的进攻队员到篮下原地快速连续起跳（尽可能高）摸篮板5次，中间队员原地快速连续起跳摸篮圈5次。三名进攻队员做完5次连续摸高后立即快速移动到另一半场摸罚球线，再转身面向防守队员，做10秒钟原地快速碎步防守练习后休息。原三名防守队员轮换为进攻队员，另外三名队员上场防守。

要求：攻防之间利用快速的防守脚步动作进行防守。

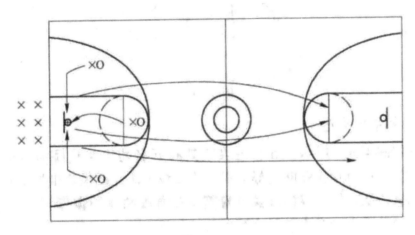

图4-105

五、移动技术常见错误动作及纠正方法

（一）基本站立姿势易犯错误与纠正方法

1.易犯错误

（1）两腿直立，重心高。不习惯屈膝降低重心或由于腿部力量不足，不能持久保持稳定的基本站立姿势。

（2）两臂不习惯屈肘下垂，置于体侧。

（3）上体过于前倾，全脚掌着地。

2.纠正方法

（1）讲解示范法。当教练讲解示范动作时，可以运用对错对比的方法，对示范动作进行分解，使运动员对正确的技术动作有一个清晰的概念。在训练过程中，教练应时刻提醒、严格要求，使运动员逐渐养成良好的习惯。

（2）诱导法。信号诱导练习：队员成体操队形，在教练面前做基本站立姿势，教练可伸出几个手指让队员报数或用语言诱导队员抬头看，目的是教练针对队员所出现的不同错误，进行重点纠正。

辅助练习：队员成基本站立姿势，做轻微的从左到右，来回跳跃。30秒为一组，目标是纠正学习基本站立姿势的错误，两腿直立，重心高。

腿部力量练习法：有计划地提高腿部力量，在训练中可结合基本站立姿势，多采用"马步""鸭步走""静蹲""半蹲""深蹲跳"等练习方法。

（二）跑动技术易犯错误与纠正方法

1.起动技术易犯错误与纠正方法

（1）易犯错误。①起动前身体重心过高，不易于迅速蹬地。②重心移动不及时。③起动时后脚或异侧脚前脚掌蹬地不充分，步幅大、步频慢，不能在最短的距离内把速度发挥出来。

（2）纠正方法。讲解示范法：在队员练习时，教练应随时提醒，多做对错对比演示，反复强调动作要领，使队员在起动前保持正确的基本站立姿势，以利于随时起动。

诱导法：队员原地做碎步跑练习。15~20秒为一组。

变换练习法：两人一组，纵向站立，前后相距2米左右，听教练信号做起动练习。

要求：以上练习要求掌握各种跑的方法，特别要掌握用不同的蹬地方法（全脚掌、前脚掌、前脚掌内侧等）来改变支撑脚用力地方向、角度，从而达到重心协调转移和快速运动的目的。练习跑步时上身放松，重心降低，手臂自然摆动，要随时准备接球或做各种持球攻击动作。同时要强调改变一个运动，我们都应该加快速度，从而获得位移的主动权。

2.侧身跑技术易犯错误与纠正方法

（1）易犯错误。①跑动时头和上体未转向有球方向或一跑一回头，影响跑速。②脚尖没有指向前进方向，形成交叉步跑、滑跳步跑。

（2）纠正方法。讲解示范法：教练应强调侧身跑与其他跑的区别和技术要点。更多的使用分解演示，让团队看到各个环节的运动情况。

诱导法：第一，听教练语言诱导练习：教练针对队员的练习情况及时提示，如"侧身看球""脚尖向前""不要跳着跑"等。第二，教练的行为诱导练习：在练习中，教练持球站在中圈诱导队员练习。队员在侧身跑时，要始终看教练的动作，随时准备接教练的传球。第三，相互诱导练习：队员沿圆圈侧身跑，跑时转头侧身看同伴，目的是纠正侧身跑时头和上体未转向有球方向或一跑一回头，影响跑速的错误。

变换练习法：队员们在集体慢跑的时候一边跑步一边练习，根据队员们所犯的不同错误重点进行纠正。圆圈跑接力赛，目的是纠正脚尖没有指向前进方向，形成交叉步，滑跳步跑或一跑一回头而影响跑速的错误。

3.变向跑技术易犯错误与纠正方法

（1）易犯错误。①变向跑时，脚尖没有内扣；腰胯没有带动上体转向改变方向，上体没有前倾。②变向后没有加速动作。

（2）纠正方法。讲解示范法：反复强调脚步、腰部、重心的动作要领。多做正面论证、分解论证、对错对比论证，使团队树立正确的行动理念。

诱导法：又分队员相互诱导和语言、手势诱导练习。第一，同学相互诱导：两人一组，前后站着，相距约2米。在看到教练的信号后，前面的球员改变方向，后面的球员追赶同伴。然后交流练习。第二，语言、手势诱导练习：队伍站成体操队形，根据教练的手势不断地做换向跑动作。在练习中，教练会提醒运动员"内扣""上半身旋转""加速"等动作，并引导运动员按照正确的动作方法进行练习。

变换法：减慢跑速练习，使队员在走动或慢跑中进行变向跑练习。

4.后退跑技术易犯错误与纠正方法易犯错误

（1）易犯错误。①背部缺乏运动感，导致上半身过于向前、低头和前脚掌跑。②有畏惧感，怕摔跤，两条腿不敢抬起来，形成拖着地面跑或大步跑，跳着跑。

（2）纠正方法。讲解示范法：反复强调动作方法、技术要点及使用。多运用对错对比的方法进行论证，使团队树立正确的技术动作观。

诱导法：两人一组，相距2米左右面对站立，一人向前慢跑，一人后退跑，当跑到一定的距离时，后退跑的人急停变为向前跑，向前跑的人则急停后退跑。如此循环。

变换法：又分降低难度练习、提高难度练习和结合其他技术练习。第一，降低难度练习：队员根据教练手势做后退走及后退慢跑练习。第二，提高难度练习：队员分两组在两端线外成纵队站立，加速跑到中场做转身后退跑，准备接球练习，要注意认真体会背向移动的感觉。上体放松直立，保持身体平衡，两眼平视，观察教练所做手势。第三，结合其他技术练习：两人一组一球，前后相距3米左右，一人向前跑动，一人后退跑，在跑动中两人做传接球练习，到中线附近，两人交换跑动的方式。目的是培养背向跑动的感觉，提高后退跑的技术运用能力。

（三）急停技术易犯错误与纠正方法

1.跨步急停

（1）易犯错误。①身体重心过高，上体过于前倾，急停后身体重心没保持在两腿之间。②第一步跨步过小，第二步落地时脚尖末梢向内转并未用脚前掌内侧蹬地。③急停没有屈膝降低身体重心，身体重心没有后移。④急停后身体侧转过大，改变了面向。

（2）纠正方法。讲解示范法：针对动作的重点和难点，反复强调方法的重点；通过不同的演示面，分解和对与错的对比演示，使团队成员清晰地看到动作结构，树立正确的技术动作概念。

诱导法：在练习中，教练根据队员的练习情况，通过语言诱导练习，及时提醒"第一步要大""重心要放低""脚尖内扣"等语言诱导。

分解、组合练习：在练习中将跨步急停动作分为一步大，二步小，三降低重心，四脚内扣等几个部分，在走动中或慢跑中进行分解练习。待基本掌握各局部动作后再进行完整动作练习。

变换练习法：通过降低动作难度，在走动或慢跑中根据教练的手势或口令做跨步急停练习。或通过分组练习，在走动或慢跑中根据老师的手势或口令做跨步急停练习。

2.跳步急停

（1）易犯错误。①双脚落地时，两脚开立过大或过小。②没有平跳急停，身体过于前倾。③急停时身体重心没后移，腰部的用力和脚的扒地用力不够。

（2）纠正方法。讲解示范法：通过反复强调平跳，上半身后仰，重心向后形成坐姿，用前侧脚底内侧蹬地，两腿弯曲，腰部腹部力量控制身体重心平衡。通过不同的展示面，对与错的对比展示，让团队成员加深对技术各个环节的理解。

变换练习法：根据教练口令在慢速中反复（连续）做一跨（向前跨一步），一跳（双脚平跳）的练习，通过降低练习难度，针对队员所产生的不同错误进行重点纠正。

限制练习法：根据队员本人的身高情况，画出跨出脚和跳步急停后两脚落地的标记线，队员以此进行练习。

（四）转身技术易犯错误与纠正方法

1.易犯错误

（1）转身时身体后仰、低头，身体重心上下起伏。

（2）转身时，中枢脚用全脚掌或脚后跟碾地，移动脚蹬地后弧线移动。

（3）中枢脚的碾地及腰胯带动上体转动的动作配合不协调。

2.纠正方法

反复强调在转身过程中：身体重心要平稳，不要上下起伏，要以头肩领先，腰胯带动身体旋转，中枢脚要用前脚掌碾地转动。

多做正、侧面示范及分解、正误对比示范：使队员建立正确的技术动作概念。

降低难度练习：队员成体操队形站立，根据教练口令原地做45°、90°、180°前转身练习。

标记限制练习：队员在中枢脚下画出自己的半个脚印，练习时中枢脚前脚掌踩在脚印上进行转身动作练习。

掌握转身的动作要点：转动要快，重心要平稳，不得起伏。转身后要迅速衔接下一个动作。

（五）跳技术易犯错误与纠正方法

1.双脚起跳

（1）易犯错误。①起跳时，蹬地与摆臂在时间、方向上不一致，配合不协调。②起跳后身体没有向上伸展。

（2）纠正方法。讲解示范法：重点强调起跳与蹬地摆臂时间，摆臂方向的关系，使队员建立正确的技术动作概念。通过对与错的论证和比较，让团队成员对起跳的各个环节的方法和要领有更深入的了解。

语言诱导练习：在练习中，教练根据运动员的练习情况及时提示他们，如："用力蹬地""快速挥臂""身体挺直"等，引导运动员以正确的方式完成技术动作。

变换法；第一，分解练习：队员成体操队形，根据教练的口令进行集体练习，口令一：屈膝下蹲，口令二：摆臂蹬地起跳，起跳后，身体在空中要自然向上方伸展。第二，降低难度练习：队员成体操队形，根据教练口令，原地做双脚轻跳练习。纠正起跳的蹬地与摆臂时间、方向不一致，配合不协调的错误。

降低前一动作条件练习，在走动或慢跑中做急停双脚起跳练习，根据队员产生的不同错误重点进行纠正。在进行这个转换时，请将注意力集中在跳转上。不要用你所有的力量去推地面，专注于推地面的。在做此衔接动作练习时，注意力要集中到起跳动作上。不用全力蹬地起跳，着重体会蹬地、摆臂、伸展、落地等环节的动作方法。

2.单脚起跳

（1）易犯错误。①步前一步太长，重心太低，跳不起来。②蹬地不充分，另一腿没有屈膝上提帮助起跳。③摆臂、蹬地、提腰等环节配合衔接不好。④向上起跳不够，前冲过大。

（2）纠正方法。讲解示范法：反复强调单脚跳和两脚跳的区别和共同点。通过分解论证、对错对比论证，使团队成员树立正确的技术动作概念。

诱导法：根据教练的指导，队员们做手臂摆动的模仿练习一蹬地，抬膝一抬腰。专注于纠正团队成员所犯的不同错误。运动员在练习中注意教练的指导，只做模仿起跳动作的练习，不起跳。

限制法：标记限制练习，在球场内画上明显的标记线，队员按照标记要求进行单脚起跳练习。标记障碍限制练习，在起跳的标记线前1.5米处画出起跳后落地的标志线（或教练站在此处），队员以此进行练习，目的是纠正起跳向上不够，身体前冲过大的错误。对于纠正起跳前一步的步幅过大，身体重心太低以至跳不起来的错误。在场地上按照所画的标记，第一步大第二步（起跳步）小，进行练习。

变换练习法：通过降低前一动作条件练习难度，如在走动或慢跑时进行单脚起跳练习。能纠正起跳前一步的步幅过大、重心过低而不能起跳、摆臂、蹬地、提腰等环节不协调、衔接不到位的错误。通过提高难度练习，结合运球上篮或助跑起跳摸篮圈（篮板）进行练习，目的是纠正起跳前一步的步幅过大，身体重心太低，以至跳不起来，向上起跳前冲过大的错误。

（六）防守步法易犯错误与纠正方法

1.易犯错误

（1）不能保持正确的防守姿势。

（2）防守重心过高。

（3）身体各部位配合不协调。

2.纠正方法

（1）进一步加强防守基本姿势训练，保持屈膝低重心姿势，上体微向前倾。

（2）加强腿脚力量训练，提高肌肉力量与移动速度。

（3）加强灵活性训练，提高反应速度、移动速度。

（4）加强综合防守或进攻脚步动作训练，提高综合防守能力。

六、移动技术教学与训练建议

教学、训练时，应结合持球技术（指传球、带球、投篮等），要有安排、要求、检查，并要有足够的时间进行练习。

教学、训练时，要把握脚底蹬地、脚的放置、膝盖的支撑和指向，上身与腰、臀部等技术点配合，脚、膝盖、上身三部分动作协调。

在教学和训练中，要加强腿部力量、膝关节和踝关节的柔韧性、足、腰、臂的协调性、伸展和反应、视觉等方面的训练，以促进对步法的全面掌握和提高。

在练习中进一步对脚步动作提出具体要求，不断使动作达到快速、灵活、协调、稳定，更好地为持球技术、战术配合服务，为提高篮球技术水平打下基础。

第三节 运球递进训练方法

一、运球技术基本理论

（一）运球技术概念

运球是指持球队员在原地或移动中，用手连续按拍从地面反弹起来的球。

（二）运球技术基本动作分析

1.身体姿势

两膝保持相应的弯曲，上体稍向前倾，抬头，注视场上的情况。

2.上肢动作

以肩关节为轴，上臂用力，肘部自然放松，五指分开，扩大控制面，用手指与指根位置和掌心外缘接触球，击球时掌心应空。击球的位置由运球的方向和速度决定。击球位置不同，落点不同，球的入射角和反射角也不同。根据球的力的大小，确定球离地面的高度和速度。按下球后，应与球上下接触，尽量延长球的吸附时间，这有利于控制和保护球，容易改变动作和观察场上的情况。

3，下肢配合

运球一般是在运动中进行的，不仅要使运动速度与球的跑动速度保持一致，还要保持合理的动作节奏，并注意控制重心。协调行动的关键在于选择位置、地点和使用武力。手臂动作的变化应与步法和身体姿势的变化同步，使整个运球动作协调完成。

（三）运球技术教学顺序

原地高、低运球——行进间（慢速后快速）直线高低运球急停急起——体前变向（放手或不换手）运球——运球转身——背后运球——胯下运球综合技术等。

二、运球技术基本训练方法

运球动作包括身体姿势、手臂动作、球的落点和手脚的协调配合4个环节。其中，手对球的控制能力，脚步动作的熟练程度以及手脚的协调配合是完成运球技术的基础。

（一）原地运球技术练习方法（图4-106）

（1）原地运球模仿练习，体会手、手臂动作。

（2）原地高运球或低运球练习，体会手指手腕上吸下按的动作，以及手触球的部位和控制球。

（3）原地体前左、右手交替运球体会换手时推拨球的动作与按拍球的部位。

（4）原地体侧前后运球体会前推、后拉运球时，手按拍球的部位和用力。

（5）原地背后运球体会背后运球动作，手拉球动作的运用与背后拨球动作。

（6）原地转身运球体会转身运球动作，手拉球转身动作的运用。

要求：保持正确的身体姿势，体会手按拍和迎引球的动作，抬头，用眼余光看球。

（二）高运球和低运球技术练习方法方法

如图4-107所示，①和⑤各持一球。练习开始，①和⑤向前运球到另一边端线，分别将球交给③和⑦，然后站在④和⑧的后面。③和⑦接球后，向前运球到另一边端线，分别将球交给②和⑥。依次反复进行练习。

要求：运球动作与脚步要协调配合，运球的落点和用力大小要适当。左右手运球、高低运球、快慢运球，在练习中交替进行，以提高运球能力。

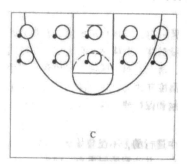

图4-106

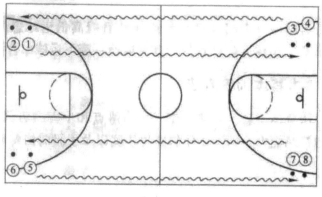

图4-107

（三）运球急停急起技术练习方法

方法：如图4-108所示，①到⑤每个队员一球，根据教练的信号练习急停急起或变向运球，相对的两个组进行交换练习。

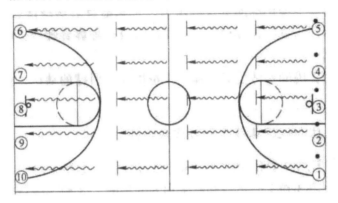

图 4-108

要求：运球急停急起时，要停得稳，起动快。变速运球时，要掌握好高、低运球的节奏，注意突然加速。

（四）体前变向换手运球技术练习方法

1.弧线运球

如图4-109所示，①沿罚球圈、中圈做弧形运球到对面的端线，再沿边线直线运球返回。

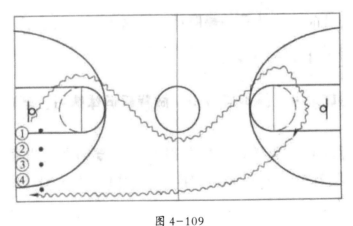

图 4-109

2.圆圈运球

如图4-110所示，①沿罚球圈、中圈做圆周运球到对面端线，再沿边线直线运球返回。

要求：要用远离圆圈的手运球，左右手换手运球练习。圆圈运球时内侧腿深屈膝，外侧脚用力蹬地，身体向内倾，幅度越大越好，球要始终控制在体侧。

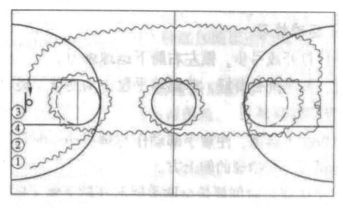

图 4-110

（五）运球转身技术练习方法

1.原地运球转身练习

以一只脚为中枢脚，做运球转身动作，转身角度由小到大，逐步提高。

要求：注意运球转身过程以一次拍球完成，身体重心不要上下起伏或身体后仰。

2.运球移动中，做转身运球动作练习

要求：在运球中以一只脚为中枢脚，做运球转身动作，左右手交替进行。首先在慢速中完成运球转身动作，并逐渐加快运球速度，到快速中完成运球转身技术动作。

3.两人一组，一人原地站立不动，另一人行进间运球，当运球接近同伴时做运球转身动作

要求：运球转身时，身体重心要降低，转身要快，转身后要有加速动作。

（六）背后运球技术练习方法

原地做背后运球练习。原地成弓步，做背后运球练习；运球移动中，做背后运球技术练习。

要求：背后运球时手部动作与脚步动作配合要协调，要将"拉"球——拉到体侧后方，"转"球一手掌立即转向前方，"拍"球一拍球的右（左）侧后方联结在一起。

两人一组，一人原地站立不动，另一人做背后运球技术练习，当运球接近同伴时做背后运球动作，达到突破对手的目的。

要求：练习时身体重心降低，动作要连贯、柔和，运球时手要控制球的运行，球不能离身体太远。

（七）胯下运球技术练习方法

1.原地做胯下运球练习

原地两只脚平行打开成弓步，做左右胯下运球练习。

要求：练习时，两手配合要好，非运球手要主动迎球，提早迎球时间。

2.移动中做胯下运球练习

在慢速移动中做胯下运球，注意手部动作与脚步动作配合要协调，胯下运球变向与向前跨步的同时，按拍球的侧上方。

要求：运球时"送球"时间要长，两手同时在胯下做交接球。

3.连续跨跳步胯下运球练习

队员成体操队形，两只脚平行打开，做胯下运球的同时，原地做前后脚交换的跨跳步，同时再做胯下运球。连续进行。

要求：在做胯下运球练习，球击地的同时，两脚跨跳步前后交换并注意手与脚的配合时间。

4.两人一组，一人原地站立不动，当运球接近另一人时做胯下运球练习，达到突破对手的目的

要求：速度由慢到快。

三、运球技术组合训练方法

（一）后转身运球或背后换手变向运球

方法：如图4-111所示，X为障碍物，运球到障碍物前做后转身运球一次或背后运球1次，换手运球后继续前进，到另一侧端线，沿边线直线快速运球返回。

要求：运球遇到障碍物，要降低身体重心，变向动作要快。变向后要突然加速超越对手。

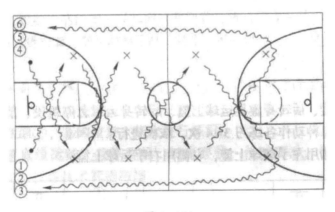

图 4-111

（二）运球与投篮

方法：如图4-112所示，队员沿3秒区加圈顶进行弧形运球投篮。每人1球，自投自抢回到排尾，练习依次进行。

要求：要用远离球篮的手运球。运球弧形切入投篮动作要快，上篮动作要猛。自己投篮，自抢篮板球，不让篮板球落地。

（三）结合传切、投篮的运球

方法：如图4-113所示，两人一组一个球，①直线向前运球，②同时向前移动，在罚球圈顶附近，①传球给②后切入接②的回传球，马上进行投篮。②跟进冲抢篮板球。

要求：培养在运球中及时传球的能力。传球要在行进间进行，不许跳起传球。切入要侧身跑，接球后马上投篮。

（四）背后运球变向突破上篮

方法：如图4-114所示，每人一球。①用右手运球，到罚球线右侧马上背后运球变向切入，运球投篮。

要求：左侧开始用右手运球，背后变向运球后，要用左手运球上篮，右侧相反。变向后要加快速度切入，最后只运一下球，马上接球上篮。要自投自抢篮板球。

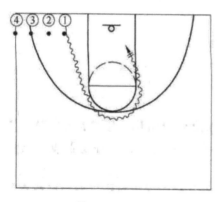
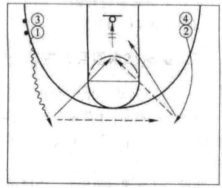

图 4-112　　　　　　　　　　　　图 4-113

（五）后转身运球上篮

方法：如图4-115所示，①、②分别沿边线运球，到与弧顶平行时，先后做后转身运球上篮、后转身虚晃运球上篮、后转身运球急停跳投、前转身结合后转身突破上篮。每种动作各练习3~4次，依次进行。

要求：左侧用左手运球上篮，右侧用右手运球上篮。

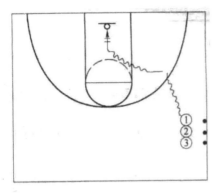
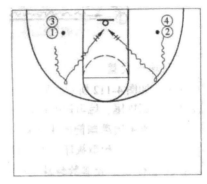

图 4-114　　　　　　　　　　　图 4-115

（六）3 人"8"字运球

方法：如图 4-116 所示，①运球切入与③相遇成运球交叉掩护，①传给③，③同样运球切入与②相遇成运球交叉掩护，③传球给②。三人连续运球，位置保持一定的距离。

要求：要运用外侧手运球。运球交叉掩护传球后，要有突破上篮的威胁。注意每次形成配合后的投篮时机。开始可在无防守的情况下进行练习，然后可在有防守的情况下练习。

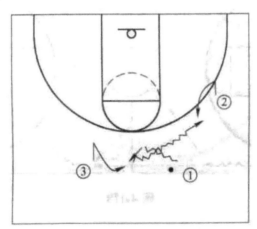

图 4-116

（七）运球急停转身传球，再转身切入接球上篮

方法：如图 4-117 所示，①、④、⑦、⑧各持一个球。①、④同时向前运球，到接近中线急停，转身分别向后传球给②、⑤，立即再转身向篮下切进，⑦、⑧分别传球给①、④投篮，⑦、⑧分别到③、⑥之后，①、④投篮后自抢篮板球，分别站在原⑦、⑧的位置。依次进行练习。

要求：快速直线运球，急停要稳，转身要快，传球要准，切进要猛。做到运、停、转、切、投各技术紧密衔接。

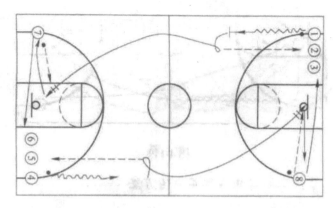

图 4-117

（八）结合行进间传接球和投篮的运球练习方法

如图4-118所示，①、⑤各持一球。同时运球到中线附近时，分别传球给④、⑧后，立即向篮下切进，分别接④、⑧的回传球运球上篮，投篮后，再分别将球传给⑥和②。依次进行练习。

要求：运、传、切、投的动作要衔接好，动作协调，不带球走。

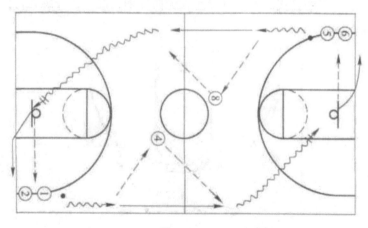

图 4-118

（九）运球推进中结合传球上篮练习

方法：如图4-119所示，①、⑤沿边线运球到中场线处，分别传球给沿另一侧边线快下的③、⑦上篮，接着跟进抢篮板球，分别传球给②、⑥，然后跑到⑦、⑧后面。依次进行练习。

要求：运球中传球要及时到位，做到人到球到。

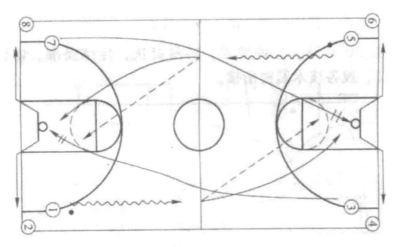

图 4-119

（十）运球上篮跟进抢篮板球和第一传方法

如图 4-120 所示，①、④运球上篮，然后自抢篮板球，及时准确地传给本组第二人，自己到另一组的队尾，依次进行练习。

要求：运球投篮的步法要协调，投篮要准确。抢篮板球要积极，不让球落地。抢篮板球后的第一传要准确、快速、有力。

（十一）两人半场运球攻守对抗投篮

方法：如图 4-121 所示，①、⑤运球投篮，②、⑥分别进行防守。①、⑤投篮后，抢篮板球分别传给③、⑦，①和⑤分别到⑧、④后面。②、⑥进行防守后，分别到③、⑦后面，依次进行。

要求：防守者随练习的次数增多后，逐渐严密防守，增加对抗性。运球队员要力争抢占有利位置，快速上篮。增强对抗时，运球队员可运用各种运球技术动作突破上篮。

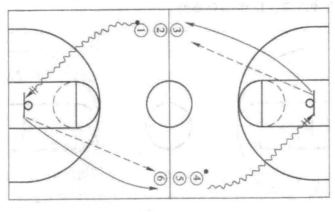

图 4-120

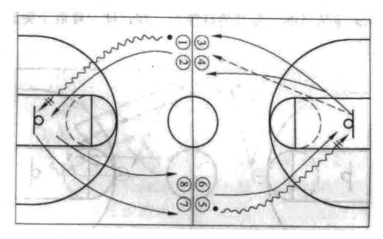

图 4-121

（十二）两人全场 1/2 攻守运球对抗投篮

方法：如图 4-122 所示，两人一组分别在两边端线同时开始。①、②可运用各种运球方法，力争突破△的防守。要求△背手防守，练习防守脚步移动，抢占有利位置，让运球队员有机会运用运球突破的动作。几次练习后，改为正常防守或积极防守。攻守交换进行练习。

要求：运球队员要根据防守情况，合理地运用运球技术，动作要突然和快速，并要保护好球。几次练习以后，提倡积极防守，能抢断球由守转为攻；进攻能投篮得分，继续进攻，以增加对抗性。

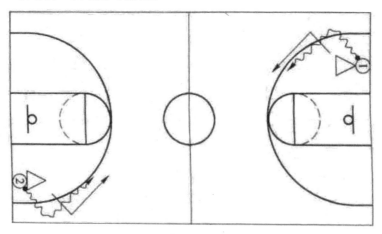

图 4-122

（十三）结合传接球、运球、突破的攻守对抗投篮

方法：如图 4-123 所示，①、⑤为接应队员，②开始运球突破△的防守，如被阻止，可将球传给①，并再力争摆脱接球，运球突破，如能突破就马上切入投篮，如不能突破，把球传给⑤，△仍积极防守②，②要继续摆脱△去接球，如接到球，

争取运球突破上篮。

要求：提高运球队员的应变和传球能力。在运球中要敢于突破对手，又要注意保护好球。

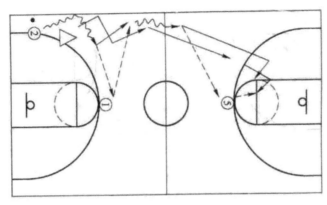

图 4-123

（十四）全场一攻四守练习

方法：如图 4-124 所示，△为防守队员，每半场两个防守队员不得过中线。①运球力争突破后场的两个防守队员，向前场运球。这时，前场的两个防守队员马上进行阻截，①要争取运球突破上篮或寻找有利投篮时机，大胆地投篮。

要求：开始时要消极防守，后积极防守，要避免犯规。注意在运球中不被夹击，不轻易停止运球，要敢于接近对手，突破对手。

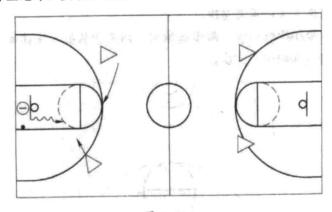

图 4-124

（十五）全场一攻一守

方法：如图 4-125 所示，C 为教练，△先防守，C 持球，△防守①，①移动摆脱接球，争取运球突破上篮，△抢篮板球①进行防守，如不能突破，把球传给 C 重新组织，再摆脱防守接球，争取运球突破上篮。

要求：掌握好运球突破，传球和投篮的时机，各种技术动作要衔接好。

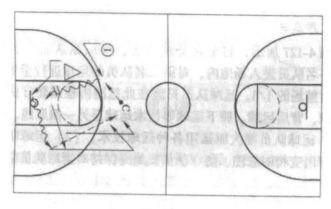

图 4-125

四、运球技术重点训练示例

（一）跨步运球练习

方法：如图4-126所示，队员站在罚球区的一侧。队员①从图中位置区域手持球，先用左脚蹬地，右脚向右方横跨一步，同时左脚向右方跟进，做横滑跳停的动作，与此同时拍一下球，立即接住球，以低的身体稍前倾、双脚着地的姿势结束这一动作。接着，立即重复此整个动作，直至抵达另一侧的内侧应位置为止，在此等候其他队员。当队员①完成第一次跨步运球跳停后，队员②开始按同样的路线、方向跟着练习。依此顺序练习，待全体队员都抵达另侧时，回到原来位置。此练习可做1次或重复多次。

要求：运球要拍得低而快，跨步运球时，内策应队员应先移动与前进方向处于同侧的脚，这一移动是一大步。

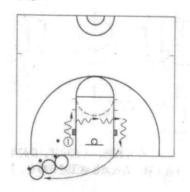

图 4-126

（二）"Z"字形运球

方法：如图4-127所示，将全队分成3组，排成纵队站在底线外，每组一球。每组的第一名队员进入场地内，对第二名队员的运球进行全场防守。每组的练习区域大约占整场的1/3。运球队员只能在此范围内根据防守队员的位置，运用体前变向运球、背后运球、胯下运球等技术运球至另一侧底线。

要求：（1）运球队员要大胆运用各种运球技术。（2）运球队员变向时，不要让防守队员看出变相的意图。防守队员要始终保持对运球队员施加压力。

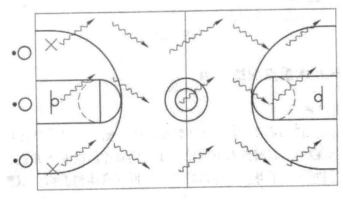

图 4-127

（三）"迷魂阵"运球

方法：如图4-128所示，在限制区两侧站位线等距离各站4~6名队员的一只脚置于限制区外，另一只脚置于限制区内，组成一个"迷魂阵"。练习队员从罚球线开始，运球穿过"迷魂阵"到底线，然后再运球返回到罚球线，不能丢球。站在限制区两侧的队员用手拍击

运球队员的球，但不能将失控球用双手拿住。如果运球队员的球失控，他可以迅速在失控地点用双手抓住球，然后再继续运球。在整个练习过程中，限制区两侧的队员不能阻止运球队员的行动或将其拉住。队员从罚球线运球穿过"迷魂阵"到底线并安全返回，则将球交给罚球线上的下一名队员。依此类推。

要求：在练习中，运球队员要时刻注意用身体护球，在球失控时要迅速用双手将球抓住。运球队员面临对球失去控制时，应迅速停止运球。

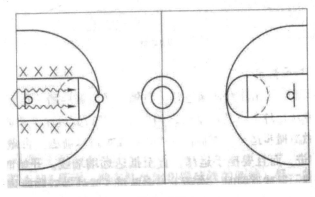

图 4-128

（四）侧滑步运球

方法：队员站位如图4-129所示。队员⑤面向边线运球，运球路线向自己的侧方横滑步运球一步后，在图示箭头处停球，拿住球，做90°转身，向限制区中央方向侧向滑步运球一次，停球，再沿图示路线做同样动作。动作完成后移至队尾。

要求：运球过程中的变向要快、突然，重心低。

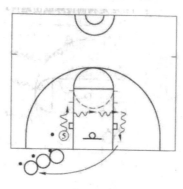

图 4-129

（五）一对一运球对抗

方法：如图4-130所示，将全队分成两个进攻组和两个防守组。两个进攻组站在中线附近，分别面向各自球篮，两个防守组分别站在底线外，面向场内，每组的第一名队员进入场内防守。每组的第一名进攻队员向篮下运球突破进攻，防守队员尽全力防守。每对攻防队员完成一组练习后攻守转换。

要求：运球队员要运用各种运球技术突破防守，防守队员注意脚步的移动，严密防守进攻队员的固定进攻点，并努力将进攻队员控制在限制区外。

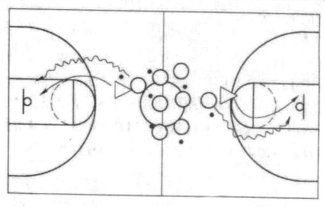

图 4-130

（六）运球中向后撤步

队员按图4-131所示路线慢速运球、急停，然后做后撤步运几下球，再按图所示路线绕前继续运球，但要改变前进的角度。当队员运球至离起点；3米左右的位置时，即做后撤步运球，然后向45。折角继续运球前进，再做向相反方向的45。折角运球前进，而且要换手运球，直至抵达远端端线。开始时用右手运球，回程用左手运球。运球返回时，在距下一名队员3米处做双脚跳停步，并将球传给下一组队员。

要求：从远端端线返回前，应做后转身（或前转身）。运球者可以向后撤几步，然后从另一方向运球突破。在返回途中每运三四下球就要做一次运球后撤步。传球的方法是胸前传球或击地传球。

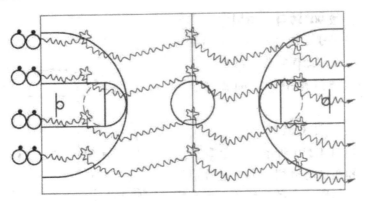

图 4-131

（七）运球——转身——传球

方法：如图4-132所示，将全队分成4组，分别站在半场的角上，每组的第一名队员持球。练习开始，每组的第一名队员运球至罚球圈，然后跳步急停，向左侧后转身，传给左侧组的队员，然后跑到该组队尾。接球队员继续上述练习。此练习有无球均可，在练习时要注意两侧转身练习。

要求：队员要正确的运球、良好的跨步急停和转身、准确的传球。同时强调战术纪律，培养队员战术配合意识。

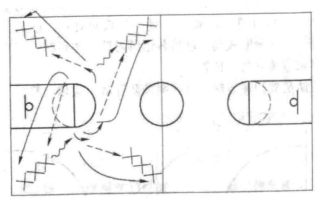

图 4-132

（八）快攻的发动与运球推进

方法：如图4-133所示，两名队员站在罚球线的两端，另一名队员（假想为抢篮板球队员）持球站在限制区内。此练习从持球队员自投自抢篮板球开始。他抢到篮板球后，立刻就近传给已迅速拉到边线附近的接应队员，另一名队员迅速插到弧顶，接队友的第二次传球，然后迅速运球通过中场。抢篮板球队员和另一接应队员沿边线两侧迅速快下，运球队员至前场的罚球线处将球传给任意队友进行上篮。

要求：接应队员要快速运球或做一次突破，抢篮板球的队员要正确运用脚步移动、身体挡人，同时提高队员传球的准确性。

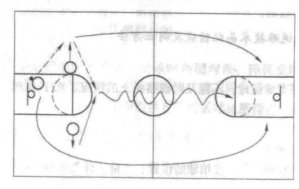

图4-133

（九）一传与运球进攻

方法：如图4-134所示，将队员分成B、A、C三组。B组（抢篮板球组）队员站在篮下自投自抢篮板球，然后向接应队员一传。A组（接应组）队员接球后向另一球篮运球推进。C组（防守组）队员负责防守A组队员。练习开始，B组队员自投自抢篮板球，传给A组队员，A组队员向另一半场运球上篮。当A组队员接到传球时，C组队员要从另一边线立即出发，全速移动至场内并阻截运球队员（A组队员）的推进，形成"一对一"攻防对抗，直至进攻队员得分或防守队员抢获篮板球和抢断成功，然后各组练习队员按顺时针交换位置，并站到队尾。所有队员都应练习每一位置。

要求：接应队员要快速运球上篮或突破防守队员运球上篮。

五、运球技术常见错误及纠正方法

（一）原地运球技术易犯错误及纠正方法

1.易犯错误

（1）低头看着球运球，不能及时观察场上的情况。

（2）运球时身体不放松，掌心触球、手腕手指僵硬。

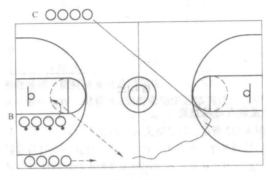

图 4-134

2.纠正方法

（1）讲解示范法。强调运球技术的特点，按拍球的位置、力量，球反弹距离远近，并在练习中随时提醒其动作方法，使队员明确运球时手控制球的部位、球的落点。或队员成

体操队形，跟随教练徒手做运球练习，纠正运球时身体不够放松，尤其是臂、腕、指僵硬和掌心触球的错误。提示手指自然张开，肘部弯曲以肘为轴，或以肩为轴上下摆动，做手腕上扬和下压动作。

（2）变换速度练习。队员每人一球成体操队形站立，根据教练口令在快速与慢速交替中原地运球。要求运球动作要放松，运球时动作正确。

（二）高运球和低运球技术易犯错误及纠正方法易犯错误

1.易犯错误

（1）低头看着球运球，不能及时观察场上的情况。

（2）运球时身体不放松，掌心触球、手腕手指僵硬。

（3）球与身体速度配合不协调。

（4）运球时，球的落点不在身体的侧前方，而是在身体的正前方，或球离身体太远或太近。

（5）运球过高，手触球的时间长，出现带球跑。

（6）低运球时没有屈膝降低重心，而是低头弯腰运球。

2.纠正方法

（1）讲解示范法。强调运球技术的特点，根据球的位置、动力、球的弹跳距离。同时在练习中要注意动作的方法，使球员清楚地掌握运球手控球部位、球落点。

（2）诱导法。队员行进间高运球或低运球，教练做不同号码的（裁判）手势，队员要根据教练所打的号码手势大声呼喊出，纠正低头看球运球的错误。或戴运

球眼镜练习，用纸板自制运球眼镜进行练习。

（3）数数运球练习。队员每人一球，练习时，通过数数，以此进行练习，体会手对球的控制感觉。

（4）变换速度练习。队员每人一球成体操队形站立，根据教练口令在快速与慢速交替中运球。达到运球动作要放松，运球时动作正确的目的。

（5）两人互看运球练习。两人一组，原地相距2米站立，运球时两腿弯曲，降低身体重心，上体前倾，头抬起，互看对方胸部高度进行运球练习。练习时，始终保持正确的低运球姿势，要注意根据同伴的运球速度而变换自己的运球速度。

（三）运球急停急起易犯错误及纠正方法

1.易犯错误

（1）运球急起急停时，队员的脚步动作与球的速度配合不协调一致。

（2）运球急起急停时，由于按拍球的部位不够正确，而影响动作的突然性。

2.纠正方法

（1）讲解示范法。通过语言强调急停时，最后一次运球，按拍在球的正上方，运球急起时要拍球的后上方。通过不同的示范方法，使队员了解按拍球的部位与急停急起的关系。

（2）诱导法。又分徒手模仿练习和原地运球的各种手法练习。徒手模仿练习：根据教练口令，集体徒手做急起急停的模仿练习，目的是纠正急起急停时，队员的脚步动作与球速配合不协调一致的错误。

原地运球的各种手法练习：根据教练口令，队员原地做推球的后上方一拉球的前上方一按拍球的正上方的综合手法练习。目的是纠正因按拍球的部位不够正确而影响急起急停动作的突然性错误。练习时，应体会正确的按拍球的部位，身体重心随球的前后移动而移动。

（3）变换法。队员根据教练指令，做走动、慢跑低运球练习。目的是纠正运球急起急停时人与球的速度不协调的错误。要求运球时要降低身体重心，抬头观察场上情况。运球的速度与走、跑的速度要保持协调一致。

（四）体前变向换手运球易犯错误及纠正方法

1.易犯错误

（1）运球时手接触按拍球的部位不对，翻腕动作过大，停球时间过长，造成二次运球或带球跑。

（2）变向时身体重心高，蹬跨动作无力，缓慢。

（3）换手运球慢，没有加速超越的动作。

2.纠正方法

（1）讲解示范法。通过语言强调，提示运球变向时按拍球的右（左）上方，变向运球是横向体前，不要离身体太远。变向的同时左（右）脚向左（右）前方跨出，上体侧转保护球。多做原地的分解和完整示范，及练习时运用语言诱导，如"降重心""加速"等。

（2）诱导法。又分原地或行进间徒手练习和原地连续体前换手运球。原地或行进间徒手练习：队员集体跟教练做徒手模仿运球动作，根据教练口令做体前变向运球。目的是纠正正过度转动手腕和换手太慢的错误。

原地连续体前换手运球：队员成体操队形，每人一球，两脚平行站立，原地运球在脚尖的侧前方，根据教练的口令，教练喊"一"时原地运一次球，喊"二"时体前变向，以此循环。目的是纠正换手运球动作慢，手接触按拍球的部位不对，翻腕动作过大的错误。要求运球的力量要稍大一些，换手运球动作要快，手要按拍球的左（右）侧上方。运球变向时不要有明显的翻腕动作，应是"推送"到身体的另一侧，上体要随换手变向的同时稍侧转。

（3）限制法。又分障碍、信号限制练习和利用各种障碍物练习。障碍、信号限制练习：队员3~5人一组用一球，成纵队前后相距2~3米左右。练习时，最后一人运球到同伴跟前时，同伴侧平举起手臂，以便对方从臂下变向运球通过，同时立即将手臂放下。运球者不得碰上同伴手臂或被放下的手臂碰上，依次轮流运球练习。目的是纠正变向时身体重心高，蹬跨动作无力、缓慢等错误。要求运球变向时降低身体重心，换手动作要快。跨超越动作要有力、突然。

利用各种障碍物练习：根据设立木柱或椅凳等障碍物，队员在场内进行运球变向练习。目的是纠正换手动作慢，手接触按拍球的部位不对等错误。要求变向时换手动作要快，降低身体重心，不得有翻腕动作，并注意按拍球的部位要正确。

（4）变换法。又分变换练习速度和变换练习对手。变换练习速度：在较慢的运球跑动速度中进行体前换手变向运球练习。目的是纠正运球中手接触球，按拍球的部位不对，翻腕动作过大的错误。要求练习中注意运球变向时按拍球的部位，球在手上停留时间不得过长，不得有明显的翻腕动作。

变换练习对手：通过增加防守队员，由原地站立不得移动到可以移动并可以伸手掏打球，运球者在防守队员面前进行体前变向运球。不断增加练习难度，纠正运球中换手运球动作慢，没有加速超越对手的错误。

（五）运球转身易犯错误及纠正方法

1.易犯错误

（1）运球转身前没有将球控制在身体侧面，球仍在身体侧前方。

（2）运球转身过程中，不能做一次拍球完成，而是拍两次球。

（3）运球转身时身体重心上下起伏，或身体后仰。

2.纠正方法

（1）讲解示范法。通过讲解示范，运用语言加以强调。运球转身时，按拍球的前上方，并将球拉向身体的侧方并靠近身体。运球转身时身体重心要平稳，不得上下起伏。多方论证，对错对比论证，让团队看到每一个技术动作的细节。

（2）诱导法。分为原地做徒手模仿练习、行进间做徒手模仿练习和背向前进方向的后撤步运球练习。

原地做徒手模仿练习：运动员站成体操队形，两脚平行张开，按照教练的指令做以下练习，原地做高运球转身约30。，并做换手运球动作，随后逐渐加大转动幅度。

行进间做徒手模仿练习：队员慢跑做运球模仿动作，当听到教练口令后做跨步急停并立即做运球转身的模仿动作。目的是纠正运球转身时身体重心上下起伏，上体后仰及运球转身不是一次拍球完成的错误动作。要求重心不应上升和下降，身体在转弯时不应向后倾斜。运球转身时拉球动作和转身动作一拍完成。

背向前进方向的后撤步运球练习：队员背向前进方向，两脚平行开立做原地运球。根据教练口令做：运球手的同侧脚向同侧后侧方撤一步，并模仿转身运球的动作转体45。，随动作交换手运球。

动作熟练后，左右手可连续做背向前进方向的后撤步运球练习。要求运球转身前的最后一次运球要将球控制在体侧。运球转身时手臂要靠近身体，手控制球不能出现"划弧"动作。

（3）变换练习法。通过增加难度，教练进行防守，当球员运球和转身传球时，教练从后面扣球。目标是纠正运球时球离身体太远的错误，而不是一次射门。同时要求运球转身一次完成，动作一致。运球转身时，应加强手控球，使球靠近身体一侧。

（六）背后运球易犯错误及纠正方法

1.易犯错误

（1）背后运球变向之前，运球的位置离身体太远，球的反弹高度太高。

（2）背后运球变向时出现挺腹动作。

（3）背后运球时手部动作与脚步动作配合不协调。

（4）手按拍、接触球的部位不对。

2，纠正方法

（1）讲解示范法。①语言强调背后运球的手法为"拉"球——将球拉到体侧后方，"转"球——手掌立即转向前方，"拍"球——拍球的右（左）侧后方。②

背后运球的同时左（右）脚迅速向左（右）前方跨出。③示范多采用手法与步法的分解示范，示范动作不要太快。

（2）诱导法。原地手法模仿练习：队员成体操队形，根据教练口令做"拉转一拍"的背后运球手法模仿练习，依此反复练习。目的是纠正背后运球时手接触、按拍球的部位不对的错误。

（3）变换法：分为变换难度练习和改变前一条件练习。变换难度练习：队员每人一球，并在自己面前假设一条线，练习前左（右）脚踏在线上，练习时做一次前拉后推运球，紧接着做背后运球，同时左（右）脚后撤，右（左）脚跨步踏线依此反复练习。目的是纠正背后运球变向时挺腹，手、脚动作配合不协调的错误。要求身体重心始终稍向前，不得有直立和挺腹动作。背后运球时的撤步与跨步要快，手脚配合要协调。

改变前一条件练习：两人一组，队员开始慢速运球，背后运球后立即加速。目的是纠正背后运球时手脚动作配合不协调的错误。要求慢速运球时，就要做好背后运球的准备。背后运球的同时，做好跨步、侧身、加速。

（七）胯下运球易犯错误及纠正方法

1.易犯错误

（1）胯下运球击地点偏前或偏后。

（2）胯下运球时两手配合不好，非运球手没有主动迎球，接球时间过晚。

（3）胯下运球时手与脚的配合不协调。

2.纠正方法

（1）讲解示范法。语言强调，胯下运球变向时与向前跨步的同时，按拍球的侧上方，运球时"送球"时间要长，两手同时做胯下交接球。

（2）诱导法。分为原地或行进间模仿练习和原地运一次球做一次胯下运球练习。原地或行进间模仿练习：队员成一列横队，根据教练口令原地或行进间做胯下运球的模仿练习。目的是纠正胯下运球非运球手接球晚及手脚配合不协调的错误。行进间练习时，向前跨步的同时做胯下运球动作。

原地运一次球做一次胯下运球练习：队员成体操队形，两只脚平行打开，原地体侧运球一次，接着做胯下运球。连续进行练习。

（3）变换法。分为跨步走步连续胯下运球练习和改变前一个条件练习。跨步走步连续胯下运球练习：队员大步向前慢走的同时左右连续做胯下运球。目的是纠正胯下运球时击地点不正确以及手与脚配合不协调的错误。

改变前一个条件练习：队员成一排横队运球慢跑，当听到教练的信号时，立即急停做胯下运球练习。目的是纠正运球时手与脚配合不协调的错误。要求急停时身体重心下降、两腿前后开立稍大些，急停同时做胯下运球。

六、运球技术教学与训练建议

任何一种带球方法的教学，都应先讲解带球时身体的基本姿势，以及压球时手臂、肘部、手腕、手指和身体的协调性。

在教学运球、停球和改变运球方向时，应说明触球位置、力的方向、身体的大小和运动。

教运球转身、胯下运球时，应讲解运球中转身时脚的碾地动作，手拉球的部位、动作，以及身体姿势。

教综合技术时，主要讲解各项技术之间的衔接时机和方法、变化规律、身体动作和协调方法。

第五章 位置技术的教学与训练

第一节 位置技术训练内容

（一）位置技术教学、训练的主要内容

1.前锋

（1）进攻技术。

甲：各种摆脱接球，包括原地摆脱、纵切、横切和反跑等。

乙：传接球、运球和运球突破及各种投篮。

丙：抢进攻篮板球。

（2）防守技术。

甲：防守对手和各种摆脱接球。

乙：防守对手传、接球，运球突破和投篮。

丙：抢防守篮板球。

2.后卫

（1）进攻技术。

甲：运球和运球突破。

乙：传、接球。

丙：投篮。

（2）防守技术。

甲：防守运球和运球突破。

乙：防守传、接球。

丙：防守投篮。

3.中锋

（1）进攻技术：抢位与接球。

乙：策应与传球。

丙：投篮。

（2）防守技术。

甲：防守运球和运球突破。

乙：防守传球、接球。

丙：防守投篮。

（二）位置技术教学、训练的安排

位置技术训练应该在综合技术培训的基础上，根据每个人的特点、技术专长和适合的位置分别进行。在教学中应先安排面向篮的外线技术，后安排背向篮的内线技术。课中可抽出独立作业的时间，把他们分成三个小组，即前锋，后卫和中锋，同时练习。在技术训练中，可以先进行进攻技术训练，然后进行防守技术训练，最后进行进攻、防守对抗训练，提高实战能力。

二、位置技术的易犯错误及其纠正方法

第一，抢位与接球动作不熟练，步法不正确，动作力度不够，接不到球。

纠正方法：

（1）讲解示范法：讲解正确的抢位与接球方法，使学生建立正确概念。

（2）意念训练法：将自己感知过的技术，通过表象重现、想象以及自我暗示的方式，使第一、二信号系统的信息结合，进而达到纠正错误的目的。

（3）诱导法：防守者在身后、身侧、身前（绕前）时的固定抢位接球练习。"感知对方位置和动向，扩大视野"。

（4）限制法：在场地上标识出插步的落点，使学生按照教师的意图完成技术动作。

第二，中锋在内策应位置背向篮板球做插步挤投时，插步无力或插步方向不明确、抢不到有利投篮位置。

纠正方法：

（1）讲解示范：讲解和示范正确插步挤投的动作方法，使学生建立正确的概念。

（2）限制法：甲：在消极防守下，模仿插步挤投的方法，建立正确的动作定

型。乙：插步时，通过外力助推，帮助队员抢占有利位置。丙：标明插步位置，使学生按路线练习插步的动作。对抗法增加对抗难度，体会插步动作和挤、靠、压下的用力动作。

第三，中锋持球做挤投时，当一侧堵死，不会向另一侧转身进攻，丧失进攻时机。

纠正方法：

（1）讲解示范：讲解和示范正确动作方法，建立正确的动作概念。

（2）诱导法：变向攻击时，防守者"助力推"帮助转身。

（3）限制法：限定防守者只许堵一侧，放一侧时，帮助进攻队员从另一侧进攻。

（4）对抗法：增加对抗强度，体会防守者堵位和用力地虚实，灵活进攻。

第四，当中锋遭受夹击围守时，不能及时传球给无人防守的进攻同伴，而是盲目强攻，造成带球撞人、失误或降低成功率。

纠正方法：

（1）讲解示范：讲解和示范正确的动作方法，使学生建立正确的动作概念。

（2）诱导法：一对一进攻时，教师给出夹击信号，进攻队员立即传球。

（3）限制法：二对二进攻时，限制夹击队员只准使用脚步动作，不得抢断球，进攻队员体会及时准确地传球。

（4）对抗法：三人夹击时的中锋传球练习。

三、位置技术的运用与教，提示

（一）位置技术（以中锋技术为例）运用

1.中锋进攻

（1）及时观察，准确判断。观察和判断是中锋正确运用技术的前提，贯穿于整个比赛的每一项技术。观察就是要看清楚其他九个人在场上的活动情况，用眼睛的余光，视野要开阔。特别是中锋要知道对手的位置、距离、重心、体形、身体素质等。判断是根据观察所得的信息，综合分析对手的动作，判断对手的意图，预见对手的行动，然后做出正确的行动。好的时机就是对手的时机和位置在干扰或干扰较少的情况下完成动作，才能达到最好的效果。

（2）合理运用假动作，迷惑对手。中锋在运用技术时，应善于合理运用假动作，隐瞒自己的真实意图，欺骗对手，往往有事半功倍的效果。中锋利用他的身体、动作、球，甚至面部表情和眼睛做出各种动作，使对手产生错觉，使他的位置、距离、重心和动作发生相应的变化，然后他改变自己的动作和方向，完成真实的动作。

（3）对抗中主动用力，保持出手稳定。中锋的活动范围是在禁区内和周围，这是最激烈的攻击和防御领域，中锋各项技术的运用多是在贴身攻、防中完成的。因此必须学会主动用力，合理地保护自己，在做动作时，身体接触的部位应紧张有力、用身体的合理部位如腿、臀、臂、腰、背去挤、顶、靠、压对手，保持自己动作的稳定，又可造成对方犯规，没有接触部分应协调放松，保持动作准确性。

（4）一点两面，灵活变化。中锋各项技巧的运用，一定要灵活，在方向上左可右，在距离上可远可近，当一个方向被阻挡时，自然地向另一个方向转移进攻。双方都增加攻击方向，扩大攻击点。如中锋插步挤投，如果没有遇到防守可顺利完成投篮，如遇到防守，可向反方向做横跨步勾手投篮或转身投篮。还可以利用运动节奏的变化，突破加减速攻击，也可以达到很好的效果。

（5）在战术组织下，主动攻击。中锋处于阵地进攻的腹心，许多队的战术配合是通过中锋进行的，例如通过中锋的策应配合，中锋的掩护配合或通过中锋的强攻配合，在这种战术组织下出现的投篮、传球或突破时机，应采取果断行动，这样来获得良好的效果。

（6）内、外结合，发挥全队优势。中锋在篮下持球时，往往会受夹击，此时中锋不要勉强进攻，而应及时传球给被漏防的同伴，给同伴创造一个无人防守的投篮机会，做到内外结合，有时中锋也可以突然跑到外线，把篮下拉空，给同伴创造空切、背切和突破的机会，使战术配合得更加灵活机动。

2.中锋防守

提高步法的灵活性，速度，改变和加入各种步法动作的能力。

提高观察判断能力，根据球和进攻中锋的站位和意图，选择有利的防守位置。在强侧防固定无球中锋时，要保持若紧若松状态，既能主动用力，又可行动自由便于抢占有利位置。

当进攻中锋空切时，应提前堵截防守，进攻中锋进入限制区应贴身防守，胸、臂、胯和腿主动用力，防止进攻中锋在限制区接球。当进攻中锋接球后，要面对防守，防进攻中锋投、突、传、运。

防守无球中锋时应树立"防一个半人"的观念，除了防止进攻中锋以外，它还应该帮助防御或填补其他合作伙伴的漏洞。

投篮后应积极争取篮板球，先将头伸入抢球位置，拿到球后迅速传球，然后跟进抢断，或落位进攻。

（二）教学提示

位置技术必须在全面的基础技术培训的基础上，然后根据每个位置需要的技术进行强化培训。教学和训练的顺序应是先熟练掌握一个动作，然后再结合技术训练，从而提高技术的应用能力。

教学训练中，先在无防守的情况下练习，再进行有防守的练习。先做被动对抗性练习，再做主动对抗性练习。在对质训练中，要特别注意观察、判断和把握好时间的使用。

技术培训应以战术为背景，使技术培训与战术培训紧密结合，提高教学和培训效果。

教学训练中应留出一定时间进行独立作业，让队员进行个人位置训练。可以添加各种情景，创建不同的情景，增加对抗的难度。如中锋在限制区腰上背向篮进攻，防守者可以换成不同高度和体重的人去防守，进攻中锋可以根据不同的防守对象使用不同的进攻行动，以提高技术的应用能力。

第二节　队员各位置技术训练

一、中锋位置技术训练

（一）中锋队员移动要位接球

由于现代中锋队员能跑能跳，能跳投，能突破，能灵活地移动要位接球或移动掩护、转身等，所以中锋背对篮站在篮下的情况减少，经常是根据外线队员持球的位置而采用背对端线或面向篮筐的站位方式，以便更好地移动要位进攻。快速灵活地移动要位接球是当代中锋的一项重要技术。中锋队员移动要位接球有如下几种方法：

方法1：背对篮上、下移动要位，见图5-1。⊗1与⊗2互相传球，①上、下移动要位。移动时可采用滑步或碎步，接球时应采用抢步（突然上步）并扬手要球，另一手臂屈臂抬肘。

方法2：见图5-2。①面向篮，摆脱横滑步要位或侧身跑要位接球。

方法3：见图5-3。①面向篮，下压摆脱，突然攻击步上滑到外中锋位置要位接球。

方法4：见图5-4。①做摆脱动作后，从外中锋位置的一侧向另一侧移动要位接球。移动可采用横滑步或碎步。

方法5：见图5-5。①面对篮摆脱下顺要位。

方法6：见图5-6。①背对边线向上摆脱做要球动作。要球时，伸臂探上体，但重心留在后腿上，当防守队员□抢步防接球时，突然向篮下反跑接球。反跑时，如果内侧脚在后时，可采用后脚先起动的方法；如果内侧脚在上时，外侧脚先做后撤步，挡住防守人，然后快速以外侧脚为轴做前转身要位接球。

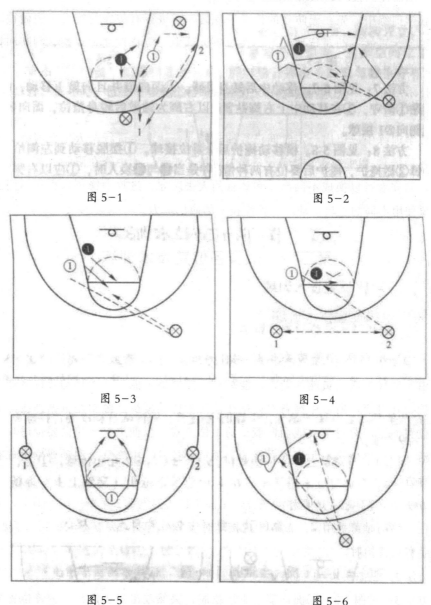

图 5-1

图 5-2

图 5-3

图 5-4

图 5-5

图 5-6

方法7：见图5-7。移动中后转身要位接球。①面向篮并且向篮下移动，❶紧贴①防守，①在移动中上右脚贴紧❶，并以右脚为轴做后转身抢位，面向⊗1或侧向⊗1接球。

方法8：见图5-8。横移动掩护后的转身要位接球。①摆脱移动到左侧给内中锋②做掩护，掩护后要位有两种情况。一种是当❶与②换人时，①应以右脚为轴后转身把②挡在身后。另一种是当②挤过时，①应以右脚为轴后转身把❶挡在身后要位接球。

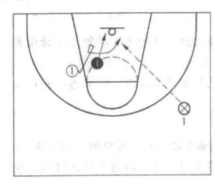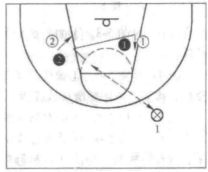

图 5-7　　　　　　　　　　　　　　　图 5-8

方法9：给同侧前锋队员掩护后的要位，见图5-9。①背对端线跑上给前锋队员②掩护。②空切篮下后，①后转身换出或向侧跨步后上插移动要位。

方法10：外中锋给内中锋掩护后，转身要位，见图5-10。①给②掩护，如果❷与❶换防时，①以右脚为轴做后转身把❶挡在身后。如果❶挤过时，①可突然外拉要位。

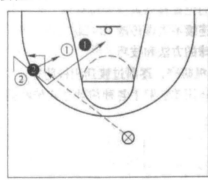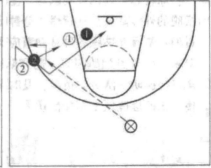

图 5-9　　　　　　　　　　　　　　　图 5-10

方法11：原地挡人要位，见图5-11。①根据❶的防守位置，两脚开立，占据有利的位置，扬起左手或右手要球。另一手屈臂抬肘侧举，占据空间位置，肩、背用上"内劲"把❶挡在身后或体侧，同时结合碎步不断地与❶争夺有利的位置。练习时，教练员根据①移动要位的情况，可将球传给①。

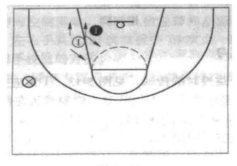

图 5-11

教学训练安排：根据练习方法，队员两人一组或四人一组，攻守轮换。目的：掌握内线队员移动要位的各种方法和要位技巧。

要求：（1）内线队员距篮近，攻守对抗激烈，所以移动要位时，不要怕碰撞。（2）抢位接球时，上步要突然，如未完全抢在防守人身前，可用横跨步把防守人挡住。注意身体（包括上肢）特别是肩、背用上"内劲"挡住或顶住防守队员，并注意扬手屈臂抬肘占据空间面积。（3）及时合理地运用滑步、碎步、侧身跑、转身等步法把防守队员挡在身后。

（二）移动策应传、接球的练习

练习方法：见图5-12。①是中锋队员，②③④为外线队员。四人进攻四人防守，用一个球。①策应接外线队员的传球后，再回传给摆脱空切的外线队员。外线队员将球转移给其他外线队员，①根据球的位置移动策应要位接球，之后再回传给摆脱的外线队员。连续做1分钟时间或连续不失误传球10-20次为一组。

目的：掌握并熟练各种移动策应传、接球的方法和技巧。

要求：（1）开始练习时，防守队员由消极防守，逐渐过渡到积极防守。（2）中锋队员根据防守队员的情况，及时合理地运用单、双手各种传球方式传给同伴球，传出去的球应便于同伴衔接下一个动作。

图 5-12

（三）策应传球练习

练习方法一：策应跳投时的传球，见图5-13。①策应接球后，②摆脱到①前面（实际是左侧面），接球投篮。①传球时，应顺势迈左腿（如果在策应队员右侧，则迈右腿），将防守队员②挡在身后，然后用单手或双手低手传球。

练习方法二：策应空切时的传球，见图5-14。①插外中锋位置作策应接②的球，②摆脱空切篮下，①传球。传球时一种是背对篮做各种隐蔽传球，如单手背后传球、向后击地传球、头后传球等；另一种是转身面向篮的隐蔽传球，如单手击地，体侧和单、双手的头上传球等。

目的：掌握并熟练策应后的各种传球方法和技巧。

要求：传球要及时、隐蔽、到位，使同伴接到球能很舒服地衔接下一个技术。

 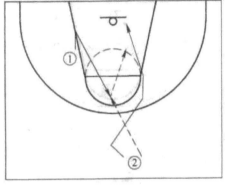

图 5-13　　　　　　　　　　　　　　　图 5-14

（四）策应后假传球变突破的练习

练习方法：见图5-15。当②传球给①，并在①身前做摆脱接球时，①假做策应传球，然后突然向反方向运球突破上篮（突破采用后撤步转身突破的方法）。两人一组，最好是一内线一外线。如果都是内线队员，两人可轮换做策应。

目的：掌握策应时假传球变突破的方法和突破时机。

要求：（1）策应后假传球动作做得要逼真。（2）突破时脚步要清楚，不要走步，后撤步时脚尖对准篮，不要绕道。

（五）篮下勾手投篮

练习方法：运动员持球在篮下两侧连续用左、右手做勾手投篮，在空中抢到球后，右腿蹬直，右脚向左侧落地，同时上抬左臂和左腿投篮，右手投篮同左手动作，只是方向相反。左右手共投10次或投中10次为一组，完成3~5组。

目的：掌握篮下勾手投篮的方法。

要求：（1）投篮时，同侧大腿要高抬，异侧手臂注意保护球。（2）左、右手交替投，动作要连贯，不得走步。

（六）内中锋位置上接球跨步勾手投篮的练习

练习方法：见图5-16。①接球后，向左横跨步做勾手投篮。自己抢篮板球后传给⊗，连续做10~20次或投中10次为一组轮换。每人完成若干组。左、右两侧内中锋位置都要练习。

目的：掌握勾手投篮技术并提高勾手投篮的命中率。

要求：（1）接球投篮动作要连贯、协调、伸展。（2）横跨步时，应注意跨步的角度和位置，以便找好投篮角度。

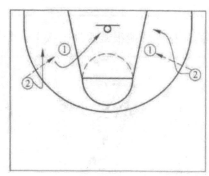 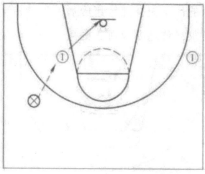

图 5-15   图 5-16

（七）在限制区左、右两侧内中锋位置接球后勾手投篮

练习方法：见图 5-17，①接⊗1 的球后，向上线转身，用右手做勾手投篮，投篮后自己冲抢篮板球，并传给⊗1，然后快速移动到右侧内中锋位置接⊗2 的球，向底线转身用右手勾手投篮，投篮后冲抢篮板球传给⊗2……左、右两侧移动接球勾手投篮，连续做 10 次或投中 10 次为一组，完成若干组。

目的：掌握左、右两侧移动接球勾手投篮技术，并提高投篮命中率。

要求：（1）移动接球与转身勾手投篮动作要连贯协调。（2）投篮动作和方法比较熟练时，可在左右两侧内中锋位置上增加两个防守人，防进攻队员接球和投篮，以便在接近实战的情况下，提高勾手投篮的命中率。（3）身体与篮有角度时投碰板篮，与篮平行时投空心篮。

（八）捡地板球跨步投篮

练习方法：见图 5-18，②③相距 5 米左右，身前地板上各放一球。练习时，①从篮下开始跑到②身前捡起球转身（前、后转身均可）跨步投篮，然后再到③面前捡球投篮。②与③负责将①投篮后的球放回原处。连续投 10-20 次为一组，完成若干组轮换。

目的：（1）提高高大队员快速降重心和快速起跳的灵活性。（2）在重心快速变化中掌握投篮技术。

要求：（1）在快速移动中完成捡球、投篮技术。（2）整个技术动作要连贯、脚步动作清楚不得走步。（3）每次投篮都要投中。

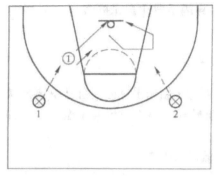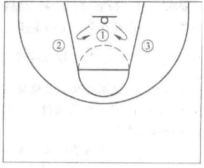

图 5-17   图 5-18

（九）捡地板球扣篮练习

练习方法：见图 5-18，②③相距 5 米左右，身前地板上各放一球，①从篮下开始跑到②身前捡起球运一次球扣篮或不运球直接扣篮。然后再跑到③面前捡起球重复上述扣篮。②和③负责将①扣篮的球放回原处。连续做 10~20 次为一组轮换。每人完成若干组。

（十）背对篮接球前转身跳投

练习方法：见图 5-19，①从右侧内中锋移动到左侧内中锋位置背对篮接⊗的传球后，以左脚为轴，右肩向右侧后上方做转身投篮假动作，然后变为向左侧前转身跳投。或者以右脚为轴，向左侧做假动作变为向右侧前转身跳投，投篮后自己抢篮板球。

组织教学训练安排：一种是内线队员每人一球站一排轮流练习，另一种是一个队员连续投 10 次或投中 10 次后轮换。每人完成若干组。

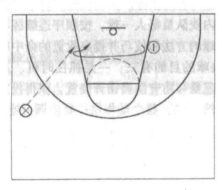

图 5-19

图 5-20 是队员由外中锋位置下顺到内中锋位置做上述练习的方法。图 5-21 是队员由内中锋位置上提到外中锋位置做上述练习的方法。

目的：掌握背对篮接球后转身跳投的方法和技巧，并提高命中率。

要求：（1）假动作做得要逼真，但要注意脚步清楚，不要走步。（2）转身投篮时，两脚尖要对准篮。（3）动作熟练后，加上防守。有防守时，注意转身时不要转到对方怀里。

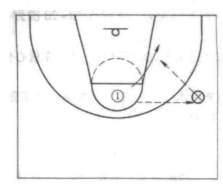

图 5-20   图 5-21

（十一）移动背对篮接球后转身跳投

练习方法、目的，要求同前一练习，只是在移动背对篮接球后，采用后转身跳投的方法。比赛时采用后转身跳投还是前转身跳投，应根据防守队员的防守情况决定，以摆脱防守和不转到防守怀里为目的。

（十二）背对篮移动转体接球跳投

练习方法：见图5-22，中锋①由左侧内中锋位置向外中锋位置移动接球，接球时采用两步急停的方法即伸手要球的同时上左脚，待双手触到球的同时，转体面对篮，右脚急停，并立即跳起投篮。从右侧上提外中锋位置做此练习时，方法相同，只是方向相反。内线队员每人一球，按顺序连续练习，教练员③传球。

目的：掌握转体接球的方法和技巧并提高投篮的命中率。

要求：（1）转体接球的目的有三：一是抓住时机、及时投篮；二是由原来的背对篮变为面对篮；三是与防守队员错开位置，获得投篮机会。因此要求转体接球时应达到这三个目的。（2）整个动作做得要协调、连贯。

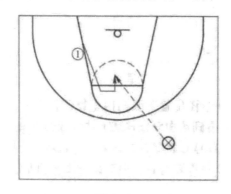

图 5-22

（十三）移动背对篮接球插步转身跳投

练习方法：见图5-23①中锋队员①在内中锋位置上背对篮接球后，以左脚为轴右脚突然向篮下做插步转身，将防守队员挤在身后，跳起投篮。

图5-24是中锋队员①从左侧内中锋位置移动到右侧内中锋位置背对篮接球时，左脚做插步的练习。

目的：掌握插步转身投篮的技巧并提高一攻一的成功率。

要求：（1）插步转身时，身体要紧贴防守队员，使其不便舞动不便起跳。（2）插步前，可运用假动作，如插步脚的异侧肩和上体做转身投篮的假动作，吸引防守队员偏向此侧防守，然后突然做插步跳投。（3）整个动作要有速度有

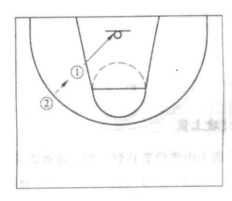
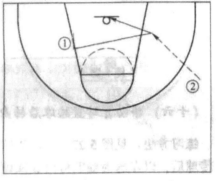

图 5-23　　　　　　　　　　　　图 5-24

（十四）背对篮接球运球插步转身跳投

练习方法：见图5-25，①在左侧内中锋位置上背对篮接到⊗的传球后，原地或碎步运球，以此贴近防守队员或与防守队员错位，突然右脚做插步转身跳起投篮，也可以用左脚向上线做插步转身跳投。插步的目的是把防守队员挡在身后。练习时，左、右内中锋位置上都要练习。

目的：掌握运球时插步转身的方法和技巧，提高一打一时的成功率。

要求：运球时注意保护球，其他同上一个练习。

（十五）背对篮接球后运球突然跳起转身投篮

练习方法：见图5-26。内线队员一人一球，教练员⊗传球。队员①在内中锋位置上背对篮接球后，运球下压，下压的目的有二：一是贴紧防守队员，突然跳起投篮，使对方来不及封盖；二是吸引背后的防守队员抢球，对方抢球时，必须偏向一侧，这为转身跳投创造了机会。一旦出现了机会，立即跳起转身投篮。

目的：（1）掌握背对篮运球时，突然跳起转身投篮的方法和技巧。（2）有防守时，掌握跳起转身投篮的时机。（3）提高一打一的能力。

要求：（1）练习时先不加防守，掌握技术方法后再加上防守。（2）背对篮运

球时，注意保护球，背部应感觉防守队员的位置，用上"内劲"紧贴住对方不给其绕前抢球的机会，一旦对方绕前抢球立即转身投篮。

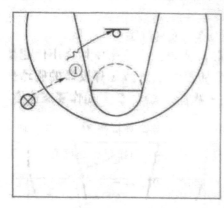 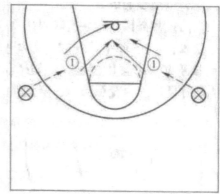

图 5-25　　　　　　　　　　　　　　　　　图 5-26

（十六）移动背对篮接球后转身运球突破上篮

练习方法：见图 5-27。进攻队员①由右侧内中锋位置移到左侧，背对篮接⊗的传球后，以左脚为轴顺势向底线做后转身（右手放球）突破上篮。图 5-28 是①移动到外中锋位置背对篮接球后，以同样的方法做后转身突破上篮的练习。

目的：（1）掌握背对篮接球后转身突破的技巧。（2）在有防守的情况下，提高技术运用的能力和一打一的能力。

要求：（1）背对篮接球时，后背要紧贴防守队员，然后立即做后转身运球突破，突破时脚步要清楚，不要走步。（2）向哪个方向做后转身，那侧手做突破地放球动作。（3）动作要连贯、协调，不要怕碰撞。

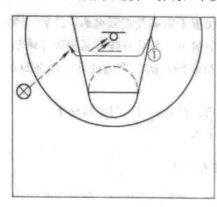 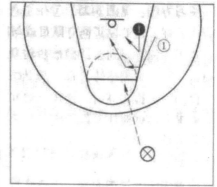

图 5-27　　　　　　　　　　　　　　　　　图 5-28

（十七）背对篮接球转身突破投篮

练习方法：见图 5-29。内线队员两人一组，一攻一守。中锋①在左侧内中锋位置上背对篮接球后，转身面对篮，然后结合假动作突破上篮。

图 5-30 是在外中锋位置上以同样的方法练习。目的：（1）在有防守的情况下，提高一打一的能力。（2）提高队员敢于对抗的心理素质。

要求：（1）防守队员让进攻队员接到球转身后再积极防守。（2）接球转身时，根据防守的情况，决定突破的方式和方法，但脚步要清楚，不要走步。（3）可规定一些特殊的规则：如防守队员可以适当地挤推进攻队员而不算犯规等，以提高队员的对抗能力。

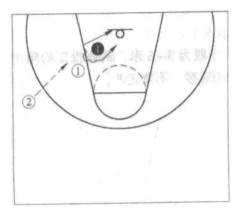
图 5-29

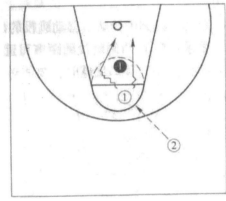
图 5-30

（十八）横切接球投篮

练习方法：见图 5-31，①从左侧内中锋位置摆脱横切，接⊗的球投篮，投篮可用以下几种方法：

方法 1：直接上篮（高大队员、弹跳好的男队员可以扣篮）。

方法 2：背对篮接球后，以左脚为轴，前转身跳投。

方法 3：背对篮接球，左脚做后撤步，左手放球运一次球转身突然上篮，（此方法应注意放球时，左肩左腿保护球）。

方法 4：背对篮接球后，向自己左手侧做假动作，然后以右脚为轴前转身跳投。

方法 5：背对篮接球后，向自己左手侧做假动作，然后以左脚为轴，后转身跳投。

从右侧摆脱横切时，方法相同，方向相反。内线队员每人一球，按顺序练习，教练员传球。

目的：（1）掌握横切接球投篮的各种方法和技巧。（2）加上防守时，掌握上述各种投篮方法运用的时机和技巧。

要求：（1）各种投篮或转身投篮时，脚步要清楚，不要走步。（2）练习时，先不加防守，待掌握技术方法后，再加上防守。

（十九） 移动接球跳投

练习方法：见图5-32。内线队员四人一组用三个球。②和③在篮的两侧3~4米处各持一球，④手中持一球并负责抢篮板球后传给②和③。①从篮下开始由底线移动到②面前接球跳投，然后再从另一侧底线绕出到③面前接球跳投。①移动的轨迹呈8字形。连续投10次或投中10次为一组，然后轮换，每人完成若干组。

目的：提高中锋队员移动跳投的命中率。

要求：（1）两侧跳投的距离可远可近，一般为3~6米，两侧投篮的角度可从0~45°。（2）移动接球时，要面对篮，步法清楚，不要走步。

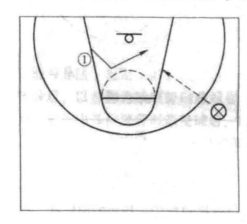
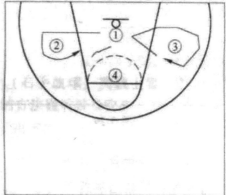

图 5-31　　　　　　　　　　　　图 5-32

（十二） 防内中锋接球的练习

练习方法：内线队员两人一组，在内中锋位置上一攻一守，教练员或队员在左前锋位置上和左后卫位置传球，防守队员根据球的位置选择防守位置。练习时先不传给中锋球，防守队员熟练后，再加上防接球，练习一定次数后攻守交换．在右侧防守时方法相同，按下列方法练习：

方法1：见图5-33。当球处在左侧后卫队员②手中时，防守内中锋的队员❶应站在①的上线右侧略靠后的位置，采用右肘部贴在①的腰部，左脚在前，左手肘部弯曲，干扰对方传接球，两脚不断地做碎步滑动，以调整与①的防守位置和距离。当①上、下移动要位时，❶应积极滑动，不给对方接球的机会。

方法2：见图5-34。当②传球给③时，不要迅速从①的身前移动，绕到①的身前，背部紧贴住①，一手扬起，干扰对方传接球；另一只手摸着①。由体侧绕到身前防守时有两种步法：一种是迈右脚，跟左脚；另一种是以左脚为轴后转身到①的身前防守，后转身时有一刹那间看不到球的感觉，但只要判断准确、及时，转身时正好是球从②传给③在空中飞行的时候，所以转身也是可以的。

方法3：见图5-35。当球在底线，❶采用撤步或绕后步的步法到①的底线一侧防守。总之，防守队员防守内中锋时，应偏向有球的一侧防守，有重点地防其一侧，薄弱的另一侧由相邻的队员协防。

目的：掌握防中锋接球的方法和技巧，并提高防守能力。

要求：（1）防守队员始终处于碎步的动态防守，用碎步不停地调整正确合理的防守位置。（2）及时识破进攻队员和传球队员的意图，当进攻队员用后背紧贴防守队员伸手要球时，防守队员可突然离开进攻队员，用绕前步上前断球。（3）要用上"内劲"与进攻队员争夺有利的防守位置和有利的空间位置，不要怕碰撞。（4）防守时应做到人球兼顾。

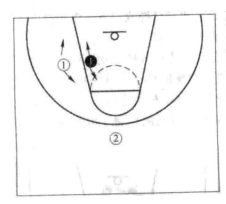

图 5-33

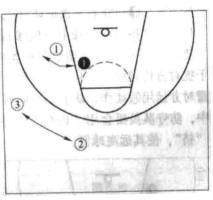

图 5-34

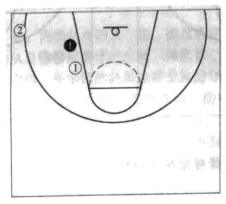

图 5-35

（二十一） 防内中锋横切和溜底线的练习

练习方法：见图5-36。两人一组一攻一守，教练员⊗持球站在另一侧前锋位置上，①在内中锋位置上横切或溜底线时，●积极卡堵①的移动路线，不给对方接到球。练习一定次数或防守成功一定次数后，攻守交换。

目的：掌握防内中锋横切和溜底线的方法，提高防守能力。

要求：（1）不准进攻队员在限制区内接到球，迫使其回原位或拉到外线。（2）

不允许进攻队员从自己身前横切，迫使对方从自己身后走，从身后移动时，也要紧贴对方，使其难以接球。（3）防对方溜底线时，采用"荫防"或背防的方法均可，但必须积极卡堵其移动路线，扬手干扰对方传、接球。（4）一旦对方接到球，应积极防投、防突，拼抢篮板球。

（二十二）防内中锋向外中锋位置移动接球的练习

练习方法：见图5-37。内线两人一组，一个球。进攻队员①把球传给❶时，上插外中锋位置要位接球，❶全力卡堵①，不让其接球。如果①接到球后再传给③重新练习。❶防守若干次或防守成功若干次，攻守交换或与下一组轮换。

目的：掌握防内中锋上插接球的方法并提高防守能力。

要求：（1）脚步移动要积极要快，首先是卡堵对方的移动路线，手臂要积极干扰对方传接球，一旦对方传球，瞅准机会将球断掉或将球打掉。（2）时刻注意对方运用假动作，防上插的同时，还要注意防对方"反切"。（3）在防守过程中，防守队员要会用"内劲"与进攻队员争夺有利的位置，并把进攻队员往外"挤"，使其远离球篮。

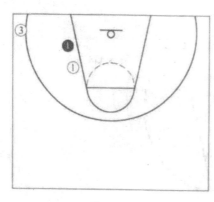
图 5-36

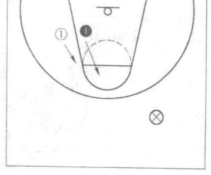
图 5-37

（二十三）防内中锋移动接球的练习

练习方法：见图5-38。内线队员两人一组，一攻一守，教练员⊗1和⊗2手中各持一球。进攻队员①可任意做上插、横切、溜底线等移动要位接球。❶则全力卡堵其移动接球。防守成功若干次（即抢断球或将球打出）后攻守交换或与下一组轮换。

目的：提高防内中锋移动接球的能力。

要求：（1）积极卡堵进攻队员移动接球的路线，扬手臂干扰其接球。（2）当进攻队员改变移动方向和路线时，应及时变换步法，封堵其移动路线。（3）积极与对方争夺有利的位置，占据有利的空间位置，不要怕碰撞。

（二十四）防守外中锋接球的练习

练习方法：当球在左侧后卫②手中时，见图5-39。防守外中锋①的队员❶应处在近球侧前方防守。当球由②传给③时，❶应从①身前绕到另一侧防守（其绕过的步法同防内中锋一样）。

目的：掌握防外中锋的方法和技巧，并提高防守能力。

要求：同防内中锋。（略）

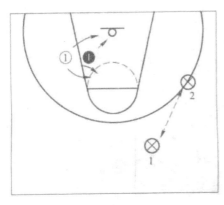
图 5-38

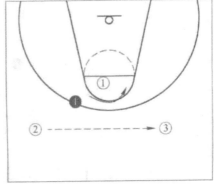
图 5-39

（二十五）内、外中锋协防的练习

练习方法：见图54）。内线队员四人一组，两攻两守，队员③④⑤在外线传球。防守内、外中锋的队员❶❷根据球的位置，调整自己的防守位置，练习一定时间后，攻守交换。防守内、外中锋的队员也要交换防守位置。

（1）当球在左侧后卫队员④手中时，见图5-41，防守内中锋的❶和防守外中锋的❷，均应在靠近球的一侧防守。（2）见图5-41，当球由④传给左前锋位置上的③时，❶绕到①身前防守，❷向左下方移动协助❶防守①。（3）见图5-42，当球由④传给右侧后卫⑤时，❷从②身前绕过到靠近有球侧防守②，而防守内中锋的❶则向腹地中间一带移动协防。

目的：（1）掌握防内、外中锋的方法和技巧。（2）掌握内、外中锋相互协防的方法并提高队员相互协防的意识。

要求：（1）根据球的位置，及时选择有利的防守位置和协防位置。（2）防守队员之间协防要默契，必要时应及时提醒同伴注意协防。

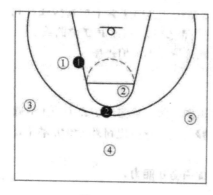

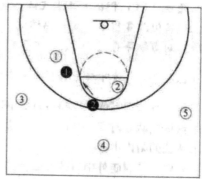

图 5-40   图 5-41

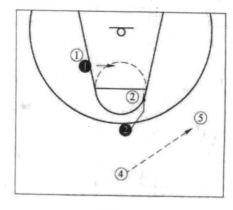

图 5-42

（二十六）左、右内中锋协防的练习

练习方法：见图 5-43❶和❷在内中锋位置上防守①和②。③、④、③在外线传球。根据球的位置，❶和❷运用绕步和滑跳碎步结合转身选择有利的防守位置并进行协防。

（1）当球在中间⊗手中时，❶和❷都应在内侧前方防守；卡堵①和②上插接球。

（2）当③将球传给左侧的③时，防守队员❷立即从②上侧绕到②身前防守，❶在防守②横切的同时应稍向腹地移位，协防腹地一带。

（3）当球由③通过❷传到④手中时，❷应绕到②身前防守，❶在防守①横切的同时，也要注意向腹地一带移动注意协防。

目的：根据球的位置，防守内中锋的队员要及时地移动抢位，协防，掌握防守的方法。

要求：（1）防守队员随时处于动态，运用各种防守步法及时选择有利的防守位置并卡堵中锋接球。

（2）绕前防守时，后背紧贴进攻人，侧防时，一只脚卡住对方上插的路线并扬手干扰其传接球。另一只脚卡堵对方反切的路线。

（二十七）内中锋队员补防的练习

练习方法：见图5-44。球在后卫队员③手中时，防守左侧内中锋的❶靠近有球侧侧防①，当②回传球给③，③从中路突破时，❶快速移动补防防守③（③不要分球给①）造成③撞人犯规或❶封盖③投篮。然后重新开始练习。❶防一轮后卫队员后交换，内线队员两人一组一攻一守，其他队员每人一球站在后卫位置上，②可由教练员代替。

目的：内中锋掌握补防的方法，提高补防的意识。

要求：（1）根据球的位置，❶选择防守①的位置。（2）补防要及时，力争造成对方犯规或失误。

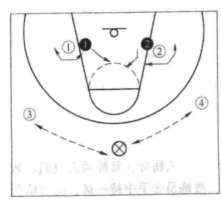

图 5-43

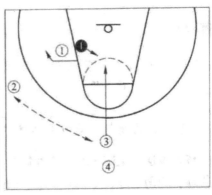

图 5-44

（二十八）抢篮板球与盖帽的练习

练习方法：见图5-45。三人一组用一个球篮，②③分别站在距篮8米的位置上，当教练员投篮时（不要投中篮）三人立即冲抢篮板球，抢到球的队员投篮，未抢到球的其他两人封盖投篮，直至投中或被盖帽，再由教练员投篮重新开始练习。抢到篮板球得一分，盖帽成功得两分，看谁先得80分。

目的：（1）掌握盖帽的时机和技术，提高盖帽的意识。（2）提高抢篮板球的技术和能力。

要求：（1）连续跳起抢篮板球或盖帽。（2）每次抢篮板球或盖帽都要认真，全力去做。（3）盖帽时，尽量做到不犯规。

（二十九）补防盖帽的练习

练习方法：见图5-46，中锋两人一组，站在内中锋位置上，一攻一守，其他队员每人持一球在3分线外。练习时，外线队员②运球突破上篮或急停跳投，（不许传球）❶补防封盖。封盖后复位防守①，然后再开始练习，防一轮后或盖帽成功若干次后与①交换。

目的：掌握补防盖帽的技术并提高其意识。

要求：掌握好补防盖帽的时机，跳起盖帽时，肢体要伸展，不要犯规。

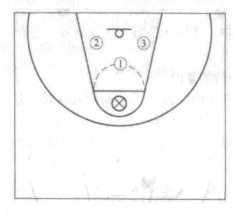
图 5-45

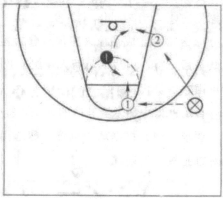
图 5-46

（三十）盖帽与抢篮板球的练习

练习方法：见图5-47。内线队员三人一组，一人防守，另外两人投篮。教练员传球，用两个球，开始时，①手中持一球；教练员⊗手中持一球，防守队员❶站在限制区中间。⊗把球传给②，②投篮，❶上去封盖（这时①将球传给③），如果盖帽成功则回到限制区中间，待①接⊗的球后再封盖①，如果盖帽未成功，立即挡人抢篮板球，抢到球后传给②，再准备封盖①投篮。①②必须接⊗的球才能投篮。❶抢到一次篮板球得一分，盖帽成功得两分，得10分算一组，轮换，每人完成若干组。

目的：提高盖帽和抢篮板球的意识和能力。

要求：（1）掌握好跳起封盖投篮的时机。（2）一旦封盖不成功，立即挡人抢篮板球。（3）封盖和抢篮板球时，肢体都应伸展。

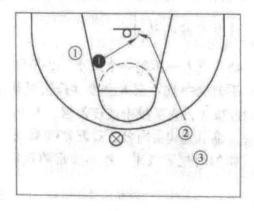
图 5-47

二、前锋位置技术训练

（一）个人摆脱接球

练习方法：见图5-48。前锋队员两人一组一攻一守，用一个球，教练员⊗传球。前锋队员①在前锋位置上做摆脱接球，连续做若干次，最后一次接球后可投篮或突破上篮，防守队员❶积极防守，直至最后抢到篮板球或对方投中为结束，排队尾攻守交换。

进攻队员摆脱接球时可采用下列方法。

方法1：内压突然外拉摆脱接球（即向篮圈方向做假动作，然后突然向后跨跳接球，通常讲的"向外弹出接球"）。

方法2：下压后上提摆脱接球（向端线方向假动作移动，然后突然向反方向移动接球）。

方法3：下压后转身摆脱接球。下压时，防守队员未失去防守位置，这时进攻队员利用后转身把防守队员挡在身后，然后突然跨步接球面对篮。

目的：（1）掌握在前锋位置上摆脱接球的方法和技巧。（2）提高摆脱接球的能力。

要求：（1）假动作做得要逼真，摆脱接球时，动作变化要突然。（2）注意观察防守队员的特点，有针对性地运用摆脱技术，如对方速率慢时，应用速度摆脱；对方反应快时，可运用假动作引诱对方上当后摆脱，或抓住机会及时摆脱等。（3）摆脱接球时，要面对篮，以便能马上攻击。

（二）摆脱接球突破上篮的练习

练习方法：见图5-49。前锋队员两人一组，一攻一守，用一个球。进攻队员①摆脱防守队员❶接⊗的球，突破上篮，之后排队尾，攻守交换。

目的：提高在前锋位置上突破上篮的能力。

要求：（1）根据防守队员的防守情况，接球后可直接突破上篮，也可运用假动作引诱防守队员上当后再突破上篮。（2）交叉步，同侧步均可运用。可从上线突破，也可以从底线突破。（3）防守队员要全力防守。

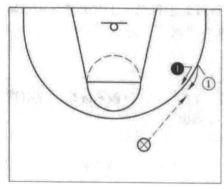
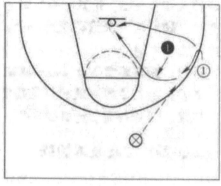

图 5-48 图 5-49

（三）接球后快速运球急停跳投的练习

练习方法：见图 5-50。前锋队员两人一组一个球，分别站在前锋和后卫位。①接②的球后向底线（或上线）方向运球，突然急停跳投。投篮后①和②同去抢篮板球，之后两人交换。

目的：提高运球急停跳投的准确性。

要求：（1）在快速运球中做急停跳投。急停要突然，要控制好身体的平衡。（2）要求一定的命中率，或要求连中若干次为一组。

（四）接球跳投练习

练习方法：见图 5-51。前锋队员每人一球，站在前锋位置上接教练员∞的回传球立即跳投，之后抢篮板球排队尾。依此连续练习。

目的：提高接球跳投的准确性。

要求：（1）接球后脚尖对准篮，接球后不要有多余动作应立即跳投。（2）要求每人投中若干次或连中若干次为一组，完成若干组，或全队连中若干次为一组，完成若干组。

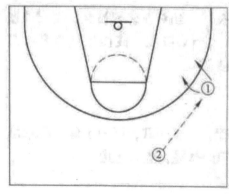
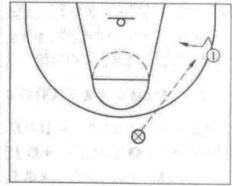

图 5-50 图 5-51

（五）摆脱接球跳投的练习

练习方法：见图5-52。前锋队员两人一组，一攻一守，用一个球，教练员传球。进攻队员摆脱防守接球后跳投，抢篮板球后排队尾，攻守交换。

目的：提高摆脱接球跳投的能力和投篮的准确性。

要求：（1）接球后不能直接跳投时，可运用假动作创造跳投的机会；也可向左、右两侧运球摆脱，然后急停跳投。（2）要求投中若干次或连中若干次为一组，完成若干组。

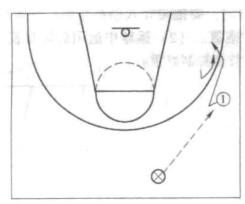

图 5-52

（六）摆脱接球运球突破急停跳投的练习

练习方法：前锋队员两人一组，一攻一守，用一个球，教练员传球，进攻队员①接球后向底线运球突破，在中远距离上突然急停跳投。抢篮板球后排队尾，攻守交换。

目的：提高运球突破急停跳投的能力和准确性。

要求：（1）急停要突然。在快速中一般采用两步急停的方法，腾起投篮时控制好重心。（2）要求投中或连中若干次为一组，完成若干组。

（七）底线突破抢位跳投的练习

练习方法：见图5-53。前锋队员分两组，上线队员每人持一球，教练员在限制区内防守。①接②的球从底线突破，教练员⊗有意造成进攻队员抢位跳投的机会，把③挤在身后跳投，投篮后抢篮板球排到上线队尾。②传球后到前锋位置的队尾，依此连续练习。

目的：掌握底线突破抢位跳投的方法和技巧。要求：抢步抢位要快要及时，起跳突然，投篮出手快。

（八）向底线运球后转身投篮的练习

练习方法：见图5-54。前锋队员分两组，一组站在前锋位置，一组站在后卫位置，教练员⊗在底线距离约3米处上做防守。①接②的传球后从底线突破，教练员有意堵死底线，并以右脚为轴做后转身运球，左脚向篮下跨出，用左手上篮。或运球后转身双脚起跳投篮。之后抢篮板球排在后卫位置的队尾。②传球后排在前锋队的队尾。左侧练习方法一样只是方向相反。

目的：掌握底线突破被堵死后，运用后转身投篮的方法和技巧，并提高其运用的能力。

要求：（1）后转身时，要把防守人挡在身后，并紧贴防守人转身，转身后起跳上篮时两脚尖要对准篮。（2）运球中运用后转身投篮，整个动作要协调，变化要突然，转身后投篮要控制好重心。

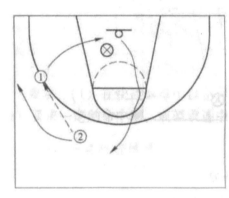 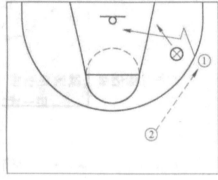

图 5-53   图 5-54

（九）从上线运球突破后变后转身投篮的练习

练习方法：看图5-55，前锋队员分两组，一组站在前锋位置，一组站在后卫位置，教练员⊗在距篮约3米的45°~70°的位置上做防守。①接②的球后从上线运球突破，教练员有意卡堵上线，这时①后撤左脚紧贴⊗并以左脚为轴做后转身运球，右脚向篮下45。跨出，用右手低手上篮，之后抢篮板球排在后卫位置的队尾。②传球后排在前锋队的队尾。左侧练习时方法相同，方向相反。

目的：掌握上线突破球受堵后转身投篮的方法和技巧，并提高运用的能力。

要求：后转身时，要紧贴住防守队员，并把防守人挡在身后，右脚跨出时脚尖要对准篮。

（十）利用掩护做运球上篮或急停跳投的练习

练习方法：见图5-56。前锋队员两人一组用一个球，一人进攻一人防守。中锋队员②站在内中锋位置上，教练员⊗做传球。练习时，进攻队员在前锋位置摆脱接⊗的球后，②给①做侧后掩护，①根据掩护位置，向底线或上线做运球上篮或运球急停跳投。抢篮板球后与①攻守交换，左侧练习时方法相同。

目的：掌握利用掩护运球上篮或急停跳投的方法，并提高投篮的准确性。

要求：抓住掩护的时机，突然运球上篮或急停跳投。

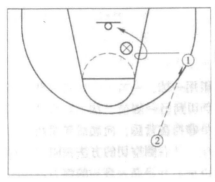

图 5-55　　　　　　　　　　　　图 5-56

（十一）45°空切接球上篮或急停跳投的练习

练习方法：见图 5-57。前锋队员两人一组用一球，一攻一守，进攻队员摆脱的防守后由 45°空切，接③的传球上篮。之后攻守交换。右侧空切时方法相同。

目的：掌握空切上篮或跳投的方法，并提高空切时一打一的能力。

要求：摆脱起动空切要突然，接球时远离球的那一侧肩背紧贴防守人，而手臂屈肘高抬保护球。

（十二）向底线空切接球上篮的练习

练习方法：见图 5-58 前锋队员两人一组用一个球，一攻一守。进攻队员①摆脱⊗的防守，由底线空切到篮下，接②的传球上篮，或跳起接球直接补篮，或直接扣篮，或跳起接球后找时间差再跳起投篮，之后，攻守交换，在左侧练习时方法相同。

目的：掌握底线空切接球上篮的方法，并提高空切一打一的能力。

要求：（1）摆脱空切要突然，并注意伸手示意同伴传球。（2）②要掌握好传球的时机，并做到传球及时到位。①和②配合要默契。

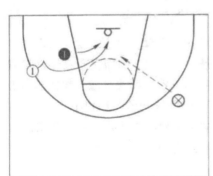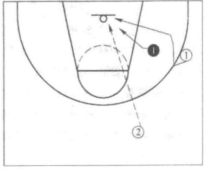

图 5-57　　　　　　　　　　　　图 5-58

（十三）底线空切篮下投篮的练习

练习方法：见图5-59。前锋队员两人一组用一球，一攻一守。进攻队员将球传给另一侧前锋位置的教练员⊗后，由底线空切到另一侧篮下接的球投篮，①接球投篮有两种方法：一种是接球时把防守队员❶挡在背后，向底线转身跳投；另一种是向上线转身跳投。投篮后两人攻守交换。从右侧空切的方法相同。

目的：掌握底线空切篮下接球一打一的方法，并提高一打一的能力。

要求：（1）接球时一定要把防守队员挡在身后。如果空切时未摆脱防守队员，最后可运用抢步的方法把防守队员挡在身后抢位接球。（2）注意运用假动作运用时间差跳起投篮。（3）转身跳投时，注意保护球。

（十四）底线空切篮下接球投反篮或跨步投反篮的练习

练习方法：见图5-60。前锋队员两人一组用一个球，一攻一守。进攻队员由底线空切到另一侧篮下后，接⊗的球投反篮。投反篮的方法如下：

方法1：跳起接球时，把防守队员❶挡在身后，空中直接投反篮。

方法2：跳起接球时，把防守队员❶挡在身后，空中直接转身投篮。

方法3：跳起接球，落地时背对篮，当防守队员❶紧逼防守并双臂高抬封堵投篮角度时，运用跨步摆脱防守，到篮下另一侧投反篮。

目的：掌握底线空切篮下接球后投反篮的方法，并提高篮下接球后一打一的能力。

要求：（1）跳起接球空中投反篮的难度较大，要掌握好空中身体平衡和选好投篮的角度。（2）在篮下激烈的对抗中，注意抓住空隙或利用时间差及时投篮。（3）在篮下激烈的对抗中，不要怕碰撞，敢于靠近对方攻击，不要躲着对方投篮，但要注意保护球。

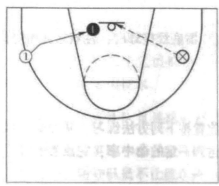

图5-59　　　　　　　　　　　　　图5-60

（十五）两点移动投篮的练习

练习方法：见图5-61。前锋队员两人一组，用一个球，一人投篮，一人抢篮板球后做传球。①在0°角中或远距离接②的传球后跳投，然后向上线移动到约70°以内的位置接②的球投篮。由0°~70°之间连续投篮10~20次，或投中10次或连续投中若干次为一组，完成若干组。之后①和②两人交换。一个篮的左右两侧各安排一组同时进行练习。

目的：提高前锋队员中、远距离投篮的命中率。

要求：（1）从0。~70。，任选两点移动感投。（2）移动速度要快。

（十六）三人移动投篮的练习

练习方法：见图5-62。前锋队员三人一组用一个球，一个投篮，一人抢篮板球，一人传球。开始时投篮队员①从篮下移动到底角（或45°）（中距离或远距离）接③的球投篮，投篮后立即从底线移动到另一侧同样的位置接③的球投篮。投10次或投中10次或连中若干次为一组，之后轮换。②负责抢篮板球后传给③，③传给①，①投篮。

目的：提高前锋位置上中、远投命中率。

要求：（1）移动时要有一定的速度。（2）溜底线接球时，注意转身面对篮，注意控制好重心。

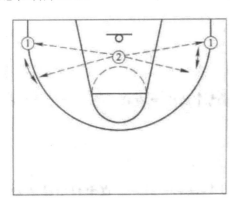
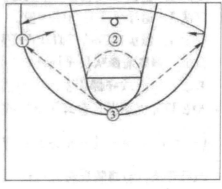

图 5-61   图 5-62

（十七）几种投篮方法的综合练习

练习方法：前锋队员每人一球，在前锋位置按下列方法练习。从方法一到方法五为一组，每次课要求完成若干组或要求达到一定的命中率，完成若干组。一个篮安排2~4人。

方法1：原地中距离跳投5次；

方法2：原地远距离跳投5次；

方法3：做突破假动作变跳投5次；

方法4：运球突破急停跳投5次；

方法5：运球突破转身跳投5次。

目的：提高各种投篮方法的命中率。

要求：（1）自己投篮后跟进冲抢篮板球，之后快速回到投篮位置。（2）假动作做得要逼真，运球急停或运球转身都要在快速中完成，急停或转身时要控制好重心。

（十八）半场一对一投篮突破的练习

练习方法：前锋队员两人一组用一个球，一人进攻一人防守。进攻队员根据防守队员的防守情况，做投篮或突破或运球急停跳投，投中篮或抢到防守篮板球为结束，之后攻守交换。攻守交换时要求：甲，一次投篮后，攻守交换；乙，防守成功，攻守交换；丙，连续防守成功若干次，攻守交换。按下列方法进行练习：

方法1：做突破的假动作变投篮。

方法2：做投篮的假动作变突破。

方法3：运球突然变急停跳投。

方法4：做运球后转身假动作变跳投。

目的：提高前锋队员半场一打一的能力。

要求：（1）攻守都要全力以赴。（2）假动作运用要逼真，技术变化要突然。（3）根据防守的情况，合理地运用战术。

（十九）半场一对一攻防的练习

练习方法：前锋队员两人一组，进攻队员接球后一对一，直至投中篮或抢到后场篮板球，排队尾，或连续成功若干次后（进攻或防守成功）排队尾，攻守交换。

目的：提高前锋队员攻、防的能力。

要求：（1）以投中篮或抢到后场篮板球为结束。（2）注意观察攻、防队员的特点，合理地运用技术。

（二十）防前锋队员接球的练习

练习方法：见图5-63。前锋队员两人一组，在前锋45°位置上一攻一守，教练员做传球。防守队员不让进攻队员在他习惯攻击的位置或区域接到球。防守若干时间后，两人攻守交换。

目的：提高防前锋接球的能力。

要求：（1）防守队员应明确进攻队员除原地接球可以攻击外，还有三条移动路线，即向外摆脱、向底线方向反切、向限制图5-63区内横切，所以要选择能干扰对方原地接球和向其他三条线移动的防守位置，并采用内侧脚在前的防守方法。（2）当进攻队员摆脱时，应尽量不让对方在他习惯的位置和区域接到球，并重点控制限制区和底线接球。（3）进攻队员从底线向另一侧空切时，防守队员可采用

"面防"和"背防"的方法，无论何种防守方法，都要用身体紧贴对方并用手干扰对方接球。位代技术的教训练法

（二十一）防前锋队员底线空切接球的练习

练习方法：见图5-64。前锋队员两人一组，一攻一守，教练员③在外线后卫位置上持球。进攻队员①在前锋位置摆脱接球，❶积极防守。当①突然向底线空切，而❶防守时出现一刹那间的漏防时，❶仍要马上紧追，并在移动中高举双手（无论是面对防守人或背对防守人）干扰对方传、接球。

目的：掌握防底线空切接球的方法并提高其防接球的能力。

要求：在防前锋队员原地摆脱的同时，重点防对方向底线和限制区的空切，一旦漏防，应积极追防并采取补救方法，即高举双手干扰对方传接球。

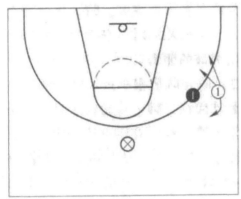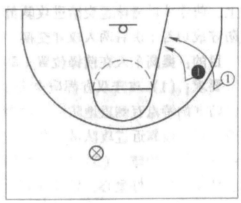

图 5-56　　　　　　　　　　　　图 5-57

（二十二）防前锋队员从内中锋一侧向底线空切的练习

练习方法：见图5-65。中锋队员②和❷站在内中锋位置上一攻一守，教练员③持球站在另一侧前锋位置上。前锋队员两人一组，一人进攻一人防守。练习开始时，前锋队员与内中锋队员落在同一侧，防守前锋的队员❶积极卡堵①上线向限制区空切，当①利用内中锋②的掩护从底线空切时，❶力争从②前面挤过去防①，当预先感到无法挤过时，应及时告知同伴❷，让❷防②的同时兼顾防①，而❶立即从上线绕过去防①，在上绕的过程中，高举双手干扰对方传接球。

目的：掌握防前锋队员从内中锋一侧向底线空切时绕过防守的方法，并提高防守能力。

要求：（1）当进攻队员①和②重叠，而且❷正处在有利的防守位置时，正是❷从上线绕过防守的时机，因此这时❶应及时地绕过去防守。（2）在整个防守过程中，❶和❷应及时地呼应，彼此配合要默契。

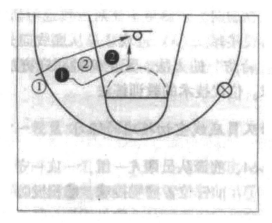

图 5-65

（二十三）半场一对一防投篮和突破的练习

练习方法：前锋队员两人一组，用一个球，一人进攻、一人防守。在前锋位置上，防守队员将球递交给进攻队员后，开始防其投篮或突破。防一次攻守交换或防守成功若干次后两人攻守交换。每个篮左、右两侧同时可安排两组练习。

目的：提高个人在前锋位置上防投篮和防突破的能力。

要求：（1）攻守双方都应全力以赴。（2）防守队员根据进攻队员的特点和自己防守的特点有侧重地防守，如防守队员起动较快，脚步移动较快时，在防守选位上就可以靠近进攻队员；如进攻队员投篮较准，就要着重防其投篮，一只手始终罩住对方的球。（3）当进攻队员运用假动作时，防守队员做动作要留有余地，特别要控制好重心，以便应付变化。（4）注意防守动作的连续性，即从头到尾都要全力积极防守，直至这一回合结束，否则稍一松懈就会造成防守失败。

三、后卫位置技术训练

后卫除了投篮、渗透和防守技巧外，主要表现在控球能力强和支配球能力强。一般来说，防守队员是球队的核心成员，除了自己的进攻和防守，还要组织球队的进攻和防守，所以防守队员必须有很强的控球和支配球能力。在控球支配球技术训练中，防守队员要比其他队员更加努力，控球支配球主要表现为运球、传球和接球。因此，要根据自己的情况和特点，选择一些训练方法作为自己经常练习或每天练习的内容。

（一）摆脱传、接球的练习

练习方法：见图 5-66 和图 5-67。后卫队员两人一组，进攻后做防守。后卫①和②传球，❶和❷防守。①和②力争在自己最习惯的攻击位置上和攻击区域内接到球，连续传、接球若干次后，①和②可突破上篮或跳投。进攻后变为防守，防守组休息，新上的一组进攻。

要求：（1）防守队员紧逼传、接球队员。（2）进攻队员只能在后卫位置或区域内做各种摆脱接球。（3）必须在5秒以内将球传出或摆脱接到球。（4）接球后应保持身体平衡，面对篮，以便能立即攻击。

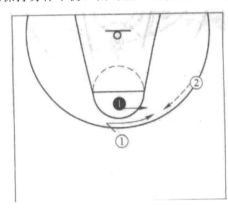
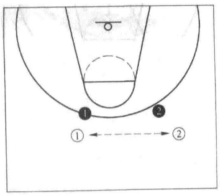

图 5-66　　　　　　　　　　　　　图 5-67

（二）连续突破上篮的练习

练习方法：见图5-68。①持球站在三分线外，运球突破上篮（或扣篮），在球落地前将球接住，然后快速跑回原来的位置再做。投中20次为一组，完成若干组。

目的：提高突破时起动的速度和灵活性。

要求：（1）根据队员的速度要求在规定的时间内完成。（2）突破前双脚都不得踩三分线。

（三）运球急停跳投

练习方法：后卫队员每人一球，从三分线外运球急停跳投。投10次为一组或投中10次为一组或连中若干次为一组，完成若干组。

目的：提高运球急停跳投的命中率。

要求：在快速运球中急停跳投。急停突然，起跳要快。

（四）跑投或急停跳投的练习

练习方法：见图5-69。教练员在罚球线附近防守，后卫队员①从中线向篮下方向运球，当接近③时，③有意造成①跑投或急停跳投的机会，投篮后自抢篮板球排队尾。

目的：掌握跑投或急停跳投运用的时机并提高其准确性。

要求：（1）在快速运球中完成技术，急停、起跳要突然。（2）投篮时控制好身体平衡。

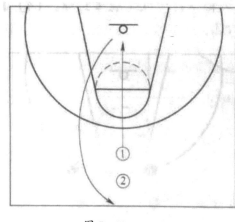 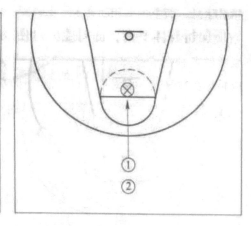

图 5-68   图 5-69

（五）运球后转身

练习方法：见图 5-70。后卫队员两人一组，一攻一守，用一个球。后卫①运球突破，造成防守队员❶侧重一侧防守时，①及时运用后转身把❶挡在身后，快速跨步上篮或跳投。然后两人攻守交换，后转身的步法有两种（以从右侧向左侧做后转身为例）：一种是①向右侧用右手运球，❶卡堵右侧时，①以左脚为轴做后转身；另一种是后转身前先后撤右脚，用右脚和右腿紧贴❶，然后以右脚为轴再转身。

目的：掌握后转身突然上篮或跳投的方法，并提高其运用的能力。

要求：（1）转身时要紧贴防守队员，并把其挡在身后。（2）转身后上篮或跳投时应控制好身体重心。（3）左、右两个方向的后转身都要练习。

（六）运球中路突破分球的练习

练习方法：见图 5-71。后卫队员一组，每人持球站在中路三分线外。内线队员一组，站在内中锋或前锋位置上，队员❷防守内线队员。练习时后卫队员①持球从中路三分线运球突破，防守内线队员的❷及时补防，这时①将球分给移向空隙处的②，②投篮。抢篮板球后两人各回原队尾。❷继续防守，防一轮后轮换。

目的：提高后卫队员突破分球的技术和能力，以及与内线队员默契配合的能力。

要求：（1）防守队员及时补防时，突破队员隐蔽传球给同伴投篮。如果防守队员补防不及，抓住机会自己上篮。（2）后卫队员应掌握向左、右两侧各种隐蔽分球的技术。

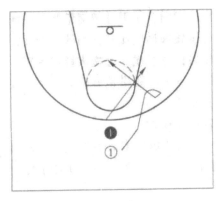
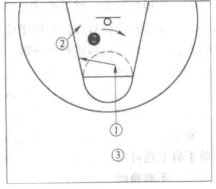

图 5-70　　　　　　　　　　　　　　图 5-71

（七）快速运球突破上篮的练习

练习方法：见图 5-72。后卫队员一组，每人持一球站在①位置上，内线队员一组站在限制区外，教练员或队员站在另一侧罚球线附近做防守。练习时，后卫队员①把球递交给内线队员②，②投篮并抢篮板球传给插中或拉边接一传的①，①接一传后快速从中路运球推进，到前场突破①的防守上篮。上篮后抢篮板球后排回原队尾。②传球后也排回队尾。

目的：提高后卫队员接一传后快速运球推进的能力和到前场一打一突破上篮的能力。

要求：（1）运球推进的速度要快。（2）到前场一打一时，尽量运用各种变速、变向、转身等运球技术，造成上篮的机会。（3）即使在对方犯规的情况下，也要力争投中篮。

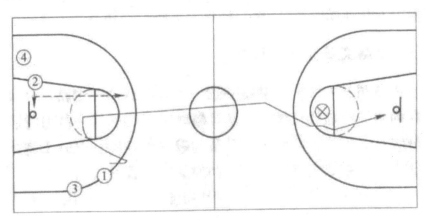

图 5-72

（八）接一传后长传球的练习

练习方法：见图 5-73。后卫队员每人持一球，站在①位置上，一内线队员站在篮下，其他队员在中线站在②位置上。开始练习时，①把球递交给篮下内线队员②，②投篮并抢篮板球传给插中接应的①，①接应后直接长传给快下的②，②接球上篮。①传球后跟进抢篮板球，然后①②各回原队尾。为加大练习密度，全队分为两大组，按上述方法从两个篮同时练习，这时①跟进抢篮板球后可排在对面后卫的位置上，而②上篮后可排在对面中线位置上。

目的：掌握接一传后的长传球技术和传球的准确性。

要求：（1）插中接应时在行进间完成接球和传球技术，不得运球。传球可用单手肩上也可用双手胸前，传球要及时到位。（2）②在①接到球时才允许起动快下，不准偷跑。

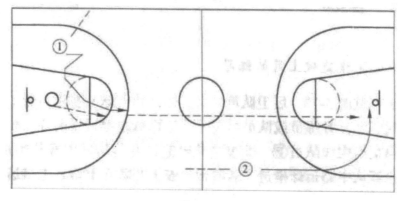

图 5-73

（九）加防守的接一传后长传球的练习

练习方法：同上一练习，只是加上防守，接应队员和快下队员都加上防守。之后①与❶攻守交换，②与❷攻守交换。

目的：在有防守的情况下，提高接应后长传球的准确性。

要求：（1）接应后，根据防守情况和快下队员摆脱的情况，可以运球，但要尽量少运球，而且必须在后场将球传出。（2）传球要及时到位。

（十）运球推进到前场后传球的练习

练习方法：见图5-74。六人一组，三人进攻，三人防守。练习时，后卫队员①和❷落在后场端线内，其他队员落在前场。进攻后卫①摆脱❶的防守接③的端线界外球后，运球向前场推进，到前场后①设法将球传给②或③，❷和❸积极防守，②或③接球，一旦②或③接到球立即投篮或突破上篮，或通过简单的配合投篮，然后攻守交换。组织教学训练安排：一种是六人一组，全队分两组，轮换练习；另一种是八人一组，全队分若干组，进攻后变防守，防守后下去休息，新上来的一组进攻，顺序轮换。

目的：提高后卫队员运球推进的能力和到前场后在有防守的情况下及时准确地传球的能力。

要求：（1）在规定的时间内必须运球推进过中场，否则算违例。（2）在前场应及时、准确地将球传给同伴。

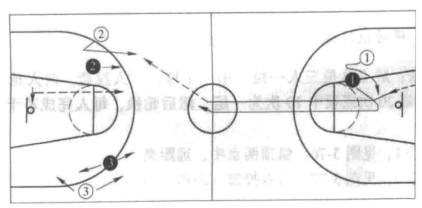

图 5-74

（十一）运球向前场推进的练习一

练习方法：见图5-75。后卫队员两人一组，一人进攻，一人防守，用一个球。❶和❷固定在后场防守，❷着重防左侧，❸着重防右侧。练习时，进攻后卫①摆脱❶的防守接教练员掷的端线界外球后，运球向前场推进，突破❷或❸与❶的夹防，通过中线。

目的：在有防守和夹防的情况下，提高后卫队员运球推进的能力。

要求：（1）在规定的时间内运球推进过中场得一分，要求完成若干分。（2）进攻队员接球后开始运球就可以夹防，但只能是两人夹防。

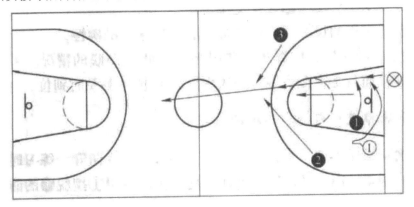

图 5-75

（十二）运球向前场推进的练习二

练习方法：后卫队员三人一组，用一个球，一人进攻两人防守，从掷端线界外球开始，两个防守队员夹防进攻队员，进攻队员摆脱接球后，运球突破过中线。三人轮换做运球推进。

目的：提高后卫队员运球推进到前场的能力。

要求：（1）在规定时间内运球推进过中场，否则算违例。（2）防守队员犯规，练习重新开始。

（十三） 移动投篮练习

练习方法：后卫队员三人一组，用一个球，一人投篮，两人抢篮板球并传球。投 10 次或 20 次或投中 10 次为一组，然后轮换，每人完成若干组。一个篮安排一组。

移动方法 1：见图 5-76，弧顶两点中、远距离。

移动方法 2：见图 5-77。五点投篮，距离为中、远。

目的：提高后卫队员中、远距离移动投篮的命中率。

要求：抢篮板的队员要快，确保投篮在一定的强度下完成。投篮者在投篮后迅速移动到下一个投篮点。

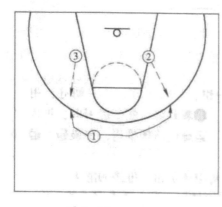

图 5-76

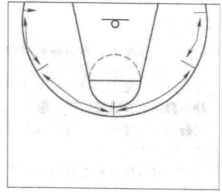

图 5-77

（十四） 半场一对一攻守练习

练习方法：后卫队员两人一组，用一个球，一人进攻，一人防守。进攻队员根据防守队员的防守情况做投篮、突破或运球急停跳投，而防守队员根据进攻队员的进攻情况采取针对性防守。一个篮可同时安排两组练习。

攻守交换方法：甲，一次攻守后交换。乙，防守成功，攻守交换。丙，连续防守成功若干次，攻守交换。

目的：提高后卫队员半场一对一的攻守能力。

要求：（1）尽一切努力进行攻防。（2）注意利用假动作为自己创造攻防机会。（3）根据攻防情况和队员特点，及时合理地使用技术。

第六章　篮球专项力量训练法

第一节　结合篮球技术动作力量训练的基本原则

现代篮球技、战术的快速发展，对时间和空间的竞争越来越激烈，比赛中进攻和防御的质量越来越高，身体接触越来越频繁，进攻和防守的转换速度是越来越快，这要求篮球运动员要具备更好的身体素质。因此，重视身体素质的培养对提高篮球运动员的技术水平具有重要意义。

而力量素质是一切运动的动力源泉，是决定运动成绩的重要因素。力量训练已经成为各国强队的重要训练内容，特别是在世界领先的欧美一流队伍中，他们对力量训练有着深刻的认识和良好的训练措施。原本比中国运动员强的欧洲和美国运动员，有着较强的跳远能力，始终保持着身体能力的领先地位，力量训练的重要性仍在不断显现。

篮球专项力量训练应遵循的一般原则如下。

一、大负荷原则

大负荷的原则是指最大肌肉力量发展时，肌肉克服的阻力应该足够大，阻力应该接近（至少2/3以上的肌肉的最大负载能力），甚至略高于肌肉能承受的最大负载。这一原则取决于的生理机制在于，因为每个肌肉内运动单元的兴奋性是不同的，当阻力负荷较小时，中枢只能调动兴奋性高的运动单位参加收缩，随着阻力的加大，参与收缩的运动单位逐渐增多。大到足以刺激中枢神经系统，运动中枢可以发出较强的信号，从而调动更多的运动单位参与同步收缩，肌肉表现出较大的肌肉张力。

二、渐增负荷原则

其原理是在力量训练中，随着训练水平的提高，肌肉所克服的阻力也应增加，以保证最大肌肉力量的不断增长。福克斯（Fox）提出合适的方法用于增加负载，以用8R量（R量：表示能重复的最高次数）负荷进行训练为例，当随着功率的增加8R的负荷逐渐可以重复8次以上，直到它可以重复12次（12R量）时，应该增加负荷，使增加负荷的重复次数又重新成为8R量。但是，对于训练水平较低或力量较弱，负荷可采用10R量，训练可为15R量的标准；若为发展绝对力量，负荷可为1R量，训练可为5R量；静力性练习可负荷为5s，训练到10s等方法。

三、专门性原则

专门性原则是指运动员所需要的特殊肌力训练应与相应的特殊技术特征相一致，也就是说，比赛动作的肌肉和群体应承担一定的负荷和发展。行为的时空过程应与行为的整体结构和局部结构相一致。注意克服比赛动作的阻力，训练动作的力度和速度应符合竞赛动作的要求。训练所练习的神经肌肉工作方式应与比赛的动作相一致，包括克制和让步，以及静态工作。训练的重复次数应与比赛动作的频率相适应。训练的内部条件应与比赛的动作相一致。篮球更多的是关于在疲劳状态下坚持比赛的能力。还要考虑参赛人员的心理需求；等等。

四、负荷顺序原则

负荷顺序原则是指力量练习过程中应考虑前后练习动作的科学性和合理性。同时进行不同种类的力量训练时，首先安排爆发力的训练，然后是最大强度的训练，最后是力量和耐力的训练。当不同的肌肉群同时训练时，主要的肌肉群在前面，次要的肌肉群在后面；上肢和下肢同时训练时，下肢在前，上肢在后；在同一部位的训练中，整体练习在前，孤立练习在后；当专业肌肉训练和辅助肌肉训练同时进行时，专项肌群在前，辅助肌群在后；调整修补训练时，可安排薄弱肌群在前，强壮肌群在后。

五、有效运动负荷原则

肌肉力量稳定提升，需要以强大的运动强度作为支撑，确保运动量足够，才能够实现肌肉纤维结构的生理性变化。针对不同类型的力量训练，可以采取不同的符合程度，这样才能够有针对性地进行训练。

六、合理训练间隔原则

合理的控制训练频率，不能让运动员长时间保持训练状态，以免影响到运动员机体的正常恢复。这两次训练之间需要停留合适的时间，这样才能够确保下一次的力量训练效果，在过度恢复期，使训练效果得以积累。

七、均衡发展和重点突出原则

促进运动员肌群的全面发展，包括上肢和下肢、前后肌群、左右侧、大肌和小肌、专门肌和辅助肌等。针对训练的不同阶段，选择合理的训练任务，这样能够确保肌肉的重点增长。

八、系统不间断原则

结合相关研究可以看出，通过训练得到的力量会短时间内快速下降，两周，如果不训练会明显就像身体力量，同样一周刺激肌肉力量两到三次，能够有效地改善肌肉力量。从这理论来看，需要进行不间断的训练，才能够保持训练效果，也能够保持最佳的力量训练状况，这就对教练员来说，提出了更大的挑战，需要合理地进行力量训练的计划，不能够训练频率过高，不准运动员身体恢复的时间，也不能训练频率过低，影响到运动员身体力量的形成。最后，运动员的实际情况和球队的具体要求需要进行阶段性的力量训练计划，教练员明确确定不同。我们的训练计划，这样才能够保持在训练过程不间断地进行力量增长。

九、区别对待原则

这对不同的运动员在不同的训练状态下，可以选择不同的训练任务，质量更加能符合运动员的实际状况，也能够让运动员在自身基础上有所提升。教练员可以根据这一实际情况来进行相应的安排，选择合理的训练内容，确定不同的训练负荷。在上面提到的三个变量中，篮球队比较难处理的一个变量是人的区别对待。CBA球队数量众多，尤其是CBA俱乐部，由于受一些场地、设施等客观因素的影响，对每个球员的计划制定相对困难。在实践中，在检验和诊断的基础上，根据运动员力量素质的主要特点，可以将2~4名相互接近的运动员分为一组。在培训中按小组实施计划是比较理想和可行的。

十、互换性原则

这一原则是指在力量训练过程中，提高力量训练质量，有针对性地进行训练方式和方法的改变，选择有效的训练手段，这样能够让训练过程更加具有趣味性，提高运动员的兴趣，也能够通过一些新颖的刺激，让运动员参与到训练中去。运动形式并非保持单一不变形式可以有效地变动，但是其本质内容不变即可。力量训练本身即为困难运动员会感觉到身体乏力，同时整个训练过程也极为枯燥，如果教练员没有进行有效的引导，那么会影响到运动员的训练积极性，而且一直采取同样的训练手段，对于运动员来说也会感觉到单调乏味。所以针对这一情况，不断地改变训练方式，这样能够有效地改善这一情况的出现，确保培训的质量。

十一、重视核心肌群原则

核心肌群主要是指连接上肢、下肢中部和躯干的肌群，包括腹肌群、腰肌群、臀肌群。这些肌肉群是人体上肢和下肢的连接环。没有这些肌肉群的保护，无论上肢力量有多强或下肢力量有多强，最终都能表现出良好的整体协调能力。在实践中，教练经常发现，一些运动员有强壮的腿，但跳跃和灵活性差。一方面，有技术的合理性和神经类型的原因。另一方面，各肌群发育不平衡，核心肌群力量不足，不能有效地将下肢力量转移到重心，促进人体加速运动。

第二节　结合篮球技术动作力量训练方法

力量训练方法的构成主要包括手段、负荷、时间间隔、组织和调节等方面。有许多不同种类的训练方法，根据不同的篮球运动员力量训练的目标主要分为最大力量训练方法，快速力量训练方法，力量、耐力训练方法和综合力量训练方法，并在此基础上，根据实践中为了进一步分化成2级、3级、4级和5级的训练方法，见表6-1。

表6-1 篮球运动员力量训练方法分级表

1级	2级	3级	4级	5级
最大力量训练法	内协调训练法 结构训练法	重复训练法 循环训练法	动静组合法 动力训练法 静力训练法	动力性克制收缩法 动力性退让收缩法 动力性克制退让收缩法 动力性等动收缩法
快速力量训练法	起动力量训练法 爆发力训练法 反应力量训练法	重复训练法 循环训练法	动力训练法	动力性克制收缩法 动力性克制退让收缩法 动力性超等长收缩法

续表

1级	2级	3级	4级	5级
力量耐力训练法	最大力量耐力训练法 快速力量耐力训练法 小力量耐力训练法	持续训练法 间歇训练法 重复训练法 循环训练法	动静组合法 动力训练法 静力训练法	动力性克制收缩法 动力性克制退让收缩法 动力性等动收缩法 动力性超等长收缩法
综合力量训练法	金字塔式训练法 混合训练法	间歇训练法 重复训练法 循环训练法	动力训练法 静力训练法	动力性克制收缩法 动力性克制退让收缩法 动力性等动收缩法 动力性超等长收缩法

表6-1中所显示的五个级别的训练方法，起决定作用的是第2、3级的各种方法。它们涵盖了训练方法的所有基本结构和环节，特别是对训练的负荷强度、负荷测量、间隔等影响训练的主要因素都给出了较为明确的规定。例如，如果我们想要发展最大的力量，我们首先选择最大的力量训练方法，然后我们进入第2级或第3级，如选择重复训练方法。重复训练法非常具体地规定了运动负荷的测量、间隔时间。在此基础上进一步选择了动态或静态的混合方法。

一、最大力量训练方法

最大力量的提高主要取决于肌肉生理横截面的发育和提高，肌肉和肌内协调能力的提高。因此，采用的2级方法包括结构训练法和内部协调训练法。我国职业篮球运动员体重不足的现状表明，在发挥最大力量的同时，可以采用增加肌肉体积的结构训练方法。当然，这也取决于不同训练阶段的任务和个人情况，肌内协调训练不可忽视。

二、快速力量训练方法

由于快速力量具有速度和力量的综合特征，一般用于提高肌肉力量的能力和肌肉收缩的速度，以提高运动员的快速力量。其中，运动员肌力能力的发展是快速力量发展的基础，而提高肌肉收缩速度是快速力量发展的决定"动力"。篮球中的大多数动作都是以快节奏或爆发力完成的。起跑速度、急停、起跳、投篮在各种情况下都需要肌肉用力能力和肌肉收缩速度，主要表现为起动力量、爆发力量、反应力等。

在最短时间内（通常不到150毫秒）最快地发挥下肢力量，称为起动力。运动实践证明：最大力量水平是起动力的基本因素。许多力量型运动员，如投掷、举重运动员，尽管其体重大大超过了100千克，也很少从事过专门的短跑训练，但他们的起动速度都非常出色。发展起动力的负荷特征是采用30%~50%的负荷强度，进行3~6组，每组5~10次，每组间歇1~3分钟。

以最短的时间（150毫秒内）和最大的加速度克服一定阻力的能力称为爆发力。在大多数快而有力的项目中，如跳远，它是一个决定性的因素。爆发力也取决于最大强度水平。所以任何发展最大力量的方法也适应于发展爆发力练习。但发展爆发力练习的负荷特征是：负荷强度一般采用70%-85%，练习组数3~6组，每组做5~6次，每组间歇3分钟。传统观点认为，爆发力训练不宜采用大负荷训练，而应采用最大力量的40%-50%的负荷训练，负荷过大会导致肌肉收缩速度降低，但训练强化的是力量而不是爆发力，如果负荷过小则会降低肌肉收缩力量，同样也影响爆发力。结果表明，大负荷的快速训练比中等负荷的训练更有利于提高爆发力。这是因为大负荷的快速训练，更有利于刺激大脑运动中枢，使运动单元发出的刺激频率和强度成倍增加，从而调动更多的快速肌纤维来工作，导致爆发力显著增长。小负荷训练既能完成快速收缩工作，又能发挥爆发力。然而，由于负荷小，中枢神经系统的刺激输入不足以诱导更高的脉冲释放频率，也不能激活大量的快速肌纤维。相反，慢速肌纤维主要被用来完成动作过程。因此，小负荷快速训练方法对提高爆发力的作用范围有限。从生理学上讲，爆发力与神经支配、肌肉负荷和肌肉收缩速度密切相关；从训练理论的角度看，爆发力与训练方式、训练负荷、训练速度和训练技巧（完成动作的合理性和协调性）密切相关。从动力学的角度看，爆发力是肌肉的瞬时爆发力，取决于肌肉力量、用力距离和用力时间。可见，爆发力的影响因素有神经系统的功能，肌肉负荷，运动速度和运动技术，为了达到最好的效果的爆发力训练，必须尽可能快速激活肌肉纤维，而肌纤维的激活和募集的顺序是固定的，即低强度练习首先激活慢肌纤维，在强度增加需要较大力量输出时，快肌纤维才被募集，所以大负荷的快速训练应该比中负荷的锻炼，更有利于提高爆发力。身体处于运动状态时，通过肌肉训练来控制运动的整体过程，也能够引起一系列的反应。说到本体感受器的刺激，然后反射修正之后实现分数线运动，这一运动过程能够让人体的反应速度更快，同时声称相应的运动能力。是练篮球运动员的爆发力需要以弹跳反应力为主。

三、力量耐力训练方法

力量耐力是既有力量又有耐力的综合性素质。它是在静力性或动力性工作中长时间保持肌肉紧张而又不降低工作效果的运动能力。运动员的力量耐力水平取决于多种因素，其中最主要的是保证工作肌耗氧和供氧的血液循环和呼吸系统的机能能力，无氧代谢的机能能力和工作肌有效地利用氧的能力，以及运动员克服自身疲劳的意志品质。根据肌肉工作的方式，力量耐力可分为动力性力量耐力和静力性力量耐力。动力性力量耐力又可细分为最大力量耐力（重复发挥最大力量的能力）和快速力量耐力（重复发挥快速力量的能力）和小力量耐力三种。发展各种力量耐力时目标不同所选择的负荷特征也不同。

四、综合力量训练法

力量训练在维持阶段或基本阶段，为了节省时间和维持以前的训练结果，往往选择一些综合训练方法来发展或维持不同类型力量的水平。如金字塔训练法，其负荷特性变化较大，所涉及的强度类型也不同。刚开始主要是中小强度耐力，然后主要是基础强度和快强度，在顶峰时主要是最大强度。每一种力量素质都是在训练过程中锻炼出来的。

第三节　篮球运动核心力量训练方法

一、核心力量的概念

目前国外对核心力量训练的研究较多，但对核心概念的界定仍存在争议。从解剖学的角度，人体的"核心"被定义为脊柱、髋关节和骨盆，它们位于上肢和下肢的交界处，起着举足轻重的作用。从这个意义上说，"核心稳定性"是指在运动过程中控制骨盆和躯干肌肉的稳定状态，从而优化动力的产生、传递和控制的能力。"核心力量"是指以稳定身体核心部位、控制重心运动、传递上下肢力量为主要目的的一种力量能力。"核心训练"主要是针对运动员的身体条件进行的稳定性训练，在动态训练基础上，若包括一些核心运动肌的训练，真能够改变如今训练手段的不足之处，和传统训练手段相比，优势更加明显。

二、核心力量的作用

在以往的篮球实践中，我国篮球教练员对体能知识和体能训练的概念重视不够。体能训练不符合具体的体能要求。健身训练缺乏系统性和计划性，方法和手段相对不足。篮球的基本技术，如投篮、传球、启动、制动、换向、过人等，都离不开核心力量。特别是急停跳投、空中变向、突破过人、身体对抗等这些篮球运动中的关键性技术动作，核心力量更是起到了举足轻重的作用。

（一）对正确完成技术动作具有关键性的稳定与支持作用

篮球运动在比赛过程中，你自身的技术水平为准，具有较高的技术水平，才能够在比赛过程中占据优势，同样战术也不可忽视，通过有效的战术配合，也能够取得比赛的胜利。运动员需要具有较长的身体素质，也能够充分发挥比赛过程中的身体价值，通过身体的协调配合以及核心力量作为保障。这篮球比赛的进行过程中，运动员会不断地消耗体力，在体力消耗达到一定水平时，会影响到运动员的注意力，导致其技术水平有所下降，攻防转换不平衡，导致运动效率明显下降，甚至运动损伤。

篮球运动员的很多动作都是在不平衡状态下完成，其技术的完成情况是人体平衡从改变到恢复正常的变化过程。通过核心力量训练，能够让运动员稳定自己的身体状态，在不平衡的条件下稳定身体姿势，上下肢协调配合，也能够调动身体的其他环节相互配合，在对抗或非对抗条件下，迅速转移重心并保持重心的平衡。核心力量保持稳定，能够更好地控制身体运动，也能够让运动员的精神保持高度集中，肌肉收缩稳定，也能够实现整体动作的灵活性。运动员的核心力量较好，也能够提高其身体素质，保持较强的平衡能力和灵活的运动效果。通过核心力量训练，能够更好地让运动员控制自己的身体姿态，也能够保持自己所做出的技术动作更加合理。

（二）对于篮球专项力量素质，核心力量训练有促进和补充的作用

在运动员训练过程中，专项力量训练不可忽视，人们在篮球运动员长时间的训练过程中也认识到了专项力量训练的重要性，专项力量的训练效果直接影响到了运动员的训练水平，也是运动员竞技能力的重要衡量，这是在运动员训练过程中，人们普遍认同的观点。任何竞技体育项目的技术和动作都不能单靠一个肌肉群完成，需要调动多个肌肉群进行协调。在这一过程中，需要动员许多肌肉群协调作用，核心肌群在稳定重心、传导力量等作用，对上、下肢的协同工作及整合用力起着承上启下的枢纽作用。在日常训练中，应充分发挥运动员自身的专项力量素质，以补充和促进篮球专项力量素质的提高。

（三）核心力量训练可以提高篮球运动员的机体工作效率

篮球比赛过程中很多技术性动作需要通过地面将力量传递给肢体，然后通过法律来完成，这就需要重视核心力量的训练，让运动员从腿部到身体躯干，所有力量相互融合，促进身体各个部位的协调配合，更好的全身协调，完成技术动作要求。稳定的核心力量训练极为重要，能够更为合理的控制技术动作。

篮球运动需要运动员全身肌肉参与进行比赛，尤其是在比赛过程中，需要运动员保持高度注意力集中，整体的身体动作协调，爆发力快，躯干力量强。它能把身体的各个部分有机地结合起来，更好地协调上下肢体。然而，受传统训练理念的影响，篮球运动在运动员的训练过程中，一直极为重视专项力量的训练，但是却忽视了运动员素质训练，素质训练几乎并不安排多少科目，相应的和谐力量训练科目也较少。篮球运动项目专项能力和技术训练固然重要，也是整个训练的

主要部分，但是并非是全部内容，篮球运动本身属于技术和战术相融合的竞技类项目，如果忽视运动员的素质训练，尤其是核心力量训练，很有可能出现运动员本身的身体素质问题，导致运动员出现一些运动损伤影响到后续的训练：由于运动员身体力量较弱，缺乏躯干支撑力量，导致上肢和下肢不协调，动作缺乏爆发力，会影响到一些技术和战术的发挥。教练员在平时训练中注意对运动员核心力量的训练，然后以多元的身体能够更加协调，这样在之后的比赛过程中，也能够节约自身的身体力量，有效地改善机体效率，同时也能够保持在比赛过程中的技术水平，取得最好的成绩。

（四）核心力量训练可以有效地预防篮球运动中的运动损伤

随着篮球运动的职业化发展，发掘运动员的运动潜能，预防运动损伤已成为教练员和运动员共同的训练和比赛主题之一。篮球运动的中锋队员常常出现体能薄弱、躯干支撑力量缺乏、腰肌劳损的现象，而腰肌劳损的部位正好在核心部位，对腰肌训练的目的尽管不是提高运动过程中身体的稳定性和控制能力，但可以间接地达到此目的。人体的躯干和骶关节为下肢发力与对抗阻力提供了稳固坚实的支撑。作用于膝关节的几块肌肉源于髋部，如果核心区的力量不足，髋部肌群运动模式改变，在下蹲和腾空落地后会形成膝关节外翻，使膝关节对抗外翻力量的机械结构功能性不足，从而容易导致膝关节前十字韧带损伤。目前大多数膝关节康复计划都强调躯干肌群力量和髋部肌群力量的训练。因此，核心力量在预防运动伤病和伤后恢复治疗方面具有重要意义，尤其是腰背部与膝、踝关节部位。

三、篮球运动核心力量训练方法

核心力量训练主要是对于身体核心区域的能力训练，包括稳定性和功能性训练两个方面。对于篮球运动员来说，核心力量训练重点是核心稳定性的训练，然后能够有效地完成比赛过程中的技术动作，要求一共能性训练图为目的来更好地完成技术动作，从稳定性训练入手选择符合篮球运动项目特点的训练活动。就和篮球运动员的根本需求来进行有效的练习训练，以便于能够将功能性训练和力量训练进行结合，充分发挥了就运动员神经肌肉系统的功能，也能够为促进技术动作的完成提供必要的力量支持。

第七章 篮球战术教学与训练

篮球的运动战术是在技术的基础上形成的，是技术的综合运用。篮球战术的运用对于篮球运动的结果起着非常重要的作用，因此，战术在篮球运动中是非常重要的，这就要求在篮球运动中一定要注重战术意识的培养以及战术水平的提高。我们通常可以将篮球运动战术分为进攻战术和防守战术。

第一节 篮球战术教学的特点与实践方法

一、篮球战术教学的特点

篮球战术教学是一个较为复杂的过程。它有自身的特殊性和规律性，篮球战术教学的特点主要是由上述特征所决定的。此处仅从以下几个方面分析。

（一）技术是构成战术的基础

篮球战术的实现不仅有一定的战术意识的支配，而且要有队员和队员之间合理地运用技术才能完成。篮球战术依赖于一定数量和质量的技术，没有技术就没有战术，战术是技术表现的组织形式。所以，队员要不断提高、完善和更新技术。因为技术是队员进行比赛的手段，队员掌握的技术愈全面、熟练、准确、实用，战术的实现就愈有保证。就战术本身而言，也是技术动作组合的方法，需要通过队员和队员之间在一定的时机、地点、条件下运用，才能构成战术。所以技术是战术的基础。

（二）基础配合是战术教学的重点

篮球战术所表现出的特征要求战术教学中必须切实抓好这些基础配合的学习和磨炼，以达到炉火纯青的程度。由于构成基础配合的环节有固定的模式，并且对每一环节都有具体的要求，所以在教学中就应紧紧抓住这些，使学生能够理解它的战术含义，并且在具体行动中自觉地执行。如传切配合、掩护配合，从形式上看比较固定也比较简单，但对两个配合队员的要求较高，稍有失误，配合就会失败。这样的基础配合只有在平时的教学中反复练习，并根据内容提出要求，才可能真正掌握，才能够在比赛中运用得准确、及时、合理，才可能根据场上的情况使战术的变化更加丰富多彩，使整体战术水平得以提高。

（三）战术意识的培养是战术教学的重要环节

战术意识的培养和提高，是篮球战术教学中的一个难题。战术意识是一种思维活动、智力活动，它表现为快速地对比赛的客观现实的判断、分析和要采取战术行动做出决定。因此，战术意识的培养和提高需要采取多种形式和方法，要从点点滴滴做起，要使学生在头脑中清楚为什么要向这跑而不能向那跑，为什么要向这一侧传球，而不向另一侧传球，以及在进行战术配合时的具体要求，逐步培养提高学生对各种情况的观察、分析、判断和决策能力。培养他们的战术思维能力和正确地思维方法，使战术意识达到一定的水平。

（四）理论教学指导战术训练教学

学生对篮球战术的学习和理解仅靠实践课是不够的。要能够使学生懂得"所以然"，并使其成为指导自己的战术行动，进行战术理论课的讲授是必不可少的，系统地向学生传授篮球战术知识，进一步阐述战术原则的正确性，战术阵形的排列及各个不同位置的职责，结合重大比赛中的典型战例，运用黑板、图片、战术沙盘和各种现代化电教手段来进行战术分析，帮助学生建立正确的概念和战术认识，使学生直接感觉他们存在的问题和错误，这是战术理论的主要任务。只要把理论课和实践课有机地结合起来，使学生通过战术理论课的学习更加明确篮球战术的各项内容、原则、要求，再加之学生的理解消化和独立思考，才有可能在实践课中有目的、有意识、自觉地按照战术的要求去行动，达到事半功倍的教学效果。

二、篮球战术的教学实践方法

篮球战术的教学任务，是使学生掌握战术方法并在比赛中运用。由于篮球战术是以篮球技术为基础的，因此，战术教学应与技术教学相结合。战术内容丰富，教学中应按以下步骤进行。

（一）建立战术概念，掌握战术方法

1.建立完整的战术概念

教师首先要对具体战术的概念、特点、运用目的、攻守战术之间的矛盾关系

等进行讲解，使学生对该战术有初步的概念。然后对该战术的落位阵型、移动路线、配合方法、配合顺序、队员职责、同伴协同行动，以及该战术的变化规律进行讲解和演示，使学生对所学战术的组织形式和战术方法有基本的了解和认识，以建市完整的战术概念。讲解和演示时，可使用图示、沙盘、电影、录像等进行直观教学，也可在球场上假设攻守的方式试做，让学生实际体会战术阵型、位置分工、移动路线和配合方法，启发学生的战术思维，培养战术意识。

2.掌握局部战术配合方法

全队战术是由局部战术构成的，掌握局部战术是学会伞队战术的前提。教学中要根据全队战术发展的一般规律，把伞队战术分解为几个阶段或几个部分，有序地进行重点教学。如学习快攻战术，把短传快攻分为发动与接应、推进和结束三个阶段，分别进行局部战术教学。这样，既保证了战术的连续性，又解决了战术中的局部问题，为掌握伞队战术打下了基础。局部战术练习时，要注意局部与局部之间的衔接，也要注意适时进行攻守对抗条件下的练习。

3.掌握伞队战术方法

伞队战术方法是在局部战术配合的基础上进行的。教学中可按照伞队战术的要求进行，从消极的攻守对抗到积极的攻守对抗，熟练掌握伞队战术的配合方法。全队战术对学生的个人技术、局部配合能力和战术意识的要求较高，学习中发现问题要及时地、有针对性地解决，以提高全队战术的质量。

（二）提高攻守转换和综合运用战术的能力

1.提高攻守转换的能力

在练习中，当进攻结束时，无论对方抢到篮板球或掷界外球，应立即封堵与退守，落位并调整防守阵势，迅速转入全场或半场防守。当防守结束时，获球后应直即转入反击，首先发动快攻，如果快攻受阻再转入阵地进攻。攻守转换要迅速、流畅。进行攻守转换练习时，可先组织二攻二守、三攻三守、四攻四守，然后进行伞队攻防练习。可采用多种方法，培养学生攻守转换意识，提高攻守转换的速度。

2.提高综合运用战术的能力

根据学生掌握战术方法的数量和质量，以及攻守转换能力的高低，可逐步要求学生有策略地运用多种战术。如在一个防守回合中，在前场采用全场紧逼，后场改为半场盯人或区域联防；在半场防守时，区域联防可变为对位联防或半场盯人防守。攻守双方根据对方的战术变化相应地改变战术打法，可以提高综合运用战术的能力。

（三）提高战术运用和应变能力

在篮球战术教学中，应通过教学比赛或课外比赛，让学生在竞赛实践中进一步掌握战术方法，使他们能根据对手情况选择和运用战术，并能在比赛中根据战局变化改变战术打法，提高应变能力。教师应在比赛前提出要求，进行引而不发的指导，帮助进行赛后总结，理论联系实际，提高学生的战术水平和战术意识。

（四）发现与纠正错误

1.及时发现错误

发现错误是纠正错误的前提。这就要求教师要有对错误的观察和判断能力。这种观察和判断能力来自对篮球战术的深入研究，来自多学科理论的积累，来自长期教学经验的总结，来自对教学工作的敬业精神。教师应该准确把握正确战术的结构和表现形式，把握战术的关键，对战术的细节要了如指掌。这样，当学生一旦出现错误就会立即被发现。

2.分析错误产生的原因

当教师发现了学生的错误时，不一定能立即判断出产生错误的原因。学生的个体差异较大，同样的错误可能是由不同的原因造成的。分析产生错误的原渊是纠正错误的基础。因此，教师必须运用自己的知识和经验，细致准确地分析，找出错误发生的原因。教师要对具体情况进行具体分析，对难以找出原因的错误要采用录像分析、生物力学分析等手段。只有正确地分析产生错误的原因，纠正错误才能更有针对性，效果才显著。

3.纠正错误

纠正错误的方法很多。这些方法可以单独使用，也可以结合使用，但必须具有针对性，达到"药到病除"的效果。

（1）讲解示范法。讲解示范法主要用于纠正因概念不清，没有建立正确战术表象而产生的错误。讲解要生动形象，启发学生的思维。示范可以用完整、分解、慢动作、正误对比等方法，示范的位置可采用正面、侧面、背面、镜面等。

（2）诱导法。采用动作结构与正确技术相似但较为简单的练习手段，帮助建立正确技术的运动感觉。诱导法包括语言诱导、模仿诱导、外力诱导等。

（3）变换法。对一些难度大的技术或战术，可以改变练习方法，降低练习难度，分解技术动作或改变练习环境，使错误动作得到纠正。

（4）鼓励法。鼓励法主要用于纠正因恐惧心理而产生的错误。鼓励法可以与变换法同时使用，降低练习难度，在学生完成难度较小的动作后予以鼓励和表扬，使他建市完成正确技术的信心，然后逐渐加大难度，使其完成战术学习。

（5）暂停练习法。对某些学生的错误动力定型难以纠正，可以停止他对某个动作的练习，使他对某个错误动作"忘却"一段时间，以达到纠正错误的目的。

（6）限制法。采用限制性手段，迫使学生按照教师的意图去完成技术或战术配合，以达到纠正错误的目的。可以设置标志，限制学生的行动路线或动作幅度；限定学生完成战术的时间；限制练习时运用战术的种类或方式；用特殊的教具限制学生的动作等。

纠正错误时候，要以正面教育为主，要有耐心，同时要抓住主要矛盾即主要错误进行纠正，对普遍性错误采取集体纠正的办法，个别学生的错误采取单独纠正的办法。在课堂中教会学生发现错误，分析产生错误的原因，纠正错误的方法，使学生学会在老师不在场的情况下，自己或互相纠正错误，提高他们分析和解决问题的能力。

第二节　篮球防守战术教学与训练

一、防守配合的教学方法

（一）关门配合教学方法

1.关门配合的脚步动作练习

【目的】使学生掌握关门配合时的脚步动作。

【方法】队员两人一组按照老师要求做关门配合时的脚步动作练习。

【要求】"关门"时，两人要向后同时撤步，重心不要过高，脚步动作快而有力。

2.在进攻队员配合下的练习

【目的】使学生掌握关门的时机与运用技术的方法及关门时位置的选择。

【方法】⑥传球给⑤后到⑤的位置，跟随⑥移动，⑤接球后传给④后到④的位置。④运球突破，⑤和⑥做关门练习。之后④到⑥的队尾，⑤到的原来位置。（图7-1）

【要求】关门的时机要选择好，注意手的动作，不要犯规。

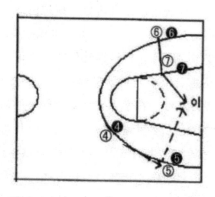

图7-1　进攻队员配合练习示意图

3.在进攻条件下的练习

【目的】改进关门配合时技术动作方法，提高学生关门配合的能力。

【方法1】半场三防三练习，三名队员在外围相互传球，寻找从两名防守队员之间突破机会。除了要防住自己的对手外，还要协助邻近同伴进行"关门"，不让对方突破到篮下。当进攻者突破不成把球传出时，"关"队员还应快速分开去防自己对手。

【要求】根据对手有球或无球情况，及时选择有利的防守位置。

【方法2】半场四防四练习方法与要求基本同方法一。

【要求】开始练习时，在消极进攻条件下进行，当学生掌握关门配合方法后，可加大进攻的难度，以提高防守者关门配合的能力。

4.在比赛条件下练习

【目的】提高学生突分配合的应变能力。

【方法1】在半场人盯人防守情况下的关门练习。

【方法2】在联防情况下的关门练习。

【要求】"关门"时不要犯规，回防要迅速。

（二）挤过、穿过、交换防守、补防配合教学方法

1.半场徒手练习

【目的】改进学生挤过、穿过、交换防守时的脚步动作。

【方法1】两人一组并排站立，一人经过另一人身前时做挤过步或穿过步练习。

【要求】做挤过时跨步要快速有力，身体要紧贴。

【方法2】队员三攻三守，三个进攻队员之间相互做掩护，可先后顺次做挤过、穿过、交换防守配合。

【要求】当进攻者掩护时，一定要有提醒信号，脚步动作要快速。

2.半场结合球的练习

【目的】提高学生依球的位置来进行穿过、挤过、交换防守的配合能力。

【方法1】一进攻队员传球给另一进攻队员后，立即进行侧掩护，两名防守队员做穿过、挤过和交换防守的配合。

【要求】脚步动作要快，防守配合时要判断好球的位置。

【方法2】教师在弧顶外持球，其他三名队员在底线轮流做定位掩护，练习挤过、穿过、交换防守。

【要求】交换防守练习时，防守被掩护的队员要根据球的位置快速转身，抢在被掩护者的前面并干扰接球。

【方法3】换补练习，一防防守队员被进攻队员运球突破后，发出补防信号，

另一防守队员突然移动到进攻队员的前进路线上进行堵截，漏人的防守队员快速跑到另一进攻队员前进行防守。

【要求】发信号要及时，补防时要站在突破者前进的路线上进行防守，或制造对手撞人犯规，漏人的防守队员要快速抢占有利位置截断回传球。

3.半场二对二或三对三练习

【目的】提高学生在对抗条件下防守配合的能力。

【方法】在半场二对二或三对三练习中，进攻一方采用传切、突分、掩护等配合，防守一方根据教师的要求进行防守基础配合练习。

【要求】进攻队先在慢速中进行练习，当防守者基本掌握防守基础配合方法时加快进攻的速度。防守者发出的信号要及时，所采用的防守基础配合要坚决，要充分利用身体进行防守，但不要犯规。

（三）夹击配合教学方法

1.夹击配合的脚步练习

【目的】使学生掌握夹击配合时的脚步动作。

【方法】一名队员原地持球，两名队员相距持球队员3~4米，做迎上夹击脚步练习。

2.在进攻协助下的练习

【目的】使学生掌握夹击时手、脚的动作方法及夹击最佳的区域。

【方法1】中线与边线夹角处夹击练习，一队员运球，跟追防守，当这名队员运球接近中线时，立即迎上夹击。

【方法2】底角夹击练习，一队员传球给在底角的另一队员时，和配合上前的队员一齐夹击底角的这名队员，同时要及时切断传球路线。

【方法3】边线夹击，一队员把球传给另一队员后，这名队员沿边线突破，这时该名队员要快速堵截他的运球，也尾随紧迫和同时配合夹击。

【要求】夹击区域一定要在中线、边线相交的场角，堵截队员要抢先站在运球者的移动路线上，注意手、脚的配合，不要犯规。

【方法4】对内线队员夹击练习，一队员持球防守，另一队员切入篮球下接球，前一队员应回撤与夹击。

【要求】回撤要快速，和夹击时尽量贴紧持球者，并积极干扰传球。

3.在积极进攻条件下的练习

【目的】在进行夹击配合时，以提高学生对时机、位置的选择及配合能力。

【方法】一进攻队员传球给摆脱接应的队员，并运球突破，防守队员放边堵中，迫使进攻队员沿边线运球。当运球临近中线时，防守队员及时迎上迫使进攻队员停球，两防守队员与夹击该名进攻队员。球在前场时，一防守队员对应防守进攻队员，当夹击快要形成时，快速后撤。

【要求】防运球的队员应堵中放边，夹击时首要任务是封堵传球路线造成失误。

4.在教学比赛条件下练习

【目的】在对抗条件下提高学生夹击配合的运用与应变能力。

【方法1】在半场人盯人或联防条件下练习，根据教师的要求或信号可在边线、底角和对中锋夹击。

【方法2】在全场紧逼人盯人条件下练习，根据教师的要求或信号在中线或中线与边线夹角处进行夹击。

要求夹击要及时果断，注意补防和轮转换位。

（四）围守中锋配合教学方法

1.在消极进攻条件下练习

【目的】使学生掌握根据球的位置围守中锋的站位方法。

【方法】中锋在内线站立，三名队员在外线传球，根据球的位置进行围守中锋的练习。开始练习只是外线相互传球，当围守中锋站位基本掌握时，可把球传给内线。

【要求】当中锋接到球时，可进行夹击封堵，当中锋把球传出后要立即根据球的位置变化防守。

2.在积极对抗条件下练习

【目的】提高学生围守中锋的配合及应变能力。

【方法1】外线队员相互传球，寻找机会将球传给篮下中锋，这时要根据自己所防守对手有球或无球的情况及时调整防守的位置。当对手有球时，上前积极封堵不让其顺利传球；当无球时，及时回撤协防中锋。

【要求】开始练习时，两名进攻者原地传接球，熟练后则交叉换位，中锋也可移动接球。封堵传球和协防中锋时脚步要快速，夹围中锋时要充分利用身体占据有利位置，避免犯规。

【方法2】两名队员相互传球，寻找机会向中锋传球，当一名队员传球给另一名队员时，防守队员绕前防守中锋，这时中锋队员用后撤步接高吊传球，防守弱侧的要及时移动补防争取断球。

【要求】绕前防守，补防的时机为中锋刚要接到球时。

二、防守基础配合综合练习

(一) 半场一对一练习

【目的】使后卫队员、前锋队员和中锋队员正确调整防守位置，既要助守中锋，又要及时回防原来的对手，以发展攻击性防守技术。

【方法】练习时，外围三名队员传球，防守队员根据球和进攻队员的位置进行练习。

【要求】脚步动作要快速，球始终在防守者的视野之中。

(二) 半场二对二练习

【目的】使防两侧前锋的队员配合默契，并兼顾球和对手的进攻行动。

【方法】两名教练员在不同位置上传球，要求进攻人在底线或罚球线一带做交叉掩护，也可在任一侧前锋位置做掩护。防守队员要相互呼应，合理利用防掩护配合控制对手。攻方出现掩护配合摆脱防守时，教练员把球传给摆脱的进攻队员，该队员再回传球给教练，达到一定传接球次数后可进行二对二比赛，防守队员防守成功达到规定次数后，攻守交换。也可在后卫间、前锋与中锋、中锋与后卫等组成的二对二攻守配合中反复进行练习。

【要求】刚开始练习时，可按规定的破掩护方法进行练习，然后再根据对手进攻情况灵活地运用破掩护的方法。

(三) 半场三对三练习

【目的】提高防掩护及进行"关门"、补防和夹击等防守配合的能力。

【方法】教练员传球，两名后卫与一名前锋组织进攻配合。一名后卫摆脱接球后，防守他的队员迫使其向中路运球，争取同伴在适当时机"关门"或夹击。当突破分球给另一后卫时，防守者快速回防，这时前锋做后掩护，后卫运球经外侧突破，要求喊"换人"，防守者积极抢占前锋与球之间的位置，防止后卫将球传给前锋。在配合时，要人球兼顾，缩回补防篮下或补断后卫与前锋之间的挡拆配合。防守成功达到规定指标后攻守交换。练习也可在前锋与中锋、中锋与后卫之间进行练习。

【要求】每次练习都要对攻守双方提出具体要求，交替轮流组织中锋与两名前锋、中锋与两名后卫、中锋、后卫与前锋等不同组合形式和不同区域的三对三攻守配合练习。

(四) 全场四对四练习

【目的】提高学生防守基础配合的应变能力，提高全队防守质量。

【方法】全场练习时，先在半场四对四练习，进攻队投中仍在半场进攻。在另半场准备四人防守，一旦攻方失掉球，原防守队立即反击快攻，由攻转守的组练习夹击防守，到中线后返回，另半场四名队员交替防守，反复进行。在上述的练习中，教师应对"关门""挤过""交换防守""围守中锋""夹击"等防守配合提出不同的要求。

【要求】攻守转换要迅速，进行各种防守配合练习时，开始要有所侧重，然后可灵活运用，并注意犯规。

（五）全场五对五练习

【目的】提高防守基础配合的质量。

【方法】采用联防；半场人盯人防守；全场人盯人防守和前场盯人；后场联防的不同形式练习。在练习中可提出规定（如夹击成功加1分，围守中锋成功得1分，破坏掩护配合成功得1分，补防成功得1分）来提高防守配合的质量。

【要求】攻击转换的速度要快，减少不必要的犯规。

三、防守基础配合教学易犯错误及纠正方法

（一）"关门"配合易犯错误及纠正方法

【易犯错误1】对持球突破队员进攻意图判断不准，时机掌握不好。

【纠正方法】明确讲解与示范关门的时机，练习中应注意判断时机的能力培养。

【易犯错误2】配合时移动路线不合理，动作过大或过猛，造成犯规或漏洞。

【纠正方法】反复强调"关门"的主要目的是造成对方失误，不要犯规，正确示范防守时的位置路线和手脚的协调配合。

【易犯错误3】配合时的位置、距离选择不当，配合效果差，配合成功后，调整防守速度慢。

【纠正方法】通过信号刺激，指出如何回防，提高配合质量。

（二）挤过、穿过、交换防守配合易犯错误及纠正方法

【易犯错误1】配合不默契、协防能力差。

【纠正方法】反复讲解与示范防守掩护配合的方法和要求，在练习中强调协防能力的培养。

【易犯错误2】技术动作运用不合理、不正确，易造成犯规或贻误时机。

【纠正方法】在二对二、三对三的练习中，强调技术动作正确运用的意义。先在慢速中体会配合动作，逐渐提高动作速度。教师在配合时，发出"撤步""快上""跟上""换防"等信号，以帮助完成配合。

【易犯错误3】配合成功时，不能及时调整防守位置和有效地防住对手。

【纠正方法】讲解配合后继续防守对手的重要性和必要性。教师应站在配合的位置上帮助调整继续防守的位置和距离，使队员处于积极主动且具有攻击性的位置上。

（三）夹击配合易犯错误及纠正方法

【易犯错误1】防守队员对进攻队员的意图判断不准确，配合时机掌握不好，造成防守失利或犯规。

【纠正方法】反复讲解判断意图和选择时机的方法，通过语言刺激，帮助完成配合。

【易犯错误2】位置和距离选择不当，移动速度慢。

【纠正方法】重复示范配合时两队员移动路线、位置、距离及身体和手部的姿势与技术的正确运用。

【易犯错误3】身体和手臂动作伸展不开，夹击配合空间范围小。

【纠正方法】讲明夹击时其他队员的位置与移动和断球的时机及技术要求。

【易犯错误4】其他队员不善于及时补位或抢断球。

【纠正方法】在慢速和规定路线条件下进行练习。

（四）围守中锋易犯错误及纠正方法

【易犯错误1】中锋很容易接到球。

【纠正方法】反复强调积极封堵外围传球是使中锋接球困难和非常重要的环节。进一步讲解与示范封堵外围传球，侧前与绕前防守中锋的动作方法，选择三对三、四对四练习，反复实践。

【易犯错误2】中锋接到球后围守不及时，犯规多。

【纠正方法】进一步讲解与示范围守中锋的动作方法，特别要讲明在围守中正确运用腿、躯干、手臂的动作、方法，在对抗练习中随时提醒围守的时机。

四、防守基础配合教学与训练建议

1.应狠抓配合意识、配合时机、配合位置、配合路线及配合技术动作的训练和提高。要求迅速果断，避免犯规。

2.应强调配合后继续防守对手的训练，使之继续保持防守的积极性、合理性。

3.应注意合理地运用语言信号，如"防守""换防""不换"等，鼓动情绪和提高配合效果。

4.注意进攻与防守配合的密切协作，互相促进，共同提高。

第三节　篮球进攻战术教学与训练

一、进攻战术的配合方法

（一）传切配合

传切配合的方法有：一传一切配合——指持球队员传球后，利用起动速度或假动作摆脱防守，向篮下切入接回传球的配合；空切配合——指无球队员掌握时机、摆脱对手，切向防守空隙区域接球投篮或做其他进攻配合。

1.徒手跑路线练习

（1）徒手跑路线练习。

【目的】使学生熟悉传切配合时的跑动路线，掌握切入时的跑动方法。

【方法】学生分为2组，进行徒手的横切或纵切练习。

【要求】切入前要有假动作，切入时起动要突然，要面向球快速切入。

（2）3人一组空切练习。

【目的】使学生熟悉传切配合时的跑动路线，掌握切入时的动作方法。

【方法】学生分3组进行徒手的横切与纵切练习。

【要求】切入前要有假动作，切入时起动要突然，切入时要面向球。

（3）结合传接球跑路线练习。

【目的】使学生掌握切入时的跑动方法及传球的时机。

【方法1】学生分为2组，一学生做投篮或持球突破假动作，当另一学生空切篮下时，迅速将球及时传球给切下的学生投篮。

【方法2】学生分为2组，一学生传球给另一学生后立即快速切入篮下接其的回传球投篮。

【要求】切入前要有假动作，切入时要突然快速，传球时要有假动作，根据同伴切入情况及时地传球，要做到人到球到。

（4）3人一组结合传接球跑路线练习。

【目的】使学生掌握切入的动作方法，明确切入时机。

【方法】学生分为3组，④传球给⑤后立即进行横切，⑤传球给⑥后立即进行纵切，⑥传球给⑦后立即进行横切。按上述方法循环练习。（图7-2）

【要求】切入时要面向球，要突然和快速。传球后做假动作，当同伴接到球时（作为切入信号）立即切入。

（5）二、三人传切配合练习。

【目的】使学生掌握切入与传球时机，提高学生传切配合时切入与传接球的能力。

【方法1】学生分为2组，④传球给⑤后做假动作然后变向切入按⑤的回传球投篮，⑤传球后跟进抢篮板球或补篮，④与⑤交换位置，依次进行练习。（图7-3）

【要求】切入动作突然快速，传球及时隐蔽到位。

【方法2】学生分为3组，④、⑤各持一球，④传球给⑥后从右侧切入接⑤传球投篮，⑤传球给④后，横切接⑥传球投篮，④、⑤投篮后自抢篮板球传给本组另一人。按逆时针方向换位，连续进行练习。（图7-4）

【要求】④、⑤切入动作要突然快速，⑥传球要及时隐蔽到位。

【方法3】学生分为3组，④传球给⑤时，⑥空切到篮下接⑤传球投篮，⑤传球后跟进抢篮板球，按顺时针方向轮转换位依次进行练习。（图7-5）

【要求】⑥当④球离手一刹那快速空切到篮下接⑤传球投篮。

【方法4】学生分3组，④把球传给⑤时，⑥空切穿过限制区接⑤传球时，④空切至篮下接⑥的传球投篮，⑤跟进抢进攻篮板球。按顺时针方向轮换位置，依次进行练习。（图7-6）

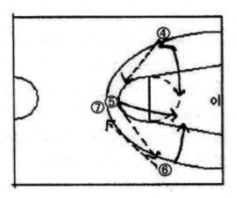

图7-2　3人一组结合传接球跑路线练习示意图

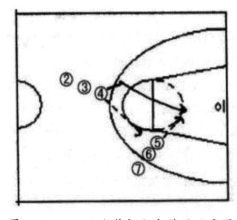

图7-3　二、三人传切配合练习示意图1

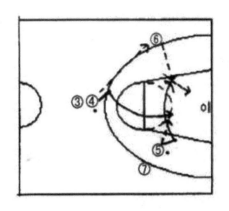 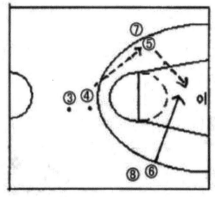

图7-4 二、三人传切配合练习示意图2 图7-5 二、三人传切配合练习示意图3

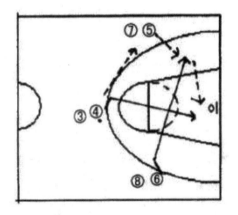

图7-6 二、三人传切配合练习示意图4

2.有防守情况下的练习

（1）半场一对一练习。

【目的】改进切入动作，提高快速切入能力。

【方法】把球传给教练员并用假动作摆脱教练员后，快速切入篮下接教练员的球投篮。

【要求】假动作要逼真，变向要突然，切入要快速。

（2）半场二对二练习。

【目的】提高学生快速切入和隐蔽传球的能力。

【方法1】一学生持球，另一名学生摆脱后接同伴的传球后运用假动作吸引防守者，当前面学生摆脱切入时，另一名学生应及时传球给切入学生投篮。然后，进攻变防守。

【要求】当传球出手的一刹那，应立即做假动作摆脱切入。另一名学生要有假动作吸引防守者。

【方法2】无球学生接球前应摆脱防守，当一学生传球给同伴后应先向左下压，然后从右侧切入接同伴的回传球投篮。如堵截切入路线，则可立即从左侧切入篮下接同伴的回传球投篮。

【要求】接球前必须运用假动作摆脱防守，切入队员要根据防守情况快速选择切入的路线。

（3）半场三对三练习。

【目的】进一步提高传切配合能力，增加学生的配合意识。

【方法】当⑤摆脱防守的同时，⑥也开始摆脱防守，并根据⑤的位置向右横切，或由底线插到篮下接⑤的传球投篮。（图7-7）

【要求】⑤接④的球后要有瞄篮动作来吸引防守者，⑥最后在⑤接球的一刹那，出现在有利的接球位置上。

通过上述练习后，当学生基本掌握了传切配合方法时，可组织半场二对二、三对三教学比赛来巩固和提高传切配合的应用能力。

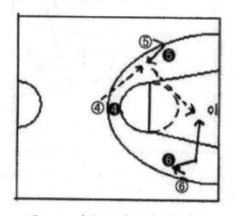

图7-7 半场三对三练习示意图

（二）掩护配合

掩护配合是掩护队员采用合理的行动，用身体挡住同伴的防守者的移动路线，使同伴借以摆脱防守，或利用同伴的身体摆脱防守而接球进攻的一种配合方法。

掩护时，掩护队员跑到同伴的防守者前、后或侧面，保持适当距离（要符合规则要求），两脚开立，膝微屈，两臂屈肘于胸前，上体稍前倾，扩大掩护面积。当同伴利用掩护摆脱防守时，掩护队员要及时转身跟进，准备抢篮板球或接回传球。

掩护配合可以由无球队员给有球队员掩护，也可以由有球队员给无球队员掩护和无球队员给无球队员掩护。

1.掩护配合的方法

（1）前掩护：是掩护队员站在同伴的防守者前面，用身体挡住防守者向前移动的路线，使同伴借机摆脱防守的一种配合方法。

（2）后掩护：是掩护队员站在同伴的防守者身后，挡住防守者的移动路线，使同伴借以摆脱防守的配合方法。

（3）侧掩护：是掩护队员站在同伴防守者侧面，用身体挡住防守者的移动路线，使同伴借以摆脱防守的一种配合方法。

2.掩护配合的要求

（1）掩护时，队员的身体姿势要正确，距离要适当，动作要合理，行动要隐蔽。

（2）被掩护的同伴要利用假动作配合行动，当同伴到达掩护位置时，摆脱对手的行动要及时、突然、快速。

（3）两人要配合默契，及时行动，并根据情况变化，及时应变，争取第二个攻击机会。

3.掩护配合的练习方法

（1）徒手做掩护的跑动路线练习（以侧掩护为例）。

【目的】熟悉掩护路线、位置，掌握掩护方法。

【方法】全队分成2组，依次到老师身旁做侧掩护跑动路线练习。

【要求】掩护者掩护时首先要有摆脱防守的假动作，并与防守同伴的队员保持适当距离。

（2）结合传接球的掩护配合练习（以侧掩护为例）。

【目的】掌握掩护方法，提高掩护配合质量。

【方法1】全队分成甲、乙2组，甲组每人持一球，甲一学生传球给乙一学生后到老师旁做侧掩护，乙另一学生运球突破上篮。

【方法2】全队分成甲、乙、丙3组，乙组每人持球，甲一学生传球给丙一学生后到老师旁做侧掩护，乙一学生切入并接丙一学生的传球投篮。

【要求】注意掩护动作，传球要及时。

【方法3】2人一组，相距6米。一学生传球给另一学生后去给其做侧掩护，接球后，先向右做跨步切入假动作，当前一学生掩护到位时，应及时向另一侧斜前方切入，然后传球给做掩护后转身跟进的学生，再去给其做掩护。如此交替进行练习至对面篮下投篮，再返回。

【要求】注意掩护距离，当运球队员超过掩护队员一刹那时，掩护队员要快速转身跟进。

（3）在有防守情况下的练习。

【目的】掌握正确的掩护动作方法，提高掩护配合的质量。

【方法1】一学生持球，另一学生摆脱后给持球队员做侧掩护，让其运球突破上篮。

【要求】切入前要先做吸引对手的动作，掩护者到位时运球突破，掩护人注意转身跟进。

【方法2】一学生把球传给一固定学生后，给一同伴做侧掩护，让其摆脱防守后切入篮下接传球投篮。

【要求】切入要突然、快速。

【方法3】一学生运球给一同伴做运球掩护，让其做摆脱动作后跑到运球同伴前再利用他的掩护投篮。

【要求】运球掩护时要先转身挡人，后传球。要有摆脱动作，要紧贴同伴切入传球。

（三）策应配合

策应配合是指进攻队员背对篮筐或侧对篮筐接球，由一队员做枢纽，与同伴相配合而形成一种里应外合的配合方法。

1.策应配合要求

策应者要及时抢位要球，接球后，两手持球于胸前，两肘外展保护球。策应者如果身材高大，也可把球置于头上，要随时观察场上情况，以便及时把球传给处于最有利位置的同伴，同时要把握自己的进攻机会，根据攻防情况，处理好内外结合的关系。在策应时，要用转身、跨步等动作协助同伴摆脱防守或个人进行攻击。配合队员要根据策应者的位置，及时把球传到远离防守的一侧，做到人到球到，并设法摆脱防守，准备接球。配合结束（投篮）后，两人立即跟进抢篮板球。

2.策应配合的练习方法

（1）策应配合基本练习。

【目的】掌握策应动作方法及传球时机。

【方法】一队员传球给插到外策应位置的队员后做摆脱动作切入篮下。

【要求】插上动作要迅速，传球要及时，切入要突然。

（2）无防守情况下策应配合练习。

【目的】掌握策应技术动作和策应配合时机，以提高学生策应配合能力。

【方法1】一队员传球给插到内策应位置的队员后，迅速切入篮下接同伴的回、传球投篮。

【要求】策应位置要正确，传球要及时。

【方法2】一队员持球，另一同伴插到罚球线做外策应，这时持球队员把球传给外策应同伴后，跑到同伴前面接其的传球投篮或运球切入篮下。

【要求】插入策应位置时要果断，传球要及时，策应人转身跟进要及时。

（3）在有防守情况下策应配合练习。

【目的】提高学生策应配合时的应变能力。

【方法1】一队员传球给另一队员后，迅速绕切接其传球后运球突破上篮。该队员传后转身跟进，准备接同伴回传球投篮或抢篮板球。

【要求】运球突破时应与同伴的距离尽量缩短，当同伴运球超过自己一刹那时，注意转身挡人并及时跟进。

【方法2】一队员传球给同伴后绕切篮下，同伴在绕切后转身面向球篮，把球传给切入篮下的队员投篮，传球后跟进抢篮板球。

【要求】必须转身挡人，面向球篮把球传给同伴。

【方法3】一队员传球给同伴后绕切时，同伴向传球队员做假传球并突然向该队员切入的反方向转身投篮或快速运球突破上篮。

【要求】要有传球的假动作，要快速切入篮下，拉空进攻区域，以便给同伴更好的攻击的机会。

上述有防守练习开始时可在消极防守下练习，当学生基本掌握配合方法时，可加大防守的难度来提高策应配合时的应变能力。

（四）突分配合

突分配合是持球队员突破后，利用传球与同伴配合的方法。是一队员突破后，遇到另一队员迎上补防，立刻把球传给切入篮下的这一队员，其接球后投篮或与其他同伴配合。

1.突分配合的要求

突破要突然、快速，在突破过程中既要做好投篮的准备，又要随时注意观察场上攻守队员的位置和行动，以便抓住有利战机，及时、准确地把球传给有利进攻的同伴。

2.突分配合的练习方法

（1）无人防守情况下原地持球突分配合练习。

【目的】提高学生"分球"技术及"跟进"的时机。

【方法1】一队员从中路持球突破，在限制区内传球给切入的队员。

【方法2】全队分为3组，一队员从底线持球突破，传球给切入的队员。

练习要求：传球要果断，方法要多样（直传、反弹、背后、点拨、假投篮变传球等），跟进队员不要过早地进入限制区。

（2）接传球快速突分配合练习。

【目的】改进学生接球后突破技术，提高突分配合能力。

【方法】基本同上，只是在原地持球突破前进行一次传接球。

【要求】接传球后立即快速突破，不要走步，当突破队员突破起动时，跟进队员立即做摆脱动作跟进。

（3）在有防守情况下的突分配合练习。

【目的】提高学生突分配合的应变能力。

【方法1】一队员接教练员传球后向篮下运球突破，当遇到补防时，将球分给移向空位的队员，该队员接球投篮。

【要求】接球前要做摆脱动作，突破时保护好球，移向空位的队员要及时突然移动至空隙地区接应。

【方法2】一队员由45°角处运球突破，遇夹击或"关门"时，另一队员应及时横向移动，接其的回传球进攻。

【要求】要摆脱防守接球，突破要快速，跟进接应要及时。

上述练习开始在消极防守情况下练习，当学生掌握突分配合的基本方法时可加大防守的难度，在半场二对二、三对三对抗中练习，也可在全场五对五的教学比赛中对突分配合提出特殊的要求来进行练习。

二、进攻基础配合综合练习

（一）半场三对三练习

1.两名后卫、一名中锋。

【方法1】④、⑤为两名后卫，⑥为中锋，④号传球给插到外策应位置的⑥后，给⑤做侧掩护，⑤切入接⑥回传球投篮，如⑤接球时机不好，⑥传球给包切过来的④投篮。（图7-8）

【要求】中锋插上要突然，后卫传球要及时、到位，切入时机和包投时机要掌握好。

【方法2】④、⑤为两名防守，⑥为中锋，⑤传球给④，利用⑥的定位掩护切入篮下接④传球投篮。如④接球时机不好，④传球给⑥投篮或④传球给⑥后利用⑥的掩护进行包投。（图7-9）

【要求】掩护质量要高，传切要快速和突然，中锋掩护完成后要快速调整位置，随时准备接球进行攻击。

2.一名后卫、一名中锋、一名前锋

【方法1】④为后卫，⑤为边锋，⑥为中锋，⑤在底线持球突破，遇到防守时传球给插入限制区的中锋⑥投篮，或传给跑到边线与底线夹角处的后卫④投篮。（图7-10）

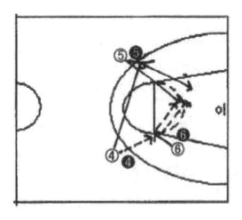 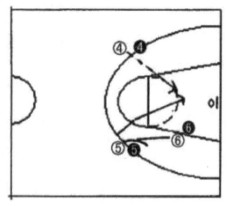

图7-8半场三对三练习1方法1示意图　图7-9半场三对三练习1方法2示意图

【要求】突破分球要隐蔽，跟进插入要及时。

【方法2】⑤利用⑥的定位掩护，从底线切入接④的传球投篮，⑥做完定位掩护后立即插入到外策应位置，接④传球投篮。（图7-11）

【要求】定位掩护质量高，传接球及时，掩护后应及时调整位置接球投篮。

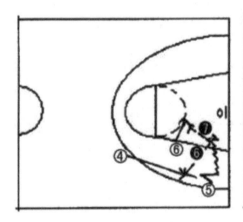 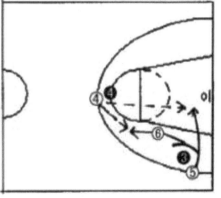

图7-10　半场三对三练习2方法1示意图　图7-11　半场三对三练习2方法2示意图

（二）半场四对四练习

1.二名中锋、一名后卫、一名前锋

【方法1】⑥、⑦为两名中锋，④为后卫，⑤为前锋，④传球给⑤时，⑦插入外策应位置接④的传球投篮，或传给插入限制区的⑥投篮，也可传球给包切过来的⑤或④投篮。（图7-12）

【方法2】④传球给⑤后利用⑦的定位掩护切入篮下接⑤的传球投篮，如没有机会给⑥掩护，当④没有接球机会时，⑤传球给⑦或⑥投篮，⑥利用④的掩护切入限制区投篮。（图7-13）

上述练习要求：策应位置正确，切入及时、突然，传球做到"人到球到""球到人到"。

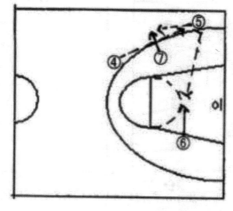

图7-12 半场四对四练习练习1方法1示意图

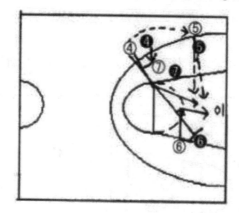

图7-13 半场四对四练习练习1方法2示意图

2.一名中锋、两名前锋、一名后卫

【方法】④为后卫，⑤、⑥为前锋，⑦为中.锋，④传球给⑤时，⑥从另一侧溜底，利用⑦的定位掩护接⑤的传球投篮，或与⑦进行二对二的攻击。（图7-14）

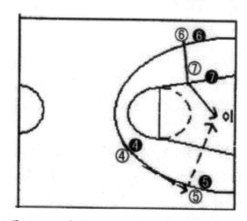

图7-14　半场四对四练习练习2示意图

（三）半场五对五练习

方法与要求：配合形式与四对四基本相同。但要求突出重点地进行练习配合，要有具体的标准和计分评定，在接近或超过实战强度的情况下做竞赛练习，包括完成练习效果评价，必要时停下来进行指导。大多数练习要有附加规则，对强调的重点配合给予较高分值，充分体现其目的性、实践性和教育性。

以上三对三、四对四、五对五的半场练习，可在全场有针对性地进行。

三、进攻基础配合教学易犯错误及纠正方法

（一）传切配合教学中易犯错误及纠正方法

【易犯错误1】进攻选位距离近，攻击范围小，配合难以成功。

【纠正方法】反复讲解与示范传切配合的落位要求，明确进攻队形和方法。

【易犯错误2】假动作不逼真、不合理，真假变化慢。

【纠正方法】明确及讲解假动作的种类和合理运用的意义，在练习中对合理运用假动作提出要求和方法上的指导，应采用模仿性练习，并抓住重点、难点而反复练习。

（二）掩护配合教学易犯错误及纠正方法

【易犯错误1】发动掩护配合时机的判断不及时、不准确和协作能力差。

【纠正方法】反复讲解与示范掩护配合的时机、位置、技术动作的运用及要求。

【易犯错误2】被掩护者在配合中不能合理、及时地运用假动作吸引防守者。

【纠正方法】采用徒手、慢速的方法或运用语言信号刺激，以帮助学生掌握运用时机、方法等。

【易犯错误3】掩护者掩护的位置不当，技术运用不合理，掩护后的转身接应不及时，易造成犯规或失去进攻的机会。

【纠正方法】注意抓掩护配合中的基本技术规格和实际运用效果。

（三）策应配合教学易犯错误及纠正方法

【易犯错误1】策应队员摆脱、选位、抢位不主动、不及时。

【纠正方法】反复讲解配合及技术要求，划出策应位置，教师以语言信号提醒队员。

【易犯错误2】外围队员传球后切入动作慢，动作变化少。

【纠正方法】空切动作要突然、快速，采用划出切入路线的方法，帮助切入者练习。

【易犯错误4】配合时队员间位置、距离不适宜，不善于变化其他配合。

【纠正方法】反复讲解与示范配合的位置、距离及动作方法要求，采用固定策应位置，规定切入路线的方法，以帮助提高策应配合的效果。

（四）突分配合教学易犯错误及纠正方法

【易犯错误1】进攻落位较近，不易造成突破机会。

【纠正方法】要讲清如何根据攻防的不同情况合理选位，强调配合的时机、路线、方法，采用固定位置的练习，以帮助完成配合。

【易犯错误2】持球突破后分球技术、方法运用不合理，简单、僵硬、效果差。

【纠正方法】多组织选择突破与分球的结合练习，教师可对突破分球给以不同的条件限制，以提高完成配合技能。

【易犯错误3】配合队员摆脱防守选位时机不当（过早或过迟），距离不适宜（太近或太远）。

【纠正方法】多次讲解、示范，配合队员判断掌握摆脱防守的时机和方法，明确指出跟进、插上的位置和距离。采用语言信号，以帮助提高配合质量。

四、进攻基础配合教学与训练建议

（一）进攻基础配合的教学

首先从教传切配合开始，再教空分配合，后教掩护配合，最后教策应配合。在教掩护配合中，先教无球队员之间的掩护，再教有球和无球队员之间的掩护；先教原地掩护，后教行进间掩护；在教策应配合时，先教2人配合，后教3人配合。

（二）教进攻基础配合

应遵循战术教学的一般步骤，让学生了解不同的配合特点、运用的位置、配合的路线、关键的动作、配合的时机和应变的方法。

（三）强调配合意识和完成配合的质量

注意变化和节奏，以不断提高运用和应变能力。

第八章　篮球运系统性体能训练研究

体能是运动员技战术水平得以发挥的基础，篮球运动充满激烈的对抗，篮球运动员必须具备良好的身体素质才能在激烈的攻守对抗中充分发挥自己的技战术水平，进而达到获胜的目的。因此在篮球运动训练体系中，体能训练居于基础地位，必须要给予高度重视。本章主要就篮球运动系统性体能训练展开研究，主要内容包括体能训练理论与篮球体能训练要求、基础体能训练方法设计以及篮球专项体能训练方法设计。

第一节　体能训练理论与篮球体能训练要求

一、体能训练基础理论

（一）体能训练的概念

体能训练是指通过结合专项需要和合理负荷的动作练习，促进运动员身体形态改善，器官系统机能提高，运动素质发展，进而促进运动成绩不断提高的过程。

（二）体能训练的基本原则

1.系统性原则

系统性原则指的是运动员在体能训练的过程中，通过体能发展的内在规律对自己的训练过程进行科学合理的规划，并且长期不间断地坚持训练。

在体能训练过程中贯彻系统性训练原则应做到以下两点要求：

（1）要对整个训练过程进行系统规划。

（2）对训练过程中不同发展阶段的体能训练从各个方面做出系统安排。

2.全面性原则

全面性原则指的是在发展专项运动技能的前提下，全面安排和充分发展运动员的各项运动素质，通过体能训练使运动员各方面素质得到全面而均衡的发展，即全面发展运动员的身体形态、身体机能、身体素质以及心智。

专项运动素质与技能的发展建立在一般运动素质的基础之上，只有进行全方位的安排才能更好地创造这种条件与可能，使专项所需要的素质得到充分发展。

3.个性化原则

个性化原则指的是在确定训练目的、选择运动项目、安排运动时间和运动负荷时，要将运动员个人和外界环境条件的实际情况作为主要参考依据，结合运动员的个体差异，因人而异地安排训练。

个性化原则是进行体能训练的根本要素，一定程度上对训练效果起决定性作用。坚持个性化原则实际上也就是要求在进行体能训练时，一切从实际出发，有针对性地进行训练。

4.自觉积极原则

自觉性原则指的是对于已设定的行为目标，运动员采取的一种主动性行为。体能训练实际上也是运动员克服自身惰性，战胜各种困难，下定决心通过自我训练达到完善自身的目的的一个过程。在体能训练过程中，运动员只有养成自觉的训练习惯而不是被动参与训练，才能在获得愉快运动训练体验的同时，取得良好的训练效果。

（三）体能训练的内容

1.身体形态训练

（1）身体训练。身体训练方法对改善运动员身体形态有重要的意义，身体训练方法必须科学、系统、适合专项需要。

（2）专项训练。运动员的身体形态是否适应专项特点，满足专项需要，直接影响其专项运动水平和运动成绩，而科学合理的专项训练手段能够改善运动员专项所需的身体形态。

（3）形体训练。芭蕾、舞蹈、持轻器械体操、健身操等特定的形体训练也有利于运动员良好运动姿态和身材的形成，能够促进运动员协调能力、节奏感的提高。

2.身体机能训练

身体机能训练涉及各个系统，如心肺系统、肌肉系统、免疫系统、神经系统等，这些系统又各自包含不同的要素，因此身体机能训练中涉及的内容非常多，如图8-1所示。

3.运动素质训练

运动素质包括力量、耐力、速度、柔韧性等内容，这些要素相互影响，关系密切，因此在训练中要注意训练的整体性，如图8-2所示。

在运动素质训练中，不同的训练内容又有自己的结构体系（图8-3），体能训练的整体性要求在训练中根据训练需要和目标尽可能展开各个方面的训练，从而实现运动素质的正迁移。

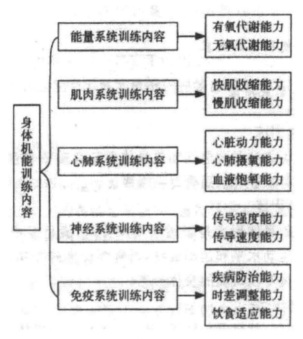

图 8-1

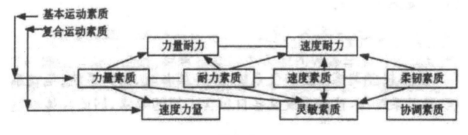

图 8-2

在运动素质训练中，必须深刻地认识到力量素质是训练的基础，为了更好地提高运动员力量素质训练的效果，需先了解力量素质的内容与分类，从而保证训练的全面性与系统性，具体内容与分类如图8-4所示。

同一分类中力量素质的各项内容之间相互影响（图8-5）了解不同类型力量素质的关系，能够为力量训练方法与手段的科学选择提供基本依据。

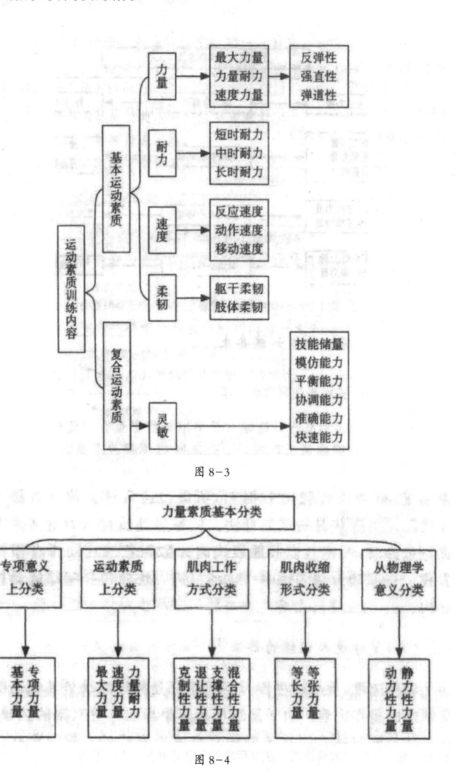

图 8-3

图 8-4

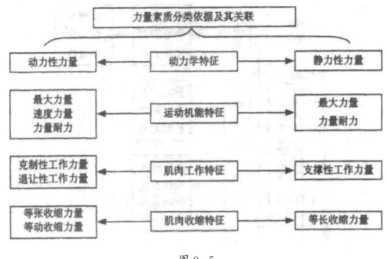

图 8-5

二、篮球体能训练要求

(一) 篮球力量训练的要求

篮球运动员进行篮球力量训练的前提是在与篮球运动专项特点相符的情况下进行。以篮球急停起跳力量为例，下蹲的力量性质与其就有很大的差距。如果篮球运动员的缓冲力量不足，就会导致膝关节损伤，所以说通常认为伸膝力量不足导致膝关节损伤是错误的看法。篮球运动员在对力量训练方法进行选择时，要注意在收缩肌肉时采取与篮球运动特点相符的方式。在基础力量训练中所选的训练方法要符合篮球运动技术结构。

(二) 篮球速度训练的要求

动作速度、反应速度以及移动速度是篮球运动员基础速度素质训练的重点内容。由于篮球场是一个范围十分有限的区域，因此运动员要对这一区域内影响自身速度素质的主要因素有一个清楚的认识。运动员躯干的固定平衡力量和髋、膝、踝三个关节的爆发力以及上肢的摆动力量是影响运动员速度素质的主要因素。鉴于这几方面的影响因素，在篮球运动速度素质训练中应注意以下几点：

（1）培养运动员对时空的反应判断能力。

（2）对动作频率重点训练。

（3）要在训练前期安排速度训练。

(三) 篮球耐力训练的要求

篮球运动耐力训练需要注意以下几方面的要求。

（1）促进有氧耐力的增强是提高篮球运动员基础耐力水平的关键。

（2）专项耐力的训练要在篮球运动的耐力训练中重点突出。

（3）有氧耐力的训练是准备阶段前期重点发展的耐力素质，无氧耐力需要在赛前阶段重点发展。

（4）进行篮球基础耐力训练需要制订长年计划。

（四）篮球柔韧训练的要求

篮球运动要求运动员具有良好的协调性与灵活性。儿童时期尤其要注意发展柔韧素质，因为这一时期的儿童的软组织质量有利于发展柔韧性，柔韧训练的时间越早，取得的效果就越好。

篮球运动员需要长期坚持柔韧素质训练，这样才能取得持久的效果。运动员需要在每次篮球体能训练中做一些拉伸性的练习，也需要通过专门的柔韧练习课来提升自己的柔韧性。

（五）篮球灵敏训练的要求

篮球运动员需要提高各个技术动作的准确性，通过其他素质的练习来发展自己的灵敏素质。

第二节　基础体能训练方法设计

一、力量素质训练方法设计

（一）肩部力量训练

1.颈前推举

身体直立，两手握杠铃于锁骨处，握距同肩宽，手臂向上伸直将杠铃推起，然后慢放还原（图8-6）。

图 8-6

2.颈后推举

两手反手握杠铃于颈后，手臂伸展向上举起杠铃，然后慢放还原（图8-7）。

图 8-7

3.直臂侧平举

自然直立，两手各持哑铃垂于体侧，两臂伸至侧平举，快上慢下（图8-8）。

图 8-8

4.头上推举

两脚开立，两手各握一个哑铃，屈臂置于肩上，手臂迅速向上伸展，将哑铃推举至头顶上方，慢慢放下还原（图8-9）。

图 8-9

（二）颈部力量训练

1.背桥练习

头、脚支撑在地面，仰卧或俯卧姿势，腰腹部向上挺，两手在胸腹部，使身体反弓成"桥"或腹部向下，以额头（或头顶）和脚趾支撑于地面，臀部上提成"桥"（图8-10）。

图 8—10

2.双人对抗练习

两人一组，同伴在练习者前额围一块毛巾，一手拉住毛巾两端，一手扶在练习者肩胛部。练习者上体固定，向前向下低头，对抗同伴后拉毛巾（图8-11）。

图 8—11

（三）手臂力量训练

1.坐姿弯举

坐在凳端，两腿自然分开，一手握哑铃，另一手掌置于持哑铃手侧的膝关节上部，握哑铃手臂伸展，将肘关节的上部置于膝关节处另一侧的手背上，上臂固定，慢速屈肘至胸前，然后再有控制地恢复预备姿势（图8-12）。

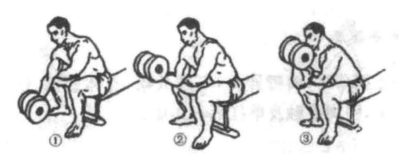

图 8-12

2.手腕屈伸负重练习

两手反握杠铃或哑铃，前臂分别贴在两大腿上，手腕伸出位于膝关节外。手腕围绕额状轴上下旋卷，手腕卷屈幅度尽量大；或者采用正握杠铃的方法进行练习，见图8-13。

图 8-13

（四）腹部力量训练

1.支撑举腿

双手支撑在双杠上，两臂伸直，身体伸展，下肢放松，双脚并拢，收腹举腿至水平位，然后还原（图8-14）。

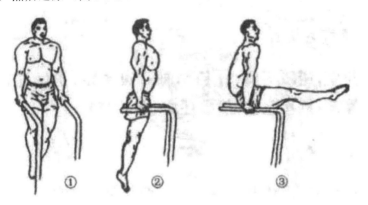

图 8-14

2.悬垂举腿

两手正握单杠，两臂伸展，下肢放松，身体悬垂，依靠收腹力量直腿上举，使脚腕触及单杠后再还原。

（五）胸部力量训练

1.仰卧扩胸

仰卧在垫子上，两手持哑铃，两臂在身体两侧伸直，直臂慢速将哑铃举至胸的正上方，然后慢速还原（图8-15）。

图 8-15

2.俯卧撑

直臂双手俯卧撑地，两手间距稍宽于肩，伸腿并脚，脚趾撑地，屈臂下俯，再还原。两臂力量提高后，将两脚置于高台上进行练习。

（六）腿部力量训练

1.下蹲腿后提铃

两脚开立，屈膝下蹲，杠铃与脚后跟紧贴，正握杠铃，蹲起直臂提铃于臀部，挺胸直背，然后还原（图8-16）。

2.卧抬上体

俯卧在台面，上体从一端探出，两手置于头后，上身下俯，然后快速向后向上抬上体，有控制地慢速还原，反复练习（图8-17）。

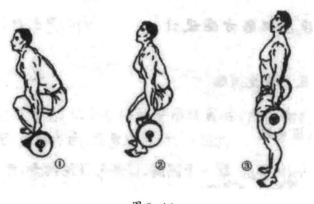

图 8-16

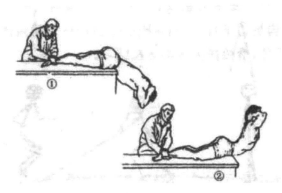

图 8-17

3.负重深（半）蹲跳

双脚开立，身体直立，双手握杠铃扛于颈后，屈膝半蹲快速蹬伸，髋膝踝充分伸展，向上跳起，落地时保持半蹲或深蹲（图8-18）。

图 8-18

二、速度训练方法设计

（一）反应速度训练

1.反应起跳

如图8-19所示，画一个圆圈，圈外分开站两人，练习者站在圈内圆心处，手持竿长超过圈半径的竹竿向圈外人脚下划圆，圈外人在竿经过自己脚下时迅速往上跳起，避免被打中，若圈外人起跳不及时，脚被竹竿打中，则在圈内扮演持杆者的角色，原来的持竿者站到圈外，继续按同样的方法练习。

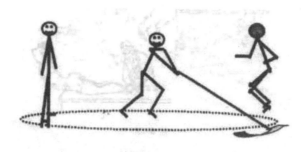

图 8-19

2.压臂固定瑞士球

如图8-20所示，在长凳上立腰直背坐立，一侧手臂水平向同方向伸出，手掌将瑞士球压住。同伴向侧面不同方向拍球，练习者手用力按压，防止球移动。

图 8-20

（二）动作速度训练

1.横向飞鸟

两脚左右开立，双手在体前平举杠铃片，向两侧打开手臂直至最大限度，然后还原，反复练习（图8-21）。

图 8-21

2.纵向飞鸟

双脚左右开立，双手在体侧持握杠铃片，直臂快速举到头顶，然后还原，反复练习（图8-22）。

图 8-22

3.仰卧快速伸臂

在瑞士球上仰卧，双手持哑铃迅速向上直臂举起。上臂固定不动，保持片刻，然后下放到头两侧。休息片刻，再进行屈肘练习（图8-23）。

直臂练习与屈肘练习交替进行。

图 8-23

4.仰卧双腿快速提球

仰卧，身体在地面上，双腿在瑞士球上，用一根绳子将双踝系在一起，保持球的固定。两臂在身体两侧的地面上向斜下方向伸展，掌心贴地面。两膝发力向胸部靠近，直至大腿与地面的夹角稍大于直角，反复进行练习（图8-24）。

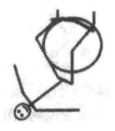

图 8-24

5.双杠快速臂撑起

双手抓在双杠上支撑身体，两手间距离约同肩宽。屈肩、屈肘，身体下移，然后臂部发力再次将身体撑起，反复练习（图8-25）。

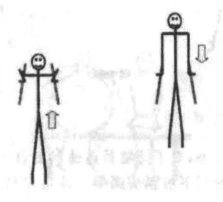

图 8-25

6.仰卧屈腿快速转腰

在垫子上仰卧，双手将脑后的横杆握住，膝盖弯曲，腹部收缩发力，使髋快速向两侧转，让腿贴紧垫子。反复进行练习（图8-26）。

图 8-26

7.俯卧快速伸背

在长凳上放好瑞士球，练习者俯卧在球上，双手将凳子两侧抓住，两脚腾空。头、颈自然放松，臀部肌肉发力，双腿上抬，直至与髋、肩成一条直线（图8-27）。

图 8-27

8.绳梯连续交叉步

两脚左右开立，两臂向左右两侧充分伸展，脚跟踮起，前脚掌撑地，向左侧或右侧快速移动身体。以向左侧移动为例，左脚先左移，右脚前交叉移到身体左侧，反复练习（图8-28）。

图 8-28

9.快速内拉腿

将瑞士球置于体侧，同侧脚放在球上，将阻力滑轮绳索或胶带系在踝关节上。支撑腿膝、髋稍屈。球上的脚向身体方向移动，慢慢弯曲靠近身体，反复练习（图8-29）。

图 8-29

10.侧卧腿绕环

在斜板上侧卧，身体充分伸展，上侧腿尽量大幅度绕环，然后换腿练习，交替进行（图8-30）。

图 8-30

11.扶墙快速踝屈伸

双手扶在墙上，一脚踮起，脚尖着地，脚背贴在另一脚脚后部。身体向墙慢慢靠近，双臂保持稳定以支撑身体，还原，如此反复进行踝关节屈伸练习，左右脚交替进行（图8-31）。

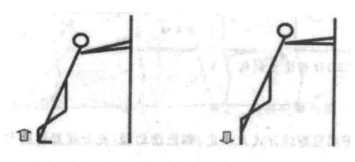

图 8-31

12.负重交换腿跳

将轻杠铃放在肩上，双手握杠铃杆两侧。快速起跳，双腿位置相互交换，反复练习（图8-32）。

图 8-32

13.抱头旋转

屈膝弯腰，上体约平行于地面，两手交叉在脑后抱头，朝同一方向快速旋转15秒左右，然后直走10米左右，重复练习（图8-33）。

图 8-33

（三）位移速度训练

1.高抬腿伸膝走

按照短跑的方式大步走，高抬摆动腿，充分屈膝使脚与大腿靠近（图8-34）。

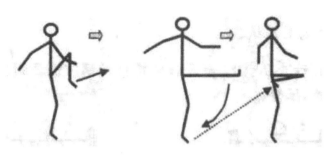

图 8-34

2.踮步高抬腿伸膝走

参考高抬腿伸膝走的训练方法，注意支撑腿要加上踮步，并尽可能抬高摆动腿的膝关节（图8-35）。

图 8-35

3.踮步高抬腿伸膝走拉胶带

把胶带一端系在脚踝上，另一端固定在地面上。然后参考踮步高抬腿伸膝走的训练方法进行练习（图8-36）。

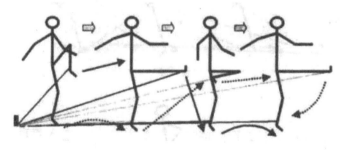

图 8-36

4.踮步折叠腿大步走

按照短跑的方式充分摆臂大步走，摆动腿充分弯曲，后蹬腿要加上踮步动作（图8-37）。

图 8-37

5.踮步折叠腿大步走拉胶带

把胶带一端系在脚踝上，另一端固定在地面上。然后参考踮步折叠腿大步走的训练方法进行练习（图8-38）。

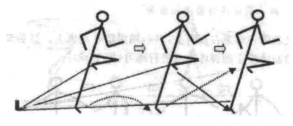

图 8-38

6.弓箭步纵跳

弓箭步准备，垂直起跳，落地还原，反复练习（图8-39）。

图 8-39

7.跑台阶

以跑的形式连续上台阶（图8-40）。

图 8-40

8.沙滩跑

在松软沙滩上快速跑动（图8-41）。

图 8－41

9.下坡跑

在坡度为3°~7°的下坡跑道上快跑（图8-42）。

图 8－42

10.陡坡上坡跑

在坡度为20°~35°的上坡道上快速跑（图8-43）。

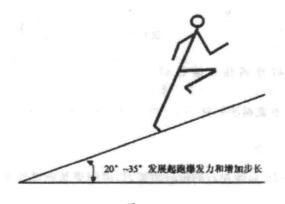

图 8－43

11.拖降落伞跑

绳索的一端系在腰部，另一端系在降落伞上，拖着降落伞快速跑（图8-44）。

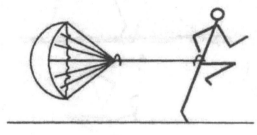

图 8-44

12.身体前倾起跑

双脚并立，身体向前倾，直到快要失去平衡时快速向前跑（图8-45）。

图 8-45

三、耐力训练方法设计

（一）有氧耐力训练

1.定时跑

进行15分钟左右的定时跑练习，时间更长一些也可以，保持50%~55%的练习强度。

2.定时定距跑

先选择练习距离，然后定时跑完，如选择的距离范围为3600~4600米，用18分钟左右的时间跑完。

3.重复跑

在跑道上进行重复跑练习，距离、次数与强度以专项任务与要求为依据进行安排，保持50%~60%的练习强度。

4.沙地连续走或负重走

在海滩上进行徒手快走或负重走练习。

5.5分钟以上的循环练习

选择8~10个练习动作组成一套循环练习，每组循环时间至少为5分钟，共循环练习3~5组，每组之间有5~10分钟的休息时间，保持40%~60%的练习强度。

（二）无氧耐力训练

1.高抬腿跑转加速跑

行进间高抬腿跑20米左右转加速跑80米。反复练习5~8次，每次间歇2~4分钟。

2.反复超赶跑

在田径场跑道或公路上，10名练习者成纵队慢跑或中等速度跑，听到口令后，排尾加速向排头跑。每名练习者重复6~8次。

3.间歇接力跑

4名练习者成两组在跑道上相距200米，听到口令后起跑，每人跑200米交接棒。每名练习者重复8~10次。

4.反复起跑

站立式（或蹲踞式）起跑30~60米。每组3~4次，反复练习3~4组，一组两次之间间歇1分钟，两组之间间歇3分钟。

5.反复变向跑

在场地上听口令或看信号做向前、后、左、右的变向跑。变向跑的每一段落均为往返跑，每一段至少50米。每次练习2分钟，反复练习3~5次，间歇3~5分钟。

6.计时跑

可做短于专项距离的重复计时跑或长于专项距离的计时跑。重复4~8次，间歇3~5分钟。

7.法特莱克跑

以不同的速度在场地上跑3000~4000米，可采用阶梯式变速方法。

8.反复连续跑台阶

在每级高20厘米的楼梯上连续跑30~40步台阶，每步2级，动作不能间断。反复练习6次，间歇5分钟。

9.两人追逐跑

两名练习者一组，在跑道上相距10~20米。听到口令后起跑，后面练习者追赶前面同伴，800米内追上有效。休息3~5分钟，交换位置继续练习。重复练习4~6次。

10.往返运球跑

在篮球场地上从一端线运球到另一端线，然后换手运球返回，往返6次为一组，练习4~6组，组间安排2分钟休息时间。

四、柔韧训练方法设计

（一）各关节柔韧训练

1.肩关节柔韧训练

（1）向内拉肩。站姿，一臂肘关节抬到齐肩高，屈肘与另一臂交叉。另一臂抬到齐肩高将对侧肘关节抓住，呼气，向后拉，保持片刻（图8-46）。

（2）向后拉肩。站姿，双手在背后掌心相贴，手指向下，吸气，手腕转到手指向上。吸气，双手向上移到能力极限，并将肘部向后拉，保持片刻（图8-47）。

图 8-46　　　　　　　　　图 8-47

（3）背向拉肩。背墙站立，双臂向后直臂扶墙，与肩同高。呼气，屈膝下移重心，手臂和上体充分伸展，保持片刻（图8-48）。

（4）握棍直臂绕肩。站立，双手握木棍。吸气，直臂从髋前部向上绕到髋后。再绕回（图8-49）。

图 8-48

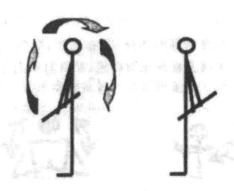

图 8-49

（5）助力顶肩。跪姿，双臂上举，双手交叉于身后的辅助者颈后。辅助者手扶在髋部触碰对方肩胛部位，后仰，用髋部向前上顶，保持片刻（图8-50）。

图 8-50

（6）助力转肩

一臂屈肘90°侧举，同伴帮助固定肘关节，向后推手腕，保持片刻（图8-51）。

图 8-51

2.腕关节柔韧训练

（1）跪撑侧压腕。跪姿撑地，手指指向体侧。呼气，重心缓慢向前、后方向移动（图8-52）。

图 8−52

（2）向内旋腕。站立，双手合掌，臂伸直。呼气，手腕内旋，双手分离（图 8-53）。

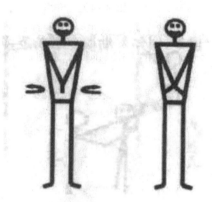

图 8−53

3.髋关节柔韧训练

（1）身体扭转侧屈。站姿，左腿伸展、内收，在右腿前交叉。呼气，上体右侧屈，双手争取去触碰左脚跟，保持片刻（图 8-54）。

图 8−54

（2）仰卧髋臀拉伸。平卧，外侧腿从台子上向下移到悬垂空中。吸气，内侧腿屈膝，双手抱膝缓慢拉向胸部，保持片刻（图 8-55）。

图 8-55

（3）台上侧卧拉引。侧卧，双腿伸展。呼气，一腿直膝分腿后移，悬在空中，保持片刻（图8-56）。

图 8-56

4.踝关节柔韧训练

（1）跪撑后坐。跪姿，双手撑地，双脚并拢脚掌支撑。呼气，臀部向后下方移，保持片刻（图8-57）。

图 8-57

（2）踝关节向内拉伸。将一腿小腿移到另一腿大腿上。一手把踝关节上部小腿抓住，另一手把脚外侧抓住。呼气，并向内拉引踝关节外侧，保持片刻（图8-58）。

图 8-58

（3）上拉脚趾。将一腿小腿移到另一腿大腿上。一手将踝关节抓住，另一手将脚趾和脚掌抓住，保持片刻（图8-59）。

图 8-59

（二）各部位柔韧训练

1.颈部柔韧训练

（1）前拉头。双手在头后交叉。呼气，向下拉头，下颌触碰胸部，保持片刻（图8-60）。

（2）团身颈拉伸。身体由仰卧举腿团身，头后部和肩部承受身体重量，双手膝后抱腿。呼气，将大腿向胸部拉，膝和小腿前部触地（图8-61）。

图 8-60   图 8-61

2.胸部柔韧训练

（1）坐椅胸拉伸。双手头后交叉。吸气，双臂后移，上体上部后仰，拉伸胸部，保持片刻（图8-62）。

（2）直臂开门拉胸。在一扇打开的门框内，双脚前后开立，双臂向斜上方伸直顶在门框和墙壁上。双手掌心对墙。呼气，身体前倾拉伸胸部，保持片刻（图8-63）。

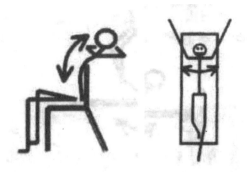

图 8-62   图 8-63

（3）跪拉胸。跪姿，身体前倾，前臂交叉高于头部放在台子上。呼气，头部和胸部下沉，直到触地，保持片刻（图8-64）。

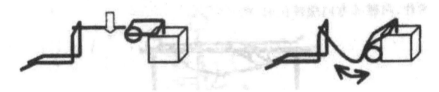

图 8-64

3.腹部柔韧训练

（1）上体俯卧撑起。俯卧，双手掌心向下、手指向前放在髋两侧。呼气，用手臂撑起上体，头后仰，形成背弓，保持片刻（图8-65）。

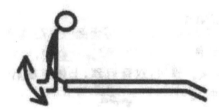

图 8-65

（2）俯卧背弓。俯卧，屈膝，脚跟向髋部移动。吸气，双手把脚踝抓住。收缩臀部肌肉，胸部和双膝离开垫子，保持片刻（图8-66）。

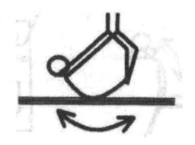

图 8-66

4.腿部柔韧训练

（1）台上平卧拉引。平卧，呼气，外侧腿下移悬空。内侧手把悬空腿踝关节或脚抓住，向臀部方向缓慢拉引（图8-67）。

图 8-67

（2）扶墙上拉脚。站姿，一手扶墙，一腿屈膝，脚跟向臀部靠近。呼气，另一手把屈膝腿脚背抓住，吸气，向臀部缓慢提拉（图8-68）。

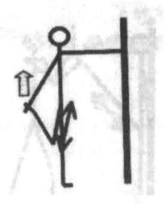

图 8-68

（3）坐拉引。坐姿，双腿伸展，双手在髋后直臂。一腿屈膝，一手将屈膝腿脚跟内侧抓住。呼气，屈膝腿伸展，垂直另一腿，保持片刻（图8-69）。

图 8-69

（4）坐压脚。跪姿，脚趾向后。呼气，坐在双脚脚跟上，保持片刻（图8-70）。

图 8-70

（5）站立拉伸。背贴墙，吸气，直膝抬起一条腿。同伴用双手将练习者屈膝腿的踝关节上部抓住，帮助腿上举，保持片刻（图8-71）。

图 8-71

五、灵敏协调能力训练方法设计

（一）快速制动与起动能力训练

1.加速—制动训练

（1）教练员发出"跑"的口令，运动员听到口令的同时迅速加速。

（2）教练员击掌，运动员听到击掌的声音时，尽可能以最短的时间将速度减到零。

（3）反复练习。

2.加速——制动——再起动训练

（1）教练员发出"跑"的口令，运动员听到口令的同时迅速加速。

（2）教练员击掌，运动员听到击掌的声音时，立即减速。

（3）教练员再次击掌，运动员听到声音时立即加速。

3.加速——制动——变向训练

（1）教练员发出"跑"的口令，运动员听到口令的同时迅速加速。

（2）教练员击掌，运动员听到击掌的声音时，立即减速。

（3）教练员在运动员的速度几乎减到零时发出"左""右"或"后"的口令，运动员听到口令后，按照口令的指示迅速加速跑。

（二）灵敏步伐训练

1.锥形跑

（1）把①、②、③3个标志软盘摆放成三角锥形的形状，将①号软盘设为锥形的顶点，②、③软盘之间相距5米，且②、③软盘的中心与①相距6米。

（2）运动员从②开始出发正向跑到①，到①后减速制动，以后退跑的方式跑向③并减速制动，然而立即加速正向朝①处跑，到①后以后退跑的方式跑向②。

（3）重复练习。

2.Z字形跑

（1）将8~10个标志软盘摆放成Z字形，每个标志软盘之间间隔3米的距离。

（2）运动员半蹲，稍微向前倾上体，腰腹收紧，头抬起。

（3）运动员在第一个标志盘处进行侧前或侧后滑步。

（4）到达第二个标志盘后变化方向朝第三个标志盘滑动。依次类推，直到滑步到最后一个标志盘，结束训练。

3.快速绕"点"跑

（1）将4个标志盘摆成边长为5~7米的正方形。

（2）运动员任选一个标志盘作为出发点，快速冲向下一个标志盘的内缘，然后以小碎步迅速从标志盘绕过，再向下一个标志盘的内缘冲刺。

（3）依次类推，跑完所有标志盘。

第三节　篮球专项体能训练方法设计

一、篮球专项力量训练方法设计

（一）上肢力量训练

（1）负重推举。

（2）负重伸屈臂。

（3）卧推。

（4）两人一组，一人侧平举，另一人用力压手腕对抗。

（二）手指手腕力量训练

（1）手指用力抓空练习。

（2）两人坐着用指腕力量传篮球或实心球。

（3）两人一球，用单手手指互相推球。

（4）左、右两手互相对抗，用力抓夺篮球。

（5）双手握杠铃杆，直臂做快速屈伸手腕练习。

（三）腰腹力量训练

（1）利用杠铃负重转体、挺身。

（2）仰卧举腿，仰卧折体，仰卧挺身。

（3）单、双脚连续左右跳过一定高度。

（4）跳起空中收腹、手打脚、转身、空中传球或空中变化动作上篮等。

（四）下肢力量训练

（1）负重提踵。

（2）徒手单腿深蹲起。

（3）深蹲跳。

（4）徒手半蹲或背靠墙半蹲。

（5）两人一组，利用人的体重进行负重半蹲起。

（五）爆发力训练

（1）全场连续蛙跳。

（2）全场连续多级跳。

（3）连续快速跳起摸高。

（4）中场三级跳上篮。

（5）负重投篮。

（六）核心力量训练

（1）俯姿平撑，俯卧，双臂屈肘90°支撑身体，双脚伸直并拢用脚尖撑地，肢体固定腹背部。

（2）侧姿臂撑，侧卧，单臂屈肘支撑身体，另一只臂屈肘侧举，双脚伸直、并拢，用一只脚外侧撑地。

（3）仰姿桥撑，仰卧，双臂屈肘支撑身体，双脚伸直、并拢，用脚撑地。

总之，在篮球专项力量练习中，练习动作幅度、用力方向与技术动作必须符合要求，练习负荷要高于比赛要求，从而在关键技术环节充分发挥身体力量。

二、篮球专项速度训练方法设计

（一）跑的练习

1.基本步法训练

（1）小步跑训练。双膝稍弯，身体呈一条直线（即肩、髋、膝和踝关节呈一条直线），尽可能提踵。跑动时，前脚掌着地，尽可能蹬伸，双膝微屈，双脚交替。着地时注意用前脚掌，而不是整个脚底。当右脚蹬离地面时，左脚要划过地面。

（2）高抬腿跑训练。高抬腿跑时，要求前脚掌落地，抬膝时保持身体伸展。当一条腿伸直时，另一条腿的大腿要与地面保持平行。当膝盖抬到最高点时（大腿与地面平行），脚踝向后勾，脚置于膝盖的下方。此外，还应注意运用正确的手臂动作。

2.起动跑训练

（1）原地或移动中，根据教练员的信号突然起动快跑。

（2）起跳落地，立即起动侧身加速快跑。

（3）用各种姿势起动，全速跑10~30米。

（4）四步加速跑。

（5）5米折回抢滑步。

（6）不同距离折回跑。

3.各种姿势、各种距离跑的训练

用各种姿势起跑，全速跑30米、60米或100米，改进和提高跑的技术和速度。两罚球线、两端线及各种距离的往返接力跑等。

4.移动中各种跑的训练

（1）快速跑变中场后退跑。

（2）各种折线跑与抢滑步练习。

（3）折线起动侧身变方向跑。

（4）沿边线侧身快速跑。

（5）沿3分线急停、起动、侧身跑。

5.跑台阶训练

快速斜线、直线向上跑台阶，直线上下台阶计时跑，上、下坡快速跑等。

6.结合球进行各种跑的训练

（1）直线或折线自抛自接球快速跑练习。

（2）单手全场直线（或一次变向）快速运球上篮。

（3）全场3人8字传球快速跑。

（4）全场传3次球然后上篮的各种方式跑练习。

（5）全场传球快速起动跑。

（6）加速快跑接长传球、地滚球上篮练习。

（二）手臂摆动练习

1.前后甩臂训练

（1）向前甩臂，然后贴身向后甩臂。保持双肩放松，手臂伸直。手和手指放松。握拳会使前臂和双肩紧张，从而制约双臂的自由摆动。

（2）屈肘呈90°，放松摆动肘部，手臂前后移动，但手的位置不要高过胸部或肩；向后摆动时，手的位置不应超出臀部。

（3）随着练习的进行，摆臂动作加快。注意，手臂摆动速度有助于腿的摆动速度。

2.坐姿摆臂训练

坐在地板上或板凳上，双腿伸直。摆动手臂，肘部呈90°弯曲，仿佛在敲鼓。

三、篮球专项耐力训练方法设计

（一）无氧耐力的训练方法

（1）变距快速折返跑。

（2）连续碰板100~200次。

（3）半蹲式原地快速点地跑1分钟，可4~5组。

（4）短距离如30米、60米、100米、反复冲刺跑，随着训练水平的提高，每次跑的间歇时间可逐步缩短。

（5）全场连续防守滑步。

（二）有氧耐力的训练方法

（1）中长跑、越野跑、爬山等。

（2）各种跑、跳、防守脚步动作、投、突、传、运等动作组成的全场综合练习。

（3）两名运动员分别站在球场的两个篮下，听信号后先跳起摸篮板（圈），然后做后退跑。

（三）混合耐力训练方法

（1）全场10圈变速跑。

（2）全队人员沿篮球场边线交替排头追逐跑。

（3）连续进行长时间的各种攻守技术练习和全场攻守的比赛。

四、篮球专项柔韧训练方法设计

（1）两腿前后开立，两脚跟触地做弓箭步向下压腿。

（2）在地板上做"跨栏步"拉压腿、胯。

（3）两臂做不对称大绕环转肩动作，在背后一手从上往下，另一手从下往上，两手在背后做拉伸练习。

（4）两手手指交叉相握，手心向外做压指和压腕动作，向下、前、上、两侧充分伸展手臂。

（5）利用器材或队员相互间做压肩、拉肩、转肩背和各种压腿拉腰、背及全身伸展练习。

（6）两腿交叉直立，上体前屈手摸脚或地面。

（7）左右弓箭步练习，手放在脚上，连续左、右弓箭步练习。

五、篮球专项灵敏训练方法设计

（一）反应判断能力训练

（1）按有效口令做相应动作。

（2）按口令做相反动作。

（3）听信号的各种姿势起跑，站立式、背向、蹲、坐、俯卧撑等姿势。

（4）听信号或看手势急跑、急停、转身、变换方向练习。

（5）原地、行进间或跑步中听口令做动作。例如，喊数抱团成组；加、减、乘、除简单运算得数抱团组合，看谁最快等。

（6）一对一追逐模仿。

（7）一对一互看对方背后号码。

（8）一对一脚跳动猜拳、手猜拳、打手心手背、摸五官等练习。

（9）跳绳。

（10）各种游戏，如叫号追人、追逃游戏等。

（二）协调能力训练

（1）模仿动作练习。

（2）各种徒手操练习。

（3）做不习惯方向的动作。

（4）简单动作组合练习。

（5）一对一背向互挽臂蹲跳进、跳转。

（6）脚步移动练习。例如，前后、左右、交叉的快速移动，单脚为轴的前后、转体的移动，左右侧滑步、跨跳步的移动。

（7）双人跳绳。

（8）双人头上拉手向同方向连续转。

（9）跳起体前屈摸脚。

（10）做小腿里盘外拐的练习。

（11）改变动作的连接方式。

（12）选用武术中的"二踢脚""旋风脚"动作进行练习。

（13）双人一手扶对方肩，一手互握对方脚腕，各用单脚左右跳、前后跳、跳转。

（三）平衡能力训练

（1）在平衡木上做一些简单动作。

（2）在肋木上横跳、上下跳练习。

（3）各种站立平衡，如俯平衡、搬腿平衡、侧平衡等。

（4）一对一弓箭步牵手面向站立，虚实结合互推互拉使对方失去平衡。

（5）一对一面向站立，双手直臂相触，虚实结合相互推，使对方失去平衡。

六、篮球专项弹跳训练方法设计

（1）连续半蹲跳、跳深、收腹跳。

（2）单脚跳连续跨跳或蛙跳28米若干次（每次要求达到步数）。

（3）两脚交替直线向前跨跳和直线向前左、右跨跳。

（4）连续深蹲跳（或跳起摸一定高度）20次。

（5）跳绳练习。

（6）单脚徒手全力跳上、下台阶。

（7）两人一球，5米距离，互相跳传。

（8）原地起跳连续摸篮圈或篮板，行进间跳起摸篮筐，原地上步摸篮筐或篮板。

（9）行进间摸篮筐或篮板接原地起跳摸篮筐或篮板。

（10）持球跳起空中连续托球打篮板练习，要求在最高点触球。

（11）一人持球在篮下左、右连续跳起投篮，要求在跳到最高点时出手。

（12）向左或右上步断高传球练习，要求跳到最高点断球。

（13）两人一球，分别站在篮下左、右侧，连续跳起在空中碰板对传球，要求身体跳到最高点触球。

（14）向篮板抛球，然后跳起空中补篮，三人一球连续进行。

（15）全队一球，行进间跳到空中连续打篮板练习，要求跳到最高点触球，手臂、身体充分伸展。

第九章 篮球教学与训练的评价方法

第一节 篮球教学与训练的评价原则

篮球教学过程中，评价不可或缺，结合教学目标的要求来对教师和学生进行系统的测试，这样能够更好地明确教学目标的要求，也能够展现评价的价值，准确的衡量师生的优势和不足之处，以提高教学质量的过程。它直接影响到篮球教学活动的方方面面。在教学和培训中应坚持以下原则。

一、方向性原则

在篮球训练过程中，需要极为重视教学评价，并且确定评价的方向，每一个评价指标和评价环节需要与教学目标相符合，这样才能够展现出课堂设计和教学效果，也能够培养学生的创新能力和综合实践能力。对于教学任务的整体状况进行评价，也能对学生参与课堂的积极性展开评价，而并非是单纯的评价某一个方面。折合篮球运动的特点和学生的实际身体素质情况，展现出学生本身存在的个体差异。然后在此基础上，严格按照课程标准和国家就曾要求，通过有效的评价来提高教师的综合素养，也能够提高学生的身体素质和心理素质。

二、科学性原则

在篮球教学评价过程中需要合理的收集评价信息，以便于能够了解到整个教学过程，更为科学合理的选择评价指标，展开有效的评价。教学评价过程需要借助现有的理论知识作为指导，尤其是从教育的角度出发，真实篮球运动的教学规律也能够从整体的教学过程入手，更为全面地进行教学效果评价。这评价过程中坚持科学性原则，充分发挥各个评价指标的价值，确保每一个指标能够展现出不同的教学目标。要求在教学评价过程中，调动师生的积极性，不断提高教学质量，也能够提高学生的学习效果。

三、客观性原则

在篮球教学评价过程中，需要确保整个教学评价过程的公平客观，需要从一个客观的角度来反映评价对象的真实状况。评价指标的选择需要准确反映篮球教学的具体要求，不能通过主观臆想来确定目标，而是客观地对待每一个学生，这样才能够更好地展开评价，也能够保持良好的师生关系。

四、整体性原则

在教学训练过程中，不仅仅学生的学习状态和教师的教学质量会影响到最终的教学目标，实际上周边的场地、器材、教材、课时等多方面因素，也会影响到教学目标实现，因此需要从整体出发，重视不同的因素在教学过程中的作用发挥，也展现其不同的功能。这教学评价中需要人为系统地分析不同因素之间的联系及相互作用，确定不同因素的影响状况，然后对这些因素进行整体优化。

五、整体性原则

在教学评价过程中需要确保目的明确，篮球教学评价本身就是对教学和训练的一种管理和规范性，过上每一次不同的评价，需要根据不同的评价标准来展开，不能够从主观出发，而是要认识到整体的评价效果。

六、可行性原则

结合教学实践的具体情况，来确定篮球教学内容和标准的评价，确保主要评价过程简单，容易操作，也能够充分发挥评价的价值。在评价完成之后，调动学生的学习积极性，也能够让教师更加容易接受这一评价过程，全面了解学生的学习状况，有针对性地进行教学过程的调整。

七、自评和他评相结合的原则

对于教学和训练过程的评价，其最终的目的还是要提高整体训练的质量。因此，教师和学生、教练员和团队成员应该被给予评价的标准、原则和方法，在教学过程中可以实现自我评价，这样能够有效提高教学质量，提高学生的学习效果。除了自我评价外，还应重视他评，对于特定的教学问题展开评价，这样也能够解决的实际教学过程中遇到的问题，更好地改善教学质量。

第二节　篮球教学与训练的评价内容

教学评价是教学管理的主要手段之一。它是根据一定的教学目标和标准，对学生的学习和教师的教学进行系统的调查，并对其价值进行评价。篮球教学评价是根据一定的标准对篮球教学中收集到的一系列信息进行判断的过程。

一、篮球教学评价内容

篮球教学评价内容，主要是根据教学大纲规定的评估范围和方式来完成教学任务，通常包括教学目标的评定、重点篮球技术与战术的掌握程度、篮球基本理论知识的掌握程度以及教学训练的基本技能等。

（一）教学目标的评价

教学目标评价主要是对学生教学目标实现情况的评价。评价学生在教学过程中目标任务的完成情况。技战术熟练度评价是用一定的方法衡量学生技战术熟练程度，是学生学业评价的重要组成部分。

（二）技术战术评价

通过对运动员技能、战术的评价，了解运动员的技能、战术的学习和掌握情况，以及对教学情况的评价。技术和战术评价可以通过技术标准和技术评价来完成。

（三）整体教学质量的评价

在篮球教学过程中，对于教学质量的评价不可忽视，这是在教学过程中必不可少的一个环节，能够确定整体的教学目标，采取有效的评价手段，整体分析教学过程中的结果，也能够分析比较教学过程中的优势和不足之处。这样通过对于整体教学活动的判断，分析教学效果，这信息反馈的基础上，能够进一步调节之前的教学过程，也能确保篮球教学达到预期的目标，同时对于学生来说，也能够起到针对性的改善，让学生了解到自己在运动过程中的优势和不足之处，更好地进行调整。教学评价的主要目的是要提高教学质量，让学生能够明确自身的兴趣爱好，提高实践能力，能够培养学生的团结合作精神，促进学生的和谐发展，同时对教学过程进行整体的调控和管理，确保教学的顺利进行，达到最佳的就是质量。篮球教学评价需要根据具体的教学目标，采取一系列的评价手段，整体分析教学效果，也能够判断教学价值。

在篮球教学评价中，课堂教学质量评价是其中一种有效的形式，也是代表性的评价方向，能够在篮球学科知识的基础上，结合课程标准和教学要求，也能够结合学生的实际情况，按照教学规律和学生的心理状态，制定合理的评价标准，在相应评价标准的指导之下，明确教学目标，进一步调动学生学习的积极性，实现教学改革，也能够进一步优化教学过程，更好地实现教学目标。

篮球教学质量评价的主要内容和指标包括教学内容、方法、态度和效果（表9-1）。

表 9-1 篮球课教学质量评价指标体系

第一层次	第二层次	第三层次
教学质量	教学内容	完成教学大纲要求 处理教材深度的适合性 课程进度和学习负担的合理性 理论联系实际
	教学方法	思路清晰，概念准确，重点突出 注意启发，促进思维，培养能力 示范动作形象生动，语言精练 指导学习方法，注意改进教学
	教学态度	备课充分，讲解熟练 辅导耐心，批改作业认真严格要求，教书育人 用于创新，不断改进教学
	教学效果	考试成绩 课堂纪律 平时作业与测试 学生分析问题、解决问题的能力

二、教学评价的方法

因为体育训练是一个提高竞技能力，为取得优异成绩做准备的实践过程。因此，训练评价应从运动成绩、竞技能力、训练效应三个方面对训练质量进行评价和分析。

（一）运动成绩

体育成绩是指运动员参加比赛所取得的成绩，是体育训练最重要的标志，也是体育训练得以继续的重要标志。它是建立在竞争能力表现的基础上的。体育成绩不仅包括运动员（队）在比赛中表现出来的竞技水平，而且还包括在比赛中输赢或名次的结果。虽然决定篮球比赛结果的因素不仅是团队的竞争能力和发挥水平，而且还包括竞争对手的实力和表现，教练的决定和现场指挥，评价行为的竞争（包括规则掌握尺度、场地环境条件、裁判水平）和其他因素。然而，运动员自身的竞技能力是创造运动成绩、赢得比赛的最根本和决定性因素。虽然我们不能简单地通过比赛的输赢来判断训练的质量，但是，从运动员（队）在比赛中的表现和发挥来分析他们在训练中的优劣和存在的问题，可以作为整体评价和分析的重要依据。篮球比赛的结果是由得分的多少决定的。围绕投篮得分有着多种多样的环节，从技术效果，战术方法的选择和应用，攻守次数及成功率等统计其竞技水平发挥的情况进行分析，进一步从整个比赛（整个赛期、赛段或场次）对全队或个人的技术、战术使用，体能、心理意志状况，不同对手在比赛中的发挥等进行对比研究，全面地对前一训练过程进行正确的分析与判断。

（二）竞技能力

竞技能力是指通过训练提高运动员（队）的综合成绩。衡量竞技能力的因素很多，包括身体形态、身体机能、运动素质、比赛技术、战术运用、智力水平和心理意志等，这些因素决定了竞技能力的高低。不同群体竞争能力的决定因素也不同。例如，在篮球运动中起决定性作用的主要是运动的质量、技术和战术C因此，在训练质量评价中，应将起决定性作用的主要因素作为整体评价的主要依据。竞争力的评价主要应从以下两个方面进行：首先，首先是分析运动员竞技能力各因素的发展水平，通过一定的确定和检验，获得客观的数据进行综合评价；二是分析获取竞争能力的途径，通过对训练内容、方法、负荷等方面的检查，进一步提高运动员的竞争能力，为挖掘运动员的潜力做好准备。在评价中，需要考虑运动员先天竞争能力（如身高优势的遗传效应）与后天竞争能力的条件，在对原始测量结果进行评价时，应进行相关对比分析，得出正确的评价结论。

（三）训练效应

训练效果是指运动员在一定的训练负荷下竞技能力的变化。这是直接衡量训练成绩、训练效果的指标。我们认为，所要评价的训练效应主要是对训练的组织工作和控制手段去分析训练效果的原因，为总体评价提供依据。主要从以下几方面去分析：一是体育训练工作的指导思想和这一决定的发展方向具有全局意义。正确的决策来自对篮球发展趋势的洞察，获取丰富的信息资源和科学的分析，明确的训练目标和良好的完成条件。二是分析培训过程的组织结构。如何在长期和短期、平时和季节安排训练，从而对具体实施中日程安排、手段、方法、负荷的选择与实施提供必要的前提。三是分析训练手段和方法。在做出判断和结论之前，要对训练方法和手段进行长期的评估，要有针对性和有效性两个观点。第四，分析了训练负荷和恢复的安排。收集一定的数据和资料，分析班级与班级之间负荷的形式、强度、数量和动态变化、恢复间隔、恢复方式和恢复程度。由于负荷是运动训练中最活跃、最基本的因素，从人的适应角度看，负荷一疲劳一恢复是一个适应和改善的过程，必须考虑两者之间的关系和影响。以上四个方面的训练评价，对不同的训练过程、阶段和时间要求应该有所不同，但必须有明确的评价目标、内容和方法，认真组织整个评价过程，力求客观、正确、科学的评价。

第三节 篮球教学与训练的评价方法

在篮球教学评价过程中，对技、战术的测量和理论知识测量方法有所不同。

一、技、战术评价

（一）定性指标的测量

定性指标是指不能用特定的计量单位来计量，但必须计量的指标。定性评价指标广泛应用于篮球教学和训练实践中，各种篮球课程的考核和考试中采用的技术评价是一项定性指标。根据篮球技术教学的特点，定性指标是技术动作完成的标准程度指标，评分依据预先确定的技术规范进行。

（二）定量指标的测量

定量指标是指那些可以用特定单位来度量的指标，比如命中次数、运行速度和跳跃高度。各种指标的选择取决于评价的目的，如技术熟练程度的测量可以使用速度指标；身高指标可以用来衡量弹跳能力。精度指标可以用来衡量投篮和传球。在采用定量指标进行教学和培训评价时，必须事先根据一定的样本制定测量方法和评价标准，使方法适合于学科的整体水平。采用统计学方法制定评分形式，使评分具有较好的分异程度，客观反映出被试的实际水平。

二、理论知识评价

常用的测量方法是书面和口头测试，也可以是书面项目作业的形式。

（一）笔试

笔试分为闭卷和开卷两种。闭卷主要测试学生对篮球知识的掌握程度，开卷主要测试学生用知识分析和解决问题的能力。前者适用于初中生的理论考试，后者适用于高中生的理论考试。

（二）口试

口语考试的方法适用于所有年级的学生。低年级可以是课堂提问的形式，低年级可以是专题答辩的形式。了解学生篮球理论知识的深度和广度，分析和解决问题的能力和语言技能。

（三）作业

作业是评价综合能力的一种方法。其特点是学习知识与篮球实践相结合，加上自己的见解。因此，主要是了解学生对理论知识理解的深度以及将理论知识应用于实践的能力。

在训练评价中，最常用的评价方法是综合评价法和分析评价法。这两种方法的结合可以从整体出发，对训练过程的各个方面逐一进行系统的分析，最终得到更全面、全面的评价。

在训练评价的实施过程中，经常采用现场观察和指标评价的方法。通过对所获得的资料和数据的观察和统计，综合分析和运用指标进行评价。例如，对于训练强度的测量，训练强度指数=强度训练时间÷总训练时间；对投篮命中率的测定，投篮命中率＝命中次数÷投篮次数x100%。积累分数法可以用来评价运动员的技术水平，见表9-2。每一项的最高分进行累计和相加，得到总分，并按照排名顺序对运动员的技术水平进行评价。采用个体差异评价的方法对个体投篮命中率训练滞后的技术参数进行评价，并相互评价。

表9-2运动员技术水平统计分析表

评分项目（各项满分为10分）	李XX	王XX	张XX	赵XX	备注
技术全面性	8	9	5	5	
技术熟练性	8	9	6	4	
技术对抗性	8	8	4	3	
技术应变性	7	8	5	5	
总计	31	34	20	17	

这些评价方法和其他方法的应用，是根据需要收集必要的评价信息，为综合评价提供量化数据和具体实例，从而对培训质量进行整体评价。训练评价中使用的心理、生理测试和测量方法，请参阅相关书籍。

第十章　篮球教学与训练实践

第一节　篮球运动员的选材与训练行法

一、青少年篮球运动员的选材方法

（一）选材的原则

1.选育结合：选中有育、育中有选

其实任何体育项目都需要结合项目的技术特点来选材，根据项目的发展来制定选择标准。篮球运动员的选拔是一项严格细致的工作，具有很强的阶段性和连续性。选拔和培养适者生存的人才是一项系统工程。虽然儿童和青少年的选择是非常重要的，但这不能一蹴而就。接下来是教育人才和跟踪监控，直到他们进入更高的层次。这样，最终会培养出优秀的篮球运动员。也就是说，要把选材点和选材过程结合起来，才能准确把握选材对象的真实情况。只有当他在训练时，才能清楚地看到所选的孩子是否符合篮球运动的选拔标准和要求，是否有训练的未来。在训练过程中，幼儿的运动能力、各方面素质和内在潜能都能得到充分的发挥。在训练中进一步筛选是非常重要的。因为只有通过训练，我们才能了解和把握孩子各方面能力和条件的真实情况。在竞争条件下，儿童和青少年可以充分发挥他们的才能。通过训练和具体的比赛，才能够判断出运动员的类型，也能够在训练过程中，注意到影响运动员成绩的因素，确保运动员成绩稳定，相片显得持续提升。

2.大小兼顾：大中有小、小中有大，指标全面

选材应注意"三要素"：先天因素、内在因素和潜在因素。这三个要素从不同的角度分析运动员未来的发展，在预测方面是不可或缺的。在运动员的选拔中，

先天因素不可忽视，在其他条件相同的状况下，先天条件较好的运动员和其他成员相比更加优秀，因此先天因素对于篮球运动员会有着较大的影响，也在选拔时起到了重要的意义，是极为主要的衡量指标。目前篮球运动员的选拔还处于观察运动员的外表或初步对形态、素质和身体情况的阶段。重视运动员的内在因素，能够更好地确定测试指标，也能够展现运动员的内在特点。该研究集中于遗传学、心理学、生理学和生物化学。潜在因素与先天因素和内在因素有关，但也有其自身的特点，是较具预测性的因素。一般来说，潜在的因素是由"小"看到"大"，而"未来"是由"那时"估计的。在青年人才的选拔中，更重要的是捕捉和发现运动员的发展潜力，而不是简单地以成绩为标准。因此，测试指标、测试方法要全面、多样。

（二）选材的步骤

1.家系遗传学研究

科学选材的基础是人类运动能力的遗传。实践证明，在一些优秀运动员的后代中，50%以上的人会有出色的运动能力表现。因此，在选拔工作中，通过家庭调查来整体分析运动员的运动能力，以及在之后运动员的发展空间，从银川学的角度来确保预测的精准性，这也是在运动员选拔是不可忽略的重要内容。一般来说，对于家系遗传学研究主要包括以下内容：

调查家系上下几代主要成员的身高、臂长、体重、体型等形态特征。调查上述亲属的身体健康状况，特别有没有是遗传病史。调查亲属的运动能力和运动兴趣，尤其是一些运动员的后代。确定运动员在家庭情况中特别相像者的情况，也能够找到基因联系。调查对象的生育史，包括早产、难产、父母当时的社会背景，以及母亲怀孕期间是否健康等。

2.运动员生长发育状况调查

做个身体检查。对入选运动员的肌肉系统、骨骼系统、心血管系统、呼吸系统、肝功能、血液常规和个人病史进行调查。

（1）肌肉系统：测量体重是否在正常范围内，检查肌肉系统的发达程度是否符合生长发育规律，注意两边肌肉群是否对称，测量握力、背力，与正常标准和评估进行比较，测量仰卧起坐，评估腰腹部肌肉群的发展水平。

（2）骨骼系统：评估骨骼发育，其身高是否达到项目需求的高度，在站立姿势下，观察是否肩膀，臀部和四肢的发展是对称的，观察胸廓是否正常，检查脊柱的生理弯曲线是否正常，有无前曲、后曲或左右侧弯，检查上肢外展内收，外旋内旋，腕关节活动功能是否正常，检查是否下肢是 X 形腿、0 形腿或对线不正，检查是否有扁平足等。

（3）心血管系统：可以借助听诊器和心电图检查心律是否正常，检查心脏的声音是否正常，有无收缩期或舒张期杂音，如果有，可以在超声心动图的帮助下区分其类型，检查是否在正常血压值范围内，收缩压一般不超过140毫米汞柱，舒张压不超过90毫米汞柱。

（4）呼吸系统：测量肺活量，肺通气量，做胸透排除胸部疾病。

（5）肝功能检查：排除肝脏疾病。

（6）进行血常规和尿常规检查：看其是否在正常范围内。

（7）发育程度的鉴别与分型：运动员的正常生理发育程度和类型可以通过骨龄鉴定和第二性征鉴定来确定。在选材中，只有区别了运动员发育程度的差别后，再根据发育程度进行分组，才能对运动员的形态、机能、素质运动成绩做出正确的评价，才能将那些生活年龄与发育程度相一致（或略偏小），而形态机能、素质、运动成绩又确是这一发育程度中的高档者，作为我们要选择、也应该选择的目标。

3.篮球专项选材指标调查

篮球是一项群体性运动，具有激烈的近距离对抗、激烈的搏击和快速的攻守转换特征。它要求运动员具有持续快速的跑跳能力、激烈的冲撞能力、准确的投射能力和快速的动作适应能力。其生理特点是能耗大，运动强度大。因此，在选拔过程中，有必要运用一些符合篮球运动特点的生理生化指标来评价和选择运动员的体型、身体素质和身体机能。

身材大型化是现代篮球发展的一个重要特征，它有两层含义。二是身体壮大，即去脂体重大。虽然由于场地位置的不同对身高有不同的要求，但是在肌肉力量和运动能力基本相同的情况下，应该选择高个子运动员。此外，在体型方面，我们还应该考虑那些手臂长、手大、腿长、脚踝细、胸围大、足弓高、肢围小的运动员。

运动员除了要有较高的身材外，还要有良好的跳跃能力、握力和腰腹部肌肉力量。柔韧性也是篮球运动员身体素质的一个重要方面，为了在各种复杂多变的情况下准确、及时、巧妙、有效地完成各种动作。

（三）青少年主要选材指标的界定

1.形态类指标

（1）身高：身高是人类生长发育的重要形态指标。目前，世界顶尖篮球队的男子平均身高在2.00米以上，大部分中锋身高在2.10米左右。女性平均身高1.88米以上，中锋身高2.00米以上。目前，中国男篮和女篮运动员的平均身高也分别达到了2.05米和1.85米左右。因此，选材时必须重视其实际高度和潜在开发能力。

（2）去脂体重：去脂体重又称瘦体重，它反映了儿童、青少年的生长发育状况，不仅能反映他们的营养状况。身体脂肪含量越高，肌肉含量越少，说明未来肌肉系统的潜在发展能力越低。如果身体脂肪的比例过低，说明营养不良，生长发育迟缓。因此，儿童、青少年在生长发育阶段，应该有一个合理的身体脂肪百分比范围，这样才有利于正常的生长发育。一般来说，8~12岁的男性体内脂肪含量为10%~20%，女性为13%~15%。13-18岁的男性和女性体内脂肪含量在12%~15%和13%~18%之间是正常的。儿童和青年运动员的体脂比例应控制在正常水平，这有利于他们的生长发育和训练。即使在优秀运动员中，脂肪的减少也与运动成绩呈正相关，因此应特别注意选择。

（3）指距：指距是篮球运动员身体素质的重要表现形式之一。指双臂完全水平伸展时，两指间的距离。值越高，手臂越长，用手控球和争球的篮球运动优势越大。

2.机能类指标

（1）视野：视野是指两眼固定不动时余光所看到的范围。篮球运动员只有及时观察并准确判断场上的变化，才能做出对球队技术、战术动作的要求。视力差或不会利用视野会影响篮球运动员的水平提高。因此，篮球运动员选材时应注意视野和视力的检查。

（2）心功能指数：心功能指数是通过测量定量负荷后心律恢复到安静状态的简单方法来评价心功能。指数越小，恢复越快，心脏功能越好。心功能指数与耐力素质密切相关。心率是指每分钟的心跳次数。它不仅能反映心血管功能，又可反映该机能的节省程度和恢复情况。血液是维系生命和输送运动能量的航船。输送能力的大小影响着机体承担运动负荷的高低和多少。决定输送能力大小的是心排血量，心输出量又与心率及每搏输出量有关。一般来说，心率越快，心输出的血量越多。但到了超过170~180次/分时，由于心室充盈时间缩短，充盈量便减少，每搏输出量也减少，此时尽管心率很高，但心输出量却降低了。因此，心率的变化可以了解运动员的心血管功能，推断出运动员的整体身体能力水平。

（3）身体工作能力（PWC170）：身体工作能力是指人体在一定的负荷下能够长时间地工作，或者在一定的时间内能够接受多少负荷的能力。PWC170是指在稳定负荷条件下，心率设为170次/分，单位时间所做的功。在运动员成绩评价中，是运动员机能评定中一种常用的次极限负荷测验方法。由于心率为每分钟170次或接近这个值时，肌肉的工作强度与身体的功能状态呈线性关系。在这种状态下，心脏体积越大，人体所能做的工作就越大。因此，PWC170可以间接反映心脏容积和血液排出能力。PWC170值越高，其物理工作性能越好。对于儿童和青少年篮球运动员，PWC170可以用来确定心脏体积发育的程度。对于年轻的篮球运动员，主要是对血液射击能力的水平进行评估。

3.心理类指标

（1）手动稳定性：手的灵活性和稳定性在比赛中至关重要，篮球运动员的手动稳就先直接影响到最终的比赛得分。在训练过程中，需要进一步重视运动员的心理素质培养，控制其心理负荷，这样也能够提高其心理耐力。

（2）综合反应：在运动员受到刺激之后做出的反应和判断，尤其是在比赛过程中，篮球对抗特点决定了技术动作和战术选择多种多样，这就需要篮球运动员仔细观察比赛的实际状况，在比赛过程中抓住时机进行技术，动作和战术的转变，和队友之间相互配合，这样能够更好地进行转换和交替。

4.素质类指标

（1）速度素质：速度对篮球比赛很重要。好的速度素质，可以加快攻击和防御的速度和节奏，可获得在攻守时间上、位置上和人数上的优势，有助于提高攻击和防御的成功率，提高比赛和运动负荷的强度，从攻击和防御的数量和质量上超过对方，掌握比赛的主动权。30米、60米和100米运行试验方法简单，操作方便，成绩也便于横向比较和纵向跟踪，是理想的速度素质选材指标。

（2）耐力素质：耐力是身体长时间运动中抵抗疲劳的能力。耐力的好坏直接关系到循环系统、呼吸系统、肌肉系统和神经系统。因此，耐力素质的评价也是对其他相关素质的间接评价。随着训练总负荷的大小以及负荷后的恢复速度快慢，可以用1500米（800米）限时跑作为测试篮球运动员耐力素质的选材指标。考虑到不同年龄段心血管系统发育水平的差异，800米跑适合12、13岁年龄组。

（3）弹跳素质：篮球运动员的弹跳能力是影响空中力量竞争的重要因素。弹跳质量与爆发力、无氧代谢能力和身体协调性有关。篮球运动员在比赛中要完成大量的跳跃动作（篮板、盖帽、抢球、跳投、抢断、空中接力扣篮等），需要有较强的弹跳素质作为资本。因此，弹跳质量作为篮球运动员的选拔指标是非常重要的。根据篮球比赛中最受欢迎的单脚跳的特点，宜采用助跑单脚跳触高来反映运动员的跳高质量。

（4）力量素质：力量是所有竞技体育和篮球运动员的重要素质。篮球运动员不仅要有较强的下肢爆发力，还要有上肢快速爆发力和背部肌肉爆发力。要完成大量的跑、跳、投、抢、腾空动作，没有良好的腹肌力量是很难达到完美的程度的。收腹举腿能很好地反映出腹肌地向心收缩力量，也是便于掌握和操作的指标。腹部肌肉力量的下降和腰围的增加往往反映出训练要求的降低和目标的丧失。

（5）灵敏素质：篮球运动员在一些突发调增项或者是在复杂的比赛过程中，能够协调灵活的完成技术动作的能力，这是综合素质和具体的技术动作在比赛中的表现，属于综合性的素质。灵敏素质能够让篮球运动员掌握更为复杂的技术动作和战术要求，也能够提高篮球运动员在比赛过程中对于赛场的适应能力，更为灵活地控制身体，平衡，也符合篮球运动员的要求。

5.技术类指标

（1）两分钟投篮：篮球比赛是决定胜负的多少分，投篮是得分的唯一形式，篮球进攻技术是最重要的。两分钟投篮是计算球员在两分钟内投篮的次数。该方法具有生理压力和心理压力，是一种贴近比赛情境的实用评价指标。

（2）综合运球：运球是球员在比赛中改变控球方式的一种方式。各种运球方法可以结合在一起，按照规定的路线和距离完成运球。这样，就可以测试球员的球感和运球技巧。

（3）传球：传球是篮球比赛中进攻队员之间有目的地转移球，保持联系和组织进攻的纽带，是实现战术配合的具体手段，传球技术的好坏直接影响质量的战术和比赛的结果。单手、双手各种方式的限时定距对墙传球或行进间传球，可以检验球员的手感和传球技巧。

6.教练员经验评定

教练员需要根据科学性的原则，来进行运动员的选择，运动员本身的能力和其潜力不能直接确定，但是在选择上需要有针对性的侧重，这就离不开教练员所积累的丰富经验。教练员通过长时间的训练和指导，能够了解篮球运动员的综合状态，也能够直接感受到篮球运动圆的相关潜能因素。结合自身的经验展开评定，那么对于篮球运动员的选择就会更加全面和实用。在经验评定中，主要包括运动员本身的协调性、对环境的适应性、新知识的接受能力、创造能力、形态发展潜力和身体状况、技术能力和意志素质的掌握和运用。

（四）青少年篮球运动员选材应注意的问题

1.注意选择"遗传度大""可塑性小"的指标

人体的外在表现是自身本身的遗传因素和环境因素共同作用的结果，在运动员的选择上，年龄越小越需要注重遗传因素。将诱导和促进训练环境，为改善其性能和预期的目标奠定基础，这也是选择的重要起点，尤其是随着运动员年龄的增加，可塑性因素也成为了重要的因素，直接关系到进行目标是否实现。因此，在青少年篮球运动员的选择上，要重视后天的影响，这些符合个体的发展规律，更加符合运动训练的要求。

2.选拔指标应体现篮球运动的特点

结合篮球的发展趋势，世界范围内的优秀球队，篮球运动员的身高在不断增加，因此需要选择本身身高较高的运动员，如果自身的身体肌肉不发达，那么在后续的比赛对抗中很难占据优势地位，所以去脂体重也是不可忽视的指标，是要培养运动员的体型既高大又强壮，强大但不笨手笨脚。

3.注意选材的阶段性和连续性

在运动员的早期选拔和培养中，应坚持综合训练和基本功并重的原则。要注意训练内容、手段和方法的多样性，特别要注意新旧运动员在选拔过程中的不同对待，培养运动员的训练兴趣，调动运动员的训练积极性。

4.重视"选育"结合，全面培养

在早期选材过程中，不但要注意鉴别运动员的发育分型（发育类型和青春期高潮持续时间长短），还要仔细考察育才的科学性，即要结合教练员札记、教练员为运动员建立的技术档案、运动员日记等了解运动员的情况，如训练年限的长短、运动负荷的大小、素质和技术指标的起点水平和提高速度、比赛发挥情况、训练动机、意志品质等，从而尽早地鉴别出谁是"貌似的天才"，谁是真正的"大器晚成者"。

二、青少年篮球运动训练

（一）训练目标

经过一定时间的系统训练，促进青少年的正常生长和发育，改善健康，身体素质逐渐增加，达到一定水平，逐渐掌握了基本的篮球技术和体育技能，打下扎实而全面的篮球基本功，培养良好的篮球意识，全面掌握各种战术的目的，原理和实际应用技能，而且在技术和战术运用上也表现出优秀的个人优势。

（二）训练任务

1.理论知识

介绍篮球的发展历史和世界篮球的发展趋势，了解篮球运动的意义和价值，培养对教师尊重，团结和遵守纪律的习惯；培养坚强的性格，学习和掌握一般身体训练和专项身体训练的方法，全面而有特点地讲解基本技术动作规范、要求及运用方法，讲解攻防基础配合及全队整体战术的运用方法和优、缺点；介绍篮球规则和裁判规则；讲解篮球训练中的健康知识、医疗监督和自我监督方法。

2.身体训练

综合发展身体素质，加强专项体育训练，注重提高柔韧性、灵敏性、反应性、运动速度和跑步、跳跃的能力，逐步加强力量锻炼，提高身体各部位肌肉力量，采用合理的有氧、无氧训练负荷，提高有氧、无氧耐力水平。

3.技术训练

学习和掌握各项基本篮球技术和基本攻防技术，提高动作水平。提高攻防单项和组合动作的质量，根据运动员的身体发育和技战术特点，发展相应的位置技能。提高观察、判断和运用假动作的能力。在全面熟练掌握基本动作的基础上，适当掌握一定难度的技术。加强对抗技术的训练，具备在一定强度、难度和身体接触下控制身体平衡的能力。

4.战术训练

逐步掌握攻防基本配合的各种方法，提高基本配合的变化和运用能力。学习和掌握快攻、防快攻，攻、守半场人盯人，攻、守半场区域联防，攻、守全场人盯人紧逼，攻、守全场区域紧逼等全队战术方法。根据本队特点，比较熟练地掌握一两套全队攻、守战术，并能在实战中运用和完善战术。加强战术意识和心理素质的培养。

（三）训练内容

1.理论知识

介绍篮球运动的发展历史和趋势，以及国内外职业篮球运动的现状。介绍国内外优秀篮球运动员的成长和发展规律；讲解基本技术动作和基本协调方法，说明体育锻炼的意义、方法和要求；讲解基本的技术动作方法，以及容易出错和纠正的地方；讲解攻防基本配合的变化和应用；讲解各种团队战术的概念、方法、优缺点；介绍完整的篮球规则；教授医学监护的理论知识和操作技能。

2.体育锻炼

逐步加强专项体能训练，全面强化身体素质，重点加强反应、动作和移动速度的训练。进行全身力量训练，特别是快速力量和小肌肉群力量训练，随着年龄的增长逐渐加强绝对力量的训练。在有氧耐力训练的基础上，逐步增加无氧耐力训练。加强单、双足起跳摸高及各种不规则跳跃的训练，提高跳跃能力和协调平衡能力。注重综合体能训练，结合专项素质训练和专项技能、战术进行综合训练。

（1）力量训练：力量训练是基础内容，也是篮球运动中不可或缺的身体素质。由于青少年本身的年纪过小，其身体发育并不成熟，很容易产生疲劳，因此不能够选择负重过大的训练方式，而是选择一些克服自身重力的训练。随着运动员年龄的增加，可以增加一些负重凉的水游柱，在训练过程中的时间间隔，注意劳逸结合，能够给肌肉充分的放松时间，以便于更好的发展肌肉力量。

（2）速度训练：运动员的年龄越小，其发育速度越快，尤其是青少年本身，由于生理特点的影响，在这一阶段，那身体的发育速度极快，需要重视基础训练，在起跑速度和动作速度上做好短距离冲刺训练。

（3）耐力训练：篮球运动员在比赛过程中需要持续奔跑，因此除了身体素质专业需要进行耐力训练，能够在比赛过程中抗疲劳，有足够的精力去完成整个比赛。青少年本身的心肺功能发育并不完整，嗯，进行耐力训练难度就高，也对于运动员来说是一个挑战，为了避免过度疲劳，影响到训练的效果，甚至是造成身体损伤，需要在运动过程中，注重心理素质的培养，让运动员能够面对困难不退缩，坚持训练。

（4）弹跳力训练：篮球比赛中有很多的弹跳性动作，相应的需要进行弹跳性训练，尤其是要注重腿部力量训练，同时也要和腰部力量相结合，这也是弹跳力训练的重要基础。其次，要发展跳远速度和提高跳远协调能力，注重和篮球运动中的技术动作相融合，并且结合具体的战术要求市县全身的协调，更好地把握弹跳时机。

（5）灵敏素质训练：灵敏素质能够让篮球运动员掌握更为复杂的技术动作和战术要求，也能够提高篮球运动员在比赛过程中对于赛场的适应能力，更为灵活地控制身体，平衡，也符合篮球运动员的要求。灵敏素质训练需要的其他数字的基础上有所发展，更为明确的确定比赛要求，提高运动员的积极性，在特定的要求之下能够迅速响应。

3.技术训练

注重各种技术动作和基本技能训练，如攻击和防御技术，提高步法的标准化，运球，突破，传球、接球、投篮，抢篮板等技术动作的规范性和组合技术衔接性训练；学习个人摆脱和各种空切技术，逐步增加位置技术和难度技术训练；进行各种假动作及变换训练；增加个人防守训练；在技术培训中注重技术应用意识的培养。

篮球运动是一个团队性运动，而篮球技术是组成篮球运动的基础保障，同时，篮球技术也是最终篮球战术运用的基础。而青少年时期也是篮球技术训练的黄金时期。一般情况下，篮球技术分为两个方面，进攻方面和防守方面，同时在比赛中进攻方和防守方主要依靠的就是进攻技术和防守技术。而进攻技术和防守技术应该从青少年黄金时期的训练做起，在掌握篮球技术的基础之后，才能更好地将篮球进行运球和传球，从而进一步的提升篮球技术在实战过程中的运用，再有了更好的进攻方面的基础之外，还需要加强自身稳固的防守技术，在这方面是必不可少的。

4.战术训练

将战术意识培养渗透到各类战术训练之中，抓好攻、守个人战术行动和基础配合训练；学习各种情况下快攻战术的传球、跑位的配合方法和防快攻的退守落位；进行基础配合战术训练及其变换训练；攻防半场、全场人盯人训练，攻防区域联防训练，攻防半场、全场区域紧逼训练，混合防守战术训练；加强适合本队特点的一两套攻、守战术训练。

十几岁的青少年处于身体成长发育的阶段，经过神经系统发育，最早也相对成熟，但是往往会过于兴奋，很难进行医治，导致了情绪并不稳定，对于一些事实的分析能力较弱，因此在这过程中只能进行一些简单的战术训练，避免过于困难，导致其无法接受，或者是感觉到难度过高，影响到学习的兴趣。在这一阶段，只教一些简单的配合，能够让青少年树立正确的合作意识，实现相互配合。

5.心理素质的训练

篮球训练中不可忽视心理素质的训练，这是让运动员能够稳定发挥其水平的重要因素。尤其是在两个队伍综合能力相差不大的前提下，心理素质就成为决胜的重要因素。对于青少年来说，本身处于生理状态并不稳定的时期，因此需要极为重视心理训练。心理训练包括意志训练和篮球专项心理训练两个相对独立又相互关联的方面。意志训练包括对青少年意志力量、意志决心、意志韧性和意志定力的培养。篮球意识在比赛过程中，起到了极为重要的作用，能够稳定发挥出运动员的自身水平，也能够发挥出整个球队的水平。对于青少年篮球运动员进行专项心理训练，主要是在未来的比赛过程中能够适应比赛分为，尤其是面对激烈的竞争，能够稳定自己的心态，更好地控制自己的技术动作，在比赛时稳定发挥。对于青少年篮球运动员来说，整个训练过程，无论是哪种心理训练，都需要教练员通过理论讲解和实践训练，这样将理论与实践相融合，才能够确保运动员具备良好的心理素质。

6.篮球意识的培养

篮球意识主要是运动员能够根据实际情况进行观察判断，更为合理的选择技术应用的能力。因为在篮球运动中，进攻和防守变化很快，因此，对球员提出了高要求，在篮球比赛中，需要观察比赛实际情况，选择合适的行动，进行应变处理，还应具有突破、抢篮板、快攻、防守等能力。

遵循人类生长发育规律，科学安排运动量和强度。教学和训练方法灵活多变，能提高学生的兴趣和注意力。但必须严格要求，彻底锤炼，扎实规范，注重效果。在教学和训练过程中，注重重点。在技术教学中多做示范，提高学生的观察力和注意力。随着年龄的增长，这种讲解也越来越多。语言逐步取代示范，对于16-17岁的学生，应激发团队成员的思维能力，使学生深刻理解和掌握技术动作和战术方法的本质，提高学生运用技能和战术的能力。大部分课程以综合练习的形式进行，主要以比赛和游戏的形式进行，包括体能、技术和战术内容，这不仅可以使运动员得到全面协调的发展，又不会让课堂太无聊，影响运动员的热情。重视应用与对抗，把实践与实战结合起来。

青少年的训练对篮球运动水平的发展有着重要的影响。在青少年篮球训练中，重点是青少年篮球意识的培养，主要从他们的观察能力、反应能力、投篮意识、场上位置感等方面。在身体和心理素质方面，篮球等体育运动都要科学合理的训练，以适应青少年的成长和发展。体能是一切运动的基础，在训练中要注意把握；速度与力的结合不仅在于位移速度，主要表现在弹跳能力方面，还表现在训练反应速度与动作的速度上。弹跳力的发展不能只是简单地增加下肢的力量，但也需要协调整个身体力量；心理素质不容忽视；篮球方面的技能和策略，我们应该学会关注加强篮球技术练习，技术培训应尽可能接近真实的比赛，和青少年不应过于强调战术要求，但也不应忽视战术意识的培养。

第二节　篮球运动员智能与心理训练

一、篮球运动员智能训练方法

（一）篮球智能训练的内涵

智能主要是指"智力"和"能力"，将二者有效的结合在一起，能让人更为清晰准确的去理解客观事物，也能够将这一思想稳定转化成为实际行为。智力是基本的心理特点，能确保心理稳定。能力是保证人们顺利开展实践活动的稳定心理特征。对于篮球运动员来说，智力主要是学习体育理论的相关理论知识，同时也能够具有参与到训练和比赛中的能力。篮球智能训练是如今篮球训练中的重要组成部分，有针对性的展开智能训练，这样将智力和能力的训练相融合，进一步提高运动员的智能水平。在如今篮球智能训练中，需要结合如今篮球运动的实际情况，有计划的展开训练，尤其是让运动员更好地去分析比赛赛场情况，也能够学习理论知识，提高其文化水平，更加能够形成良好的思维能力。

根据东北大学社会和体育教育中心进行的一项调查，75%的美国奥运选手受过高等教育，而美国人口中这一比例仅为23%。甚至42%的受访者读过研究生。从调查中可以看出，在篮球比赛过程中，极为注重对于智力因素的控制，篮球运动员的文化水平较高，能够深入的理解篮球规则，也能够更为透彻地了解到技术和战术要求，更能够准确地理解教练员的意图，在比赛中更好地发挥自身以及球队的整体水平。

（二）篮球智能训练的意义

科学技术的飞速发展，导致了各种学科知识不断融合，同时在体育训练领域，多学科知识与技术的融合，也让体育训练更加科学合理。同时运动员的综合素质明显提升，以便于能够适应如今的技术发展要求。从某种意义上说，竞技体育是一种以体力作为主要指标的竞赛过程，但是也离不开以智力作为灵魂。重视运动员的智能训练，不断更新其知识结构，我们才能勇敢前行。"明天的首都是智慧，"

国际未来学研究所的佛内尔博士说。21世纪是信息和情报革命的时代。新的时代背景下信息呈爆炸式增长，人们在信息获取使人更加多样化，竞技体育代表了国家的综合实力"窗口"，也面临着发展和提高的机遇。信息科学、人类生命科学、材料科学、人文科学等科学技术的飞速发展，为智力训练提供了肥沃的土壤，有力地支持和指导了竞技体育的更快发展。

1.智能培训的合理性

如果忽视了运动员的智力训练，过分强调其技能水平，很容易导致运动员的文化素质较低，会阻碍体育技术的进步和发展。运动员不可能一生都从事运动，很多运动员在年龄和身体健康因素退役之后，他们必须走出家门，进入社会工作。他们在今后对于工作的胜任力，离不开智力因素。

2.智能训练的时代性

在如今的现实时代背景下体育训练也需要与信息化手段相融合，充分利用信息规律，在训练中合理的控制信息，尤其是选择合理的信息渠道。对运动员展开信息化培训，需要不断完善外部的培训系统，进一步提高运动员和教练员的信息获取能力，这也是智力水平的基本体现。提高运动人的知识水平，做好智力训练，符合如今的时代特点。

3.智能训练的超越性

体育训练不能是让运动员按照特定的指令进行动作，这样并非是培养智能的运动员，是培养了一个"比赛机器"，因此体育智能化训练需要确保运动员的主观能动性没有损失。重视对于运动员智力的研究和开发，这样才能在现有基础上有所突破，也能够避免在训练过程中不会出现失误和不足之处。

（三）篮球智能训练的目的任务

篮球智能训练主要的目的就是能够提高运动员的智力水平，让运动员在训练实践中更好的发挥智力优势。想要更好地实现这一要求，需要从以下方面入手：

1.培养运动员独立训练和参加比赛的能力

运动员在训练和比赛中明确自身的目的，尤其是通过合理的训练方法，能够更为熟悉整个比赛的规则和裁判方法，也能够在比赛中不断积累经验，以便于在训练中加以应用，提高自身的综合能力。运动员需要在训练和比赛过程中更好地分析实际情况，也能够适应复杂的环境，在教练员的指导下完成训练和比赛。

2.培养运动员参与制定、修改和改进训练计划的能力

运动员了解篮球运动的基本理论知识，如运动训练、运动生理学、运动心理学等，学会评估培训效果，与教练共同检查需要改进的培训计划，或者需要什么新的训练方法。

3.培养运动员的自我监督能力

运动员除了掌握篮球运动的基本知识之外，也需要掌握一些相关知识，包括医学，心理学等知识，这样才能够在日常的训练过程中，有针对性地检查自己的生理状态和心理状态，也能够配合教练员安排一系列的运动服和计划和心理恢复活动，更为科学合理地来进行整体训练。

（四）篮球智能训练实施的途径

1.知识积累的辐射

在训练的过程中，智力的发展离不开对于基本知识的掌握，这也是提高知识必不可少的条件，如果缺乏必要的知识，很难提高智力，因此二者本身就是相辅相成的关系。对于运动员来说，做掌握知识的过程中，能够不断地获取学习方法，也能够有针对性地去创造知识，在训练中加以应用，形成创新能力，不断发展智力。

2.经验凝聚的升华

教练员（主体）作为智能训练的实施者，在一定的环境条件下进行智能训练，并将其积累的丰富的实践经验传授给智能训练的对象运动员。运动员（对象）在训练过程中将训练效率反馈给教练员，团队成员、团队医生、管理者和科研人员的效果和环境反馈形成闭环智能培训信息结构。运动员接受这一信息，在训练和比赛中，智力得到发展，能力得到提高，训练效率得到提高，形成良好的结构模型，构成智能训练的良性循环，逐步实现高水平"智能"运动员的训练目标。

3.局部控制的把握

运动智能系统的结构由输入系统、处理系统、存储系统、控制系统、动力系统和输出系统六部分组成。输入系统由感觉和知觉两个子系统组成，是运动智能的门户。人类认识从个体到整体、从感性到理性的转变，是由量变到质变的飞跃。这一飞跃主要通过智能处理系统来实现，智能处理系统是运动智能的核心。智能系统不仅具有获取周围世界信息的能力，还具有存储和积累这些信息的功能，称为存储系统（体育智能仓库）。体育训练竞赛的创造是由智能系统中的动力系统完成的，可以说是体育智能的源泉。控制系统是运动智能的支柱，输出系统是运动智能的归宿。六个组成部分的有机结合构成了一个完整的体育智力，只有很好地把握好这六个组成部分才能提高体育智力水平。

4.测定评价的介入

智能训练是一组学科相结合的训练，教练员和科研人员应建立科学合理的体育智力测评体系，定期对运动员的智力水平进行测评，使运动员的智力得到全面发展。智能训练效果的测量评价应列入多年、全年、阶段、周和课的训练计划之中，使运动员的智能培训计划具有目的性和计划性，使体育智力训练为体育训练服务，在更大程度上提高运动员的竞技能力。

（五）篮球智能训练的内容与方法

1.发展智力

了解篮球运动的发展过程，也要找我来球运动本身的规律，注重理论知识与实践训练，笑容和理论知识不可或缺。通过观看一些视频和理论知识的学习，掌握基本的理论内容和一些比赛规则和裁判芳芳这样能够从理论上培养运动员的观察能力和判断能力，也能够更好地适应赛场的要求。

2，在篮球训练中发展智能

训练运动员将所学的运动素质、技战术知识和技能运用到实际操作中，针对比赛过程中瞬息万变的情况，更好地适应这一比赛状况，同时也能够不断提升观察力和思维能力。在训练过程中，结合篮球训练的规则，进行合理的培训，这样能让运动员在此基础上进行对比分析，找到张训练计划应用在具体实践中的方法，能让运动员更为积极地参与到训练中来，提升运动员的思维能力。

3.几种常用训练方法

（1）有关准备活动的训练：在训练课的准备活动中，教练可以让队员想办法开展体育活动，活动方式不限（在条件范围内），时间为20分钟。玩家可以根据自己的想象进行游戏。有的球员单独行动，有的两三个人在一起，有的持球，有的不持球，这不仅增加了训练的趣味性，也发挥了每个球员的想象力和记忆力。当达到规定时间后，教练会通过运动员的生理反应来评估活动效果，测量10秒的脉搏率，一般需要达到25-30次。通过这种方式，团队成员可以了解他们活动效果如何，如果不理想，怎样改进。

（2）进行特殊规则的比赛：在分组比赛时，规定双方各有一名队员每投中一次得5分（罚球除外），双方互不清楚是哪一名，比赛两节，时间各为5分钟，两节之间休息2分钟，由教练员记分。在进行完第一节比赛后，公布比分。在休息期间内，双方队员根据比分来回忆第一节比赛情况，通过观察加以分析，确认投中一次得5分的队员，从而在第二节的比赛中抑制其作用。通过这种训练方法，团队成员可以培养记忆、观察和分析问题、判断问题的能力。

（3）在训练比赛中，多设置比赛"残局"：例如，离比赛结束还有3分钟，两组的比分非常接近。我方领先怎样打？对方领先怎样打？让球员发展自己的进攻和防守策略。教练还可以规定一方必须采取两种防守形式，如半场盯人和全场紧逼，可以交替使用。因为他们属于同一个团队，所以他们的进攻路线是非常熟悉的，这就要求对方学习进攻策略，对对方提出更高的要求。通过这种训练，队员们可以发展自己的创新能力，学会用自己的大脑打篮球，提高自己的适应能力，提高对待比赛残局的适应能力和解决问题的能力。同时，教练也可以找到一些好的攻防方法，丰富和发展攻防战术，充分发挥集体作战能力。

（4）重视运动员理论知识和文化知识的学习：如写训练日记、训练总结、比赛分析报告、比赛总结等，都有助于提高运动员的智力水平。

二、篮球运动员心理训练方法

（一）篮球运动员心理训练的内涵

心理训练主要是在篮球训练过程中，有针对性地去影响运动员的心理过程，这是篮球训练的重要组成内容，包括一直素质和专项心理素质两方面的训练。在篮球运动中，意志的品格表现在运动员本身的创造性上，说到篮球运动本身特点的影响，需要提高运动员的意志素质，进而能克服困难，也能够在比赛中更加稳定情绪，尤其是面对一些复杂的比赛因素，能够保持最佳的心理状态，不会受到外界因素的干扰。

任何竞技体育都与竞争密不可分。现代篮球比赛最大的特点是对抗性越来越强。篮球比赛的双方在综合能力相差不大时，心理素质则成为决胜的重要因素。在比赛过程中，很多因素都能影响到运动员的心理状态，比如比赛的本质，对手，场地设备，观众，时间，分数，教练的态度，球员之间的情感和社会因素，等等，这主要体现为紧张、懈怠、骄傲和缺乏自信。心理训练能够有效提高运动员的心理素质，在比赛过程中根据比赛节奏来调节自己的心理状态，尤其是在一些复杂状况下，保持心理状态的稳定，也能够稳定发挥自身的技术水平，确保在比赛中运动员的正常秩序，或者战术水平的发挥。一般心理训练与竞技心理训练的关系是相互依存、相互制约的。运动员良好的心理素质和人格特征是长期训练的结果。如果一般的心理训练是基础，那么专项的心理训练就是应用。

心理训练对于运动员来说极为重要，具体来说主要包括以下内容：

篮球运动员需要结合篮球运动的要求，不断提高自身的心理素质，能够面对比赛过程中的各种因素，保持平稳的心理状况，同时做好技能信任，不断提高自身的技能水平，也能够在比赛中根据不同的比赛状况，选择相应的战术，交流着有效的相结合，发挥出自身正常的篮球水平。在篮球训练过程中，保持政策的态度仍造良好的心理状态，尤其是克服一些心理障碍，避免压力过大或者是面对比赛过于紧张，影响到自己的正常发挥，能够确保比赛顺利进行。这比赛完成之后，需要尽快进行疲劳恢复，不仅仅是身体素质的恢复，有需要进行心理状态的恢复，避免过度兴奋，应减少兴奋，但不损害其兴奋程度，以保证训练和比赛期间的情绪稳定。

（一）　篮球心理训练的内容与方法

心理训练需要结合运动员的实际情况，尤其是要结合运动员的个性化要求，认识到运动员本身之间是存在着差异的，并且长时间坚持下去，结合不同运动员的要求，有针对性的展开训练，然后将整体的训练和针对性训练相结合，重视心理训练的基础上，也要重视技术和战术的训练。

运动员的心理训练方法有很多，包括模拟训练、集中训练、意志训练、自信训练、自我谈话和放松训练。

一般来说，心理训练可以从以下角度来进行：

放松训练——透过一些自我暗示，确保运动员的情绪稳定，进行心理放松，避免运动员压力过大或者是过于紧张。

模拟训练——重点是适应性训练，人为的设置一些具体的模拟环境和模拟对手等，以及在比赛场上可能出现的突发状况。通过这一模拟训练，让运动员能够应对多种比赛情况，更好地适应比赛要求，也能够在具体的比赛中抵抗外部因素的干扰，维持心理状态的稳定。

生物反馈训练——是利用现代电子设备对运动员的内脏活动进行反射性控制的一种训练方法，它可以显示运动员的内脏活动信息，使之与主观感受相联系，从而降低紧张的强度。生物反馈训练是运动员的特点可以逐步体验某些心理状态之间的关系，姿势、方法和生理变化，从而促进内脏活动的控制，使所需的生理变化发展的方向篮球的特点。

催眠——通过一些语言和动作，是能够让运动员的感官产生变化，呈现出一种特殊的心理状态，进一步激发运动员的精神力量，让运动员在比赛中更加具有信心，同时能克服比赛压力，避免在比赛中过于紧张，在运动过程中能发挥出自身的实际水平，也能够和他人保持良好的关系，更好地和队友之间相互配合。

系统训练——帮助运动员在比赛之前进行心理调节，避免运动员在比赛之前过于紧张或者是恐惧比赛。

（三）　篮球运动员比赛时的心理训练

1.篮球运动员比赛时的心理特征

在比赛过程中，篮球运动员表现出来的心理特征主要是指运动员在巨大的心理压力下，由于比赛而导致的情绪不稳定，出现了心理应激状态。当初比赛的形势瞬息万变，生日的运动员的心理状态也会有所改变。一般来说，运动员的训练水平是比赛中占据优势的重要基础。如果缺乏良好的对比赛压力的控制情绪，现场技术水平将无法正常发挥。在现实中，一支强队输给一支弱队是很常见的。这往往是由于心理准备不足。比赛情况和预期具有较大的差距，使尤其是比分和对手相差过大，经常会出现心理状态过于急躁劲儿，技术动作更加不到位，最终失去了反败为胜的机会。作为运动员在比赛中经常产生想把球打好但又好怕失败的心理，导致动员在比赛过程中过于紧张，压力过大，对于整体比赛形式的判断失误，而且由于肌肉紧张，无法达到技术动作的要求。有一些运动员由于缺乏比赛经验，在比赛场上会产生心理上的变化，频频的出现投篮失误的情况，这也是由于情绪变化，就导致技术层面的异常。

科学研究表明，运动员在比赛前和比赛中能够取得优异成绩的心理状态是：放松注意力；专注于眼前的任务；完全控制，感觉放松，不怕失败；而失败运动员的心理状态是：唤醒过高或过低；注意力不集中；无关和消极想法；害怕失败；不坚持正常的准备程序；消极的身体感受（疲劳，热身不充分）。

2.篮球运动员的赛前心理调整训练

球员在比赛前要进行一定的心理辅导和心理调整的训练，篮球运动员不仅仅是针对技术性，同时还要对其心理性的训练。因此，在比赛前对运动员内心的训练和状态的调整是最终比赛胜利的重要条件之一，同时在最佳心态和最佳心理状况下，运动员的身体各方面的配合和调整，能做到最大化的发展。由于比赛过程中，不确定，客观因素较多，尤其是在环境氛围、场地氛围、观众氛围等，篮球运动员的内心有一定的紧张和身体不协调，是可以允许的同时也是被人能够谅解的。但是长期的高压比赛所带来的心理压力和长时间的训练，以及内心得不到的发泄，日积月累的在运动员那现在来一定的心理不适性。所以运动员要将自己的技术和身体情况展现给更多的观众，为球员和球队带来更多的胜利，就必要提升自己的心理素质和赛前心理辅导能力。

（1）做好信息收集工作。古语讲"知彼知己，百战不殆。"在第一时间内掌握对手的第一信息，能够为球员的心理素质带来良好的提升和一定的信任感。而在赛前的心理辅导工作是从一个客观的角度对球员的内心进行双方综合方面的分析对比赛的走向和局势做出一定的铺垫，同时能够减少赛前紧张感让运动员内心获得更多的安全感

（2）认知指导。一定的目标分配能够让整体团队获得更多的胜利。在篮球运动比赛中科学的、合理的、综合的进行分析和制定每个人的目标，在实际比赛过程中，通过运动员对自身目标的追赶和完成能够在最大限度帮助球员减少比赛时的内心压力。正确的引导队员，能够在面对实力相当队伍得到更好的发展，教练要针对每一个球员你的特殊性做出相对应的调整，摆正自身位置，正确的、客观地去认真对待每一场比赛，运用日常训练的战术和打法，做出多方面的考虑，将自身的优势所展现，将自身的短处所遮挡。

（3）技术心理定向培训。在篮球运动比赛之前所做的心理培训和心理引导绝大多数的是定向心理培训，简单来讲，心理定向培训所强调的是注重过程而不是注重比赛结果，而这也是原则和底线，而在实际运用中在运动员身上所做出的反应是不同的，对运动员的心理和篮球技术做到最大化的舒展。如若将最终结果的目标在赛前影响运动员，而在比赛过程中运动员所考虑的不再是运动本身而是如何拿第一，反而会对篮球员内心造成影响。

（4）精神释放诱导。运动员在比赛之前，存在了心理伤害，影响因素较为多样化，主观因素和客观因素都会造成心理伤害，因此如果不能满足预定的目标，会产生一些悲观的心理反应。具体来说，可以从以下方面入手：第一，队员们在训练中付出了很多汗水和艰辛，他们本身的综合水平已经达到了主力队员的要求，但是却没有得到教练员的认，可不能够满足自身心理价值上的公平性，因此会感受到挫折，就有想到自己的信心。第二，由于在实际比赛中，比赛状态不理想，或者是受到一些战术安排的需要，主力位置有可能会被其他的队员代替，已经得到满足的需求突然被打断，造成了挫败感。其实从主观角度上来看，运动员本身的综合条件十分由于，但是队友并不配合，导致了很难上场和他人进行共同比赛。有的运动员对于参与比赛的需求过于强烈导致了没有准确衡量自身的实际水平，对于自己的水平过于自信，但是在比赛过程中却发现自身的实际水平和理想状态还有较大的差距，因此会感受到挫折，竟然出现消极的心理反应。这一心理反应是竞争心态并不稳定而导致的，运动员一旦处于这一情况，就会出现情绪和行为上的失控。在这种情况下，教练员需要首先确保运动员保持冷静，不能算运动员情绪不稳定的情况下进行批评和管理，而是要在去冷静之后，才能够通过一些谈话方式营造良好的气氛，能让运动员将自己心中的负面情绪得以宣泄出来，能让运动员主动地去谈论自己心中的不满，让其在表达他们的观点和意见中平衡复杂的思想，让运动员能够感受教练员的尊重，人能够保持其自尊心不受损伤，进而心理和情绪保持稳定状态。

（5）模拟训练。模拟对手：主要模拟对手技术和战术特点，例如，通过观看对手比赛的视频，或者教练掌握对手的信息和智力分析，并选择具有类似特征的球员与我对即将参加比赛的球员进行比赛练习。在对抗过程中随时向球员提问，前锋要回答对手擅长的战术打法；中锋要回答对手的进攻和防守特点；后卫要回答进攻和防守战术的变化。通过模仿、了解和适应你的对手，你可以很好地了解你自己和你的对手，做好充分的准备和心理稳定，增强战胜对手的信心。

化失败为胜利的模拟：当运动员落后时，模拟可以增强运动员化失败为胜利的信心。例如，比赛开始训练时，将比分设置为45：60，要求得分较低的队员将失败转化为胜利，从而培养队员在比赛落后的情况下，冷静地战斗，争取胜利的心理能力。

观众影响与不公平裁判模拟：在正常训练中，制造球员在观众偏袒的噪音中比赛。当比分接近时，裁判做出错误的判断和漏球判断，锻炼了运动员的心理耐力和适应能力，使运动员清醒、冷静、专注、不生气、不抱怨，以适应比赛气氛的先期情况。此外，还有气氛、时差、设备、竞争强度、地理环境的适应性模拟。

在篮球比赛过程中，需要有效地调节运动员的心理状态，能够在比赛中充分发挥自身的技术水平，也能够按照战术要求进行相应的配合，正常发挥自己的水平。篮球运动在比赛过程中除了是身体素质和技术水平的比拼之外，也是一场心理素质的比拼。在比赛之前进行充分的训练，才能够让运动员在比赛过程中面对复杂的情况，不会分心，而是集中的注意力，控制好自己的情绪，始终保持平和的状态，能够更为稳定的发挥自己的实际水平。

3.篮球运动员赛中心理训练

篮球比赛不仅关乎智力、战略、体能、技术和战术，还关乎心理。比赛不同于训练，除了要承受更强的体能负荷，还要承受更强的心理负荷。在竞争中有三种心理状态：理想、不良和恐惧。

在篮球比赛过程中进行心理训练，能够让赛前保持的最佳心理状态，在比赛中将以延续，结合比赛的实际情况来采取一系列的调整手段。有很多心理调整的过程中竞争，比如对方的心理战术的变化，经常引起运动员的心理失调；另一个例子是在比赛中，如果双方比分追的很紧，整体比赛形势瞬息万变，对于运动员来说会造成极为严重的心理压力，这就需要教练员认识到这一情况，及时了解运动员的心理变化，采取一些心理调节手段。运动员本身的心理调节能力较强，教练员进行外部的暗示就可以避免运动员心理状况过于极端。通过长期的心理训练，才能够让教练员和运动员之间形成稳定的关系，能够在比赛过程中，更好地进行调节。

比赛是对运动员体力和脑力的一种考验，运动员体力消耗较大，同时也有较大程度的精神消耗，尤其是和对手之间本身的实力相差无几，这时身心消耗更大，因此在比赛过程中需要注重利用间歇时间进行体力恢复和精神力的恢复。教练人要针对运动员的实际情况，采取系列的手段来转移运动员的注意力，让运动员能够放松心理，避免受到比赛压力过大的影响，也能够更好地进行心理恢复训练，同时在最终比赛中取得胜利。

4.篮球运动员赛后心理调节

运动员在比赛之后，身体疲劳和心理疲劳同时存在，因此需要注重篮球运动员在比赛之后的心理调节。在比赛之后，心理调节的效果会影响到现场比赛的结果，也会影响到运动员的心理状态发展，更加会影响到运动员的人格发展。就这也需要明确，即使比赛结束，但是运动员的心理活动仍然没有结束，只是隐藏了内心的直观变化，改变了其表现方式，没有发展到特定的程度，无法真正的表现出来。一场比赛的结束，也是为下一场比赛的开始做好充分的准备，因此教练员需要仔细观察运动员在比赛之后的心理状态，及时的发现运动员的心理素质起伏情况，并且采取有效的手段进行调整。即使发现在比赛中可能存在的心理隐患，并且采取一定的手段进行消除，这样才能够通过有效的心理调节活动，确保下一场比赛运动员的身心健康。

赛后心理调节的方法有：

（1）全面的身体、技术和心理康复。在一场篮球比赛结束之后，无论是精神和体力都有着较大的消耗，身体缺乏必要的能量供应，相应的技术动作完成水平也会受到影响，对于战术的履行情况也会有所降低，因此在比赛之后需要进行全方面的恢复手段，不仅仅要做到身体素质的康复，需要进行一些心理康复训练。结合心理训练的基本方法，以及运动员的实际情况，选择针对性的心理康复手段，更好地保证运动员的心理健康。

（2）比赛后释放紧张情绪。伴随比赛而来的体育紧张并没有随着比赛的结束而消失。这种紧张的负面影响是显而易见的，因为它在很长一段时间内不能恢复正常（或仍处于自我陶醉状态），从而继续消耗运动员的体力和脑力。为了解决比赛后的紧张，你可以放松，转移注意力，改变认识等等。总之，我们应该采取有意识的心理训练措施和方法，而不是放任自流。

（3）游戏后自我形象提升。在篮球比赛的进行过程中，运动员会根据比赛实际状况的不同而有所变化。在取得比赛的胜利时，运动员经常会认为自己的综合实力过高，对于自己有着比实际水平更高的认知，而且也很容易用理想中的自己来代替实际水平。这比赛失利的时候，由于失败的打击会影响自己的形象认知，很难对自己的水平进行客观的评价，经常会过于贬低自己。在比赛之后需要进行自我形象的修复，尤其是要保持心理的客观状态，保持心理素质的平和，这样才能够更好地进行自我认知，来消除由于失败或者是成功带来的影响。这次我形象的认知上需要认识到自己的优势和缺点，能够不断地发挥优势，也能够在训练和比赛过程中有意识的来改正自己的缺点，同时在实际比赛中也可以树立自身的形象发展目标，这样能够确保运动员的心理状态处于积极乐观状态。教练员可以引领运动员借助想象训练法来进行自我形象的塑造，注重自我形象的内在表现，也需要注重运动员自我形象的修复。

（四）　篮球运动员赛前和赛时的心理控制策略

心理控制是决定运动员赛前和赛时运动表现的关键因素之一。

1.赛前和赛时运动员积极的心理控制策略

（1）集中思考将要采取的策略；

（2）集中想某一项技能或者组合技能的技巧；

（3）表象完美的技能表现；

（4）在心里用自己和自己队伍的强项与对手的弱点做对比；

（5）当使用自我交流和其他心理技巧时，将肌肉放松；

（6）回忆过去成功的经历；

（7）在心理准备每个比赛的细节；

（8）想象自己是所有运动员中最好的一个；

（9）想着教练员曾经给予的积极评价。

2.赛前和赛时运动员消极心理的控制策略

（1）不要去想过去犯错误的经历；

（2）不用过高估计这场比赛的重要性；

（3）不要太在意比赛结果；

（4）不要想如果输掉比赛会怎么样；

（5）不要老想着自己的弱点；

（6）当在比赛中领先或不分胜负时，尽情享受你表现的时刻；

（7）集中注意比赛的过程、策略和技巧。

（五）赛前和赛时教练心理调整技巧

教练员在比赛之前需要制定完整的训练计划，同时明确在比赛之前的训练任务，也能结合运动员的实际情况和可能出现的比赛结果，有针对性地进行训练，并预测可能出现的担忧。试着帮助运动员改变自身的想法，避免想法过于消极，而是用乐观的态度来面对比赛，同时在训练过程中要练习比赛时能用到的基础型动作，也能让运动员以平常心来面对比赛，不再将成绩看在主要位置，而是能专注于过程。教练应该给予积极的反馈和强调运动员的力量，强调运动员应该做什么，不是他们不应该做什么，强调如何比赛，而不是比赛的重要性，在比赛中注重过程、策略和技巧；强调对手的弱点；比赛前和比赛中不要对球员大喊大叫。

相反，教练不应该在比赛前和比赛中过分强调比赛的重要性。不要给某个运动员太大的压力，与其提醒他们过去所犯过的错误，不如告诉他们以后该怎么做。比赛之前避免批评球员，不要强调运动员必须完成什么；不强调失败或错误的后果，教练不应该表现紧张；如果运动员本身对于比赛成绩有较高的要求，那么教练也需要针对性的进行调整，不能够采取一些强硬的手段，而且也不加深这一动机，避免运动员变得自负，同时也要保护运动员的自尊心，避免在申请运动员面前去对某个特定运动员进行批评。

第三节　优秀篮球教练员素质培养与竞赛指挥

一、优秀篮球教练员的基本素质及培养

篮球教练是体育运动的组织者和管理者。篮球教练员需要针对比赛要求和运动员的发展要求来有效地进行训练，促进运动员的全面发展，提高运动员的技术水平，也能够更好地实现比赛目标。个人的综合素质直接影响到训练水平，也会影响到运动员在比赛中的成绩，因此需要有效提供教练员的素质，这样才能够更为科学地进行训练，也能够提高竞技体育的综合水平，促进竞技体育的发展。

人们对于"素质"这一次有多方面的理解，包括本质素养和结构几个方面，针对篮球教练员的实际情况可以将其分为身体素质、心理素质和文化素质几个方面。这种素质相互影响，共同促进了篮球教练员的综合水平提升，同时也能够相互作用。篮球教练员的素质不仅是指教练员与生俱来的一些生理和心理特征，而且是指通过后天培养而形成的品德、知识、才能、情感、风度、勇气、作风等。与其他类型的人才相比，篮球教练员不仅需要普通人才的基本素质，更需要篮球所需要的特殊素质。

（一）优秀篮球教练员具备的基本素质

1.身体素质

身体素质是人们生活活动和工作能力的物质基础，身体素质的发展对于篮球运动员来说，有着极为重要的影响，能够提高生活水平，也能够在工作中加以应用，提高工作质量。教练员的工作并不单纯的是脑力劳动，也需要进行体能的参与，同样是一种体力劳动，除了为运动员制定训练计划，出谋划策之外，也需要真正地参与其中。教练员工作较为特殊，除了要求有正常的专业知识水平之外，也需要具备高超的身体素质，这样也是篮球教练员的基本要求，就是篮球教练员在训练过程中的综合表现，教练员具有刘浩的身体素质能够在运动中充分发挥自身的优势，也能够适应多种运动要求，这样才能够更好地展开训练。

2.心理素质

同样对于教练员来说，心理素质也是不可或缺的重要素质，更是教练员需要具备的基本素质。心理素质直接影响到了教练员对于整个训练过程和比赛的心理状态，只有教练员具有较高的心理素质，才能够让运动员在比赛中保持稳定的情

绪，也能够让运动员在训练过程中更加积极努力。教练人的心理素质会直接影响到运动员的训练状况，也会影响到运动员在比赛中的表现。这令人具有良好的心理素质，才能够提高运动员队伍的凝聚力，也能够在比赛中获得更好的成绩。这猎人是有助于自身队伍有强烈的信息，尤其是关注每一位运动员，了解运动员的优势和不足之处，有针对性的进行调整，为每一个运动员量身制作相应的训练计划，这样能让运动员在自身现有水平基础上有所提升，同时运动员和教练员在心理上保持良好的融合效果，同时也能够提高自身的奋斗精神。教练员能够了解运动员的心理变化，通过自己的激励手段来充分调动运动员训练的积极性，也能够控制运动员的情绪，避免情绪过于暴躁和起伏，引导运动员在不同的比赛条件下，控制自身的情绪，在遇见问题时，首先需要冷静下来，这样才能够找出解决的办法。在训练过程中，教练员需要耐心的进行技术和战术的讲解，也需要进行一些演示，不能够由于运动员无法理解，就对运动员进行辱骂或者是体罚，教练员用心对待运动员，才能够赢得运动员的尊重，也能够形成良好的关系状态，这样在比赛中更加有力。因此，教练员应始终保持积极乐观的情绪，避免消极悲观的情绪，尤其要提高自我控制能力，保持情绪稳定，善于调节情绪。当运动队出现失败、主力队员受伤等干扰正常训练工作的困难时，教练可以通过听音乐、阅读文学、做休闲运动来转移注意力，从而摆脱不健康的情绪。

3.社会文化素质

（1）文化素质。教练员所需要的文化素质可以分为三个方面：

掌握哲学、社会学、体育史、思维科学、行为学、"三理论"（控制论、系统论、信息论）的基本知识。知识是人类认识和改造世界的经验总结，是对事物的系统认识，是对某一学科的知识结构，即对基本概念和基本原理的掌握。现代社会已经进入了一个以知识为基础，信息化，数字化的高科技时代，由于很多教练员的知识结构单一、浅薄、不具体，即对资料的占有、信息的收集和处理都是片面的，工作缺乏组织性、概括性、抽象性和规律性，如果你不改变这种情况，很难跟上发展的步伐的篮球。现代篮球对抗与战场作战相似，篮球教练员尤其要掌握一定的哲学原理和方法论，以及政治经济学、社会学和军事科学的基本理论。另外，要掌握和运用思维科学和行为科学的知识，形成多元的知识结构，这对于胜任高水平的培训尤为重要。

应了解运动生物力学、运动管理学、运动社会学、运动生物力学、运动医学、运动生理学、竞赛等相关运动知识。教练正在与运动员打交道。体育社会学科知识，如体育教育学、体育管理学、体育心理学、体育社会学等，是教练员知识结构的重要组成部分。由于篮球是一项综合性的人类运动，篮球教练员的主要任务是体育训练，因此教练员必须熟练掌握体育生物学科，如运动解剖学、运动生理学、运动生物化学、运动生物力学、运动营养学、运动保健、运动医学等。除了掌握以上相关学科的基本知识，教练也应该密切关注这些学科的最新进展和发展趋势，及时更新自己的知识结构，充实他们的知识系统，以满足需求的快速发展竞技体育教练。

必须掌握扎实的专业训练理论、专业技战术理论、体育训练科学、竞技体育管理、篮球比赛规则、裁判法等知识。篮球专项训练知识是篮球教练员素质的内容，是其综合素质的前提。理解一般训练理论和方法的基础上，特别训练篮球教练需要掌握的理论知识，如篮球运动员选材的知识，根据不同的训练时期，使运动训练方法的计划，组织和控制训练过程的方法，收集、处理和使用篮球信息的方法，特殊教育训练方法，篮球，等等。因为篮球是对抗性的技能项目，其特点是高速度、高强度、高地位和高技能和强烈的对抗，篮球运动训练有其自身的规律，不同于速度、耐力和技术表现的运动，因此，必须了解篮球的特点，篮球教练和篮球规则的训练方法和技能，并能熟练使用培训。

（2）思想道德素质。对于个体来说，思想道德素质是重要之处，同样对于篮球教练来说，也是其他素质的核心所在，直接影响也决定了其他素质的发展程度，同样也是提高多种素质的重要动力。教练员的思想道德素质会直接影响到运动员的发展，思想道德素质主要包括政治思想和职业道德两方面，政治思想主要是树立正确的三观，一个优秀的教练必须有祖国的崇高理想的思维，看世界篮球领域，敢于超越主观，不断攀登世界高峰的篮球，努力学习和艰苦的斗争，以贡献一切高级优秀运动员的培养，争取优秀的竞争结果。后者体现在四个方面：

把对运动的忠诚放在首位。为国家争光是教练员职业道德的核心内容。作为一名合格的教练员，要有强烈的事业心、高度的责任感和献身体育的精神。

以人为本，关心运动员的成长。教练员影响队员，不仅靠言教，更要依靠身教，以有崇高的理想，信仰，生活的灵感来启发运动员，用善良的心灵陶冶运动员，用严格的训练塑造运动员，教练不仅要对提高运动员的技术和战术能力倾注所有的热情和关心，也要对运动员文化学习，个人生活给予积极关注，运动员在面对困难和挫折时，更要鼓励和鞭策运动员。

热爱集体，团结协作，公平竞争。教练员必须处理好个人与群体的关系，特别是与其他教练员的竞争关系，才能实现公平竞争、共同进步、共同提高。处理好球员之间的关系，特别是明星球员和替补球员之间的关系，我们必须平等对待所有人，有明确的奖惩。在市场经济条件下，教练员应杜绝腐败，避免舞弊，不打贸易球和人情球，实现公平竞争。

学习上勤奋上进，不厌烦，对自己严格要求，治学严谨。篮球教练员应积极进取，改革创新，不断总结经验，不断学习新知识，探索更加科学合理的训练方法和手段，以形成自己球队的技术特点和战术风格，不断提高竞技水平。

（3）审美素质。竞技体育已经成为体育教育过程中的重要组成部分，相应的体育教育也得到了大面积的普及，对于教练员的审美素质有了更高的要求。尤其是在运动员的训练过程中，这种审美主要体现在以下几个方面：提高篮球教学的兴趣，如教学比赛，趣味性训练手段，从审美的角度来训练运动员，让运动员具有良好的心理素质，也能够在篮球训练过程中提高审美能力，尤其是营造一个良好的训练审美环境，确保整个训练环境的干净整洁，衣服颜色鲜艳，严格按照美学原则和动态来展开训练，这样能够让运动员在训练。过程中更有兴趣，也能提高训练的审美效果，自然提高整体的训练质量。

（4）能力素质。训练能教练员确定整体的训练计划，这一训练计划的制定并非是千篇一律的设计和运动员的实际情况，有针对性地制定训练计划。在训练过程中，要有效地控制运动员的情绪，尤其用一些艺术性的语言来和运动员进行沟通交流，激励运动员训练和完成训练计划，是目前这也确保运动员进行科学合理训练的重要基础，能够有效地调整运动员的训练计划，最后，运动员的实际情况，更好地控制整个训练过程，也能够实现教练员的自我调节，及时的发现在训练过程中存在的问题，也能够有效地解决这一问题，更好地进行全方面的训练。

选拔能力：科学选拔是培养高水平运动员的基础。通过选拔，可以发现和选拔出有前途的篮球运动员，并使他们尽快融入运动队。根据篮球运动项目发展的需要，科学的选拔程序和方法，优秀的教练员必须掌握选拔条件优越的运动员的基本能力。

现场指挥能力：篮球比赛过程中，不仅仅是运动员的技术水平比拼，以及一些战术规划，更重要的还是心理素质上的比拼。在比赛过程中会出现很多突发情况，尽管在比赛之前做出了一系列的预定，但是比赛过程中还是可能会出现多种变化，这也会影响到运动员的心理状态。这人在比赛指挥过程中能够体现出其指挥能力，在智慧中，尤其是要根据现场比赛情况的变化来进行决策的改变，这样就能够更为灵活地进行现场指挥。

创新能力：技术水平在发展的同时，为篮球运动注入了更多的活力，篮球运动有了明显的发展，个国家的体育水平并没有太大的差距，想要培养高质量的运动员，需要教练员做好整体的培训工作，尤其是要提高中了教练员的创新能力，这样才能，都在创新意识的指导下，不断地选择全新的技术手段和训练方法，这样也能够培养高质量的创新型人才。

管理能力：篮球队的管理要素包括计划、组织、指挥、协调和控制。教练应该认识到哪些因素是普遍的，哪些在他们的工作中是特殊的。哪些因素是有益的，哪些因素是有害的；哪些因素是实用的，哪些因素暂时不起作用，而起着储存的作用。优秀团队3分训练，7分管理，教练承担组织者和管理者的责任。从这一角度上来看，教练员的管理能力极为重要，这是保证各种训练活动有效开展的重要基础，也能够更好地约束运动员参与到训练中去。明确运动员本身的生活制度，确定具体的管理办法，这样也能够让教练员进行有效的外部监督，做好整个球队的组织管理，促进球队的发展。

教练员的能力素质需要上述几种能力相互配合，并非是单一的能力发展，而是几种能力互相影响，任何一方面的能力不足都会影响到其他能力的提升，因此需要将几种能力协调发展，这样才能够更好地提高教练员的综合能力素质。

（二）我国优秀篮球教练的培养

1.中国篮球教练员人才培养理念

竞技体育想要得到有效的发展，提高教练员的综合水平不可忽视。尤其是在竞技体育的竞争过程中，不仅仅是运动员的竞争，更重要的是教练员之间综合水平的竞争，教练员的素质也会直接影响到球队的整体质量，进而影响到竞技体育的发展。教练员培训一直是各国竞技体育发展中所关注的问题。我国从1987年开始实行教练员在职培训，至今已有30多年的历史。虽然教练员的执教能力有了很大的提高，但目前篮球教练的综合素质较低的情况并没有得到有效的改善，主要原因还是目前教练员并没有掌握正确的训练理念，也很难培养符合要求的高素质人才。

目前，普遍认为篮球教练员综合素质低下是制约其提高的瓶颈问题。篮球教练员的综合素质本身蕴含了极为复杂的内容，会受到多种因素的影响，而专业知识是基础素质，将专业知识在具体的实践中加以应用，这则是能力的表现。当前教练员在职培训强调"职业培训"和"技能培训"。在职培训的内容基本上是篮球的基础理论知识，很少有具体的实践培训，这样也会影响到教练员综合素质的提升。

篮球教练员的培养应以"人为本"，提高教练员的整体素质。教练员的整体素质明显提升，尤其是重视对教练员指挥能力的训练，相应的也提高了教练员的综合素质。但是想要从整体上根本提高教练员的水平，必须转变教练员教育思想。中国篮球教练员的教育比较复杂。由于受培训制度等因素的影响，教练员很少接受系统的文化教育，更多的是接受"专业教育"，如职业培训、专项学习等。"专业教育"需要将学习的内容在实践中加以应用，在教练员的培训中更加常见，但是不足之处主要是对于理论知识的掌握并不知道是真的，有本事的文化水平也不高，很难将学习到的知识进行创新是拥有，尤其是在如今重视教练员指导能力，而并非是专业知识思想的影响之下，中国篮球管理提出教练员的培养应以"能力本位"为核心。显然，"通才教育"的特点是培养个人能力在各方面通过"百科全书式"教育，但是知识的总量的增加和教练有更少的时间来研究形成一个尖锐的冲突，显然，"通才教育"是一个好方法，但不是一个好的选择。这就是为什么提出"素质教育"的概念。在素质教育思想指导下，体育与教育相结合，篮球教练员的培养坚持素质、知识、能力并重的价值取向。加强人文、自然、社会科学知识建设，全面推进"体育与体育结合"。综合技能与专业技能相结合，可以扬长避短，突出能力，从根本上改变我国篮球教练员"素质"低下的现状。

2.中国篮球教练员人才培养体系

中国教练员是一个特殊的群体，大多数运动员退休后担任教练一职。在教练员作为运动员期间往往是集中在一些技术的训练上，或者是参加比赛，很少有时间去进行文化课的学习，而在退役之后担任教练，也由于不用继续训练，同时将更多的时间放在了训练运动员身上，并没有时间去学习文化课知识。欧美发达国家篮球教练员的录取标准是"学历+岗位培训证书"，一般教练员的学历和我国同等学力相比，是必须要在大学学历之上，但是从我国教练员的实际情况来看，很少会有达标的，这也影响到整个教练员行业的发展。这个多年的改善，我国目前的篮球教练员重视学历，基础教育也重视职业培训，吓着了多种方式的人才培养手段，建立了多元化的培养体系，这一训练体系基本上较为完善，能够实现篮球教练员的继续教育，也能够提升教练员的综合素质，为教练员文化课水平的提升奠定了坚实的基础。不过受到篮球训练体制的影响，我国目前篮球教练员的学历教育还有待进一步的完善。

3.发展国外体育教练员岗位培训

美国教练员培训主要由项目协会及相关组织承担，经费由项目协会自行提供。但是在美国奥林匹克委员会重视奥运会教练的培训工作，美国奥委会主要开展以下工作，包括教练的认可，建立教练协会和出版《奥林匹克教练员》、培训评估、举行研讨会，发展教练行为系统，建立标准的教练，证书和课程教学大纲。美国教练员职业培训课程丰富实用，教学方法灵活多样。教练员的等级评定没有统一的规则。有的项目协会有一个等级，有的有五个等级，不同项目协会教练员培训水平参差不齐。

德国教练员岗位培训主要由体育协会和教练员协会进行。德国的教练员水平主要分为A级教练员、B级教练员、C级教练员和硕士教练教练员。硕士教练员是最高层次。体育协会负责A级、B级、C级教练员的培训，教练员学院主要负责硕士教练员的培训。德国教练学院与个别协会、国家体育联合会和奥林匹克委员会有着密切的联系。根据德国体育联合会的章程，C级教练的在职培训必须包括120课时。B级教练员在职培训时间缩短为60小时，A级教练员在职培训时间为90课时，每课时 45 分钟。德国教练员的训练时间形成了"两头大，中间小"的结构。培训时间可以是晚上、周末、白天或工作日。为了达到课时的目的，不同的课程也可以相互结合。德国教练员职业培训课程针对性强，注重解决问题。德国教练必须通过考试取得一级证书，经过 B 级和 A 级的培训后，必须通过口语或书面考试证明自己的教学能力。教练的年龄也有明确的限制。C 级教练必须年满 18 岁，B 级教练必须年满 20 岁，A 级教练必须年满 22 岁。

二、篮球竞赛的指挥工作

（一）教练员临场指挥的作用与意义

现代篮球比赛的本质是综合实力水平较量，它不仅是与教练员的训练质量和指挥管理能力的较量，而且是与运动员的意识、风格、身体素质、技术、战术和心理因素的实际水平和运用能力的较量。然而，就比赛而言，教练员在组织比赛指挥工作中的能力、水平和作用是关键，是衡量和显示队伍实力对比的重要内容。现代篮球队的权力和力量，不仅是运动员在思想意识的对比，战斗风格、技术、战术、身体状况、身体素质和心理素质的竞争能力，而且对比教练的智慧，人格魅力，材料，日常管理，培训水平，以及组织竞争，利用团队的力量，合理分配和投标策略和应变能力。从这个意义上说，篮球比赛的指导工作是以比赛双方教练在训练过程中运用各自的智慧、策略和才能形成的团队力量为基础的，在比赛中，组织和部署队员，运用应急战略和战术，始终保持主动，以抢占游戏的智力优势，掌握竞争技巧，掌握艺术过程。

1.审时度势，以弱克强

篮球比赛是一场智慧和勇气的比赛。对于双方教练来说，这是一场智慧的较量。相对较弱的队伍不可能战胜相对较强的队伍。强者和弱者不是绝对的，而是相对的。强者并不都是强者，弱者也不都是弱者。在一定条件下，强者和弱者可以互相转化。教练临场指挥的过程中，如果可以利用自己的经验，发现对手的弱点，调整作战计划的情况，有针对性的调整，有针对性地调整整场比赛的运动员，充分发挥自身队伍的优势，也能够让对手的就是无法发挥出来，这样才能够一次生的优势去面对对方的劣势，实现最终的胜利。

2.果敢决断，扭转战局

在篮球比赛中，运动员的技术、战术表现出不稳定性，再加上一些其他因素的影响，让比赛形式很难在掌控之中，经常会出现变化。球队在比赛过程中会处于有利地位，也可能会处于不利地位，问题在于如何控制"高潮"和"低潮"现象。当对手处于巅峰，而在比赛中如果球队处于不利地位，那么需要教练员进行相应的智慧，通过有效的策略来扭转这一局面，尤其是在关键的时机，选择一套有效的策略，能够更好地整比赛状态，也能够实现反败为胜。

3.因势利导，巩固战果

篮球运动是一个制约与反制约的过程。我们不仅要尽可能地限制对手，还要防止对手反制。因此，当球队领先时，也需要教练考虑到危险，充分利用情况。教练会首先进行预测判断，考虑到在比赛中可能出现的情况，然后，和运动员进行沟通，让运动员不断调整自身的心理状态，也能针对不同的比赛状况来选择相应的战术，这样能够更好地应对比赛。同时，如果对手由于自身处于劣势，而采取一些暂停战术，也能够积极地进行，想要始终占据主动地位，达到最终的获胜目标。

4.稳定军心，赛出风格

在篮球比赛中，所考察的不仅仅是运动员本身的技术水平，更重要的是战术技巧和综合体能的对抗，但在此之上也离不开心理素质的比赛。在比赛过程中会出现很多突发情况，尽管在比赛之前做出了一系列的预定，但是比赛过程中还是可能会出现多种变化，这也会影响到运动员的心理状态。球队分数领先时，就是人会让运动员继续稳扎稳打，避免过于放松，而让对手反超。在运动员得分是靠运气，而并非是靠实力时，可以及时进行一些战术的调整，避免运动员产生盲目的自信心，防止他开始独自比赛、随意投篮等情况。教练可以用换人的方法让不稳定、急躁或易怒的球员暂时休息，以平复情绪，等待再次战斗的机会。当然，当团队在巨额赤字的情况，教练使用暂停或半场休息时刺激运动员的情绪，统一团队的思想，鼓励团队的动力，稳定团队的士气，同时使团队在接下来的比赛中发挥原来的水平和自己的风格。

（二）教练员临场指挥的基本内容

1.赛前的准备工作

（1）组织思想准备。在组织工作方面，应在比赛前尽早确定各类主要人员，完成报名。主要参与人员为领队、教练员、运动员及相关人员。为比赛做好准备，确保训练安排和整体运行。

在思想工作方面，在日常思想教育和管理的基础上，根据队伍的组建、培养目标和计划、主力阵容的分配、竞赛任务和相互实力的比较，以及在团队中产生的各种心理状态，等等，开展有针对性的思想工作，取得全体参训人员的共识，形成任务明确、安全到位、思想团结、团结进步、积极争创一流、斗志昂扬、精神饱满的队伍，迎接形势的变化。

（2）信息搜集，制订备战方案。第一，调查了解本队及对方的情况。

·充分了解本队的赛前状况，特别是队员的思想和心理状态。

·摸清对方的情况。基本包括：对方的身体条件、体能状况、心理素质状况、战略战术状况、技术特长及弱点、后备力量的情况等。在宏观上要了解对方打法上的特点。

·调查方法：①一般来说，经验丰富的球队很少会在比赛之前就暴露出自身的全部能力，不会显露出自身球队的优势和劣势，也很难展现出自己所选择的战略，这样才能够在比赛中起到出其不意的效果，避免被对手参透，有所针对。但是在比赛过程中，由于比分的限制，所有人都想取得成绩晋级，因此很难会掩饰自身的优势，也会暴露出球队的不足之处。观看对手的比赛，能够从多方面去了解对手，也能够制定一些有效的策略，以便于增强自身获胜的信心。对于 NBA 教练来说，最常见、最方便的方式就是观看对手的比赛视频，甚至是将对手最近的比赛都看很多遍，以便更深入地了解他们。②技术和战术统计方法的运用。篮球常规技战术统计方法不仅可以用于科研、教学和训练检查，而且可以用于赛前准备中对方的侦察。技术统计能够客观地反映对手的技术和战术，为教练员制定战术计划提供参考。在没有条件看对手比赛的情况下，也可以用其他方法收集对手的信息。例如，中国很多教练都非常重视从报纸和相关信息以及一些新闻报道中去了解对手的情况，这样并非是红双方去直接了解，是从第三方能够更为客观地进行对手总体情况的分析。

第二，制订比赛计划。

教练需要充分了解自身队伍的优势和不足之处，也能够了解对手的实力，这样才能从整体上来进行综合分析，更为合理的确定比赛中运动员的战术选择。首先，从实践的角度来确定各游戏的策略指导思想。要注重发挥战斗作风优势，争取主动。其次，制定游戏计划。坚持的原则，发挥优势，避免劣势，整个团队和每个球员的战术行动不能偏离这一原则，所以在训练和实战攻击猛烈攻击对方的弱点，主动引导对方暴露弱点和攻击，或故意放弃防御的对手的缺点，帮助合作伙伴提高干扰和推断出球。此外，准备各种应急阵容，并处理比赛中的困难。技巧和战术在比赛中的运用主要体现在制约和反制约上，关键在于教练能否评估形势，分配阵容组织，采用应变策略，从而达到出其不意的制胜效果。在比赛前做好准备应对各种困难，在球队打法受到限制时，要立即运用暂停、换人、场外指导等手段，稳定球员情绪，改变战术，控制进攻和防守速度，扭转场上的颓势。

（3）组织模拟训练。在实战比赛中，我们可能会遇到我强彼弱、我弱彼强、势均力敌或遭遇战等情况。在赛前训练和比赛中，我们需要针对不同的对手进行模拟对抗训练。

我强彼弱时，永远不要盲目地骄傲或轻视敌人。模拟训练要细致、认真。在熟悉对手战术和阵容的基础上，预见对手进攻和防守的常规变化，有针对性地进行演练。不允许忽略更改中每个协调的关键细节。

我弱彼强时，不要气馁，需要勇敢地面对强者，在战略上鄙视对方，在战术上重视对方，有信心去战斗，去胜利。在模拟训练中，要针对对手的强项进行有目的的对抗训练，寻找战胜方法。

势均力敌时，教练员要坚定决战胜利的信心，尤其是强调形势的科学分析彼此的互相握作为一个整体和个体的特殊优势，和最准确的采取相应的控制措施，要准备各种各样战略应对最困难的战斗。在模拟训练中，要坚持自己的特长，灵活改变常规战术，争取抢在敌人前面，抢占先机，及时部署，打乱敌人的战术部署。

遭遇战时，应确定以我为基础的决策原则，努力做好开端。因此，比赛训练前应设计多套比赛方法进行模拟实战训练。具体的战略部署，首先要对主力阵容进行适当的调整（也可以对主力阵容进行装配测试）。战术安排可以选择一些最放心的阵型，以便在比赛开始时能在最短的时间内拥有攻守的优势，并在掌握对方基本的打法后适应形势。

（4）开好准备会。开好准备会的目的是统一思想，实施比赛计划，让每个队员都知道整个战略、战术和任务。准备工作将用来调整球员的心理达到最佳状态。因此，准备会必须充分发扬民主，听取团队意见，才能做出正确的决策。准备会可以采取多种方式进行，至于采取哪种方式，应从实际出发，各种准备会形式都有一定的优缺点，教练员应根据人、时间和事项采取适当的方式。总的来说，会议时间不宜过长，教练员要简明扼要，决策态度要坚定自信，重点安排要突出，形式和内容要有利于调动积极性。一定要避免准备会议氛围的紧张，使队员背上种种包袱上场打比赛。

2.临场比赛的指挥工作

教练员在场上发挥的作用不仅仅是通过暂停比赛和换人来体现。而最重要的是对赛场的掌控和局势的把握，同时对不同时期的阵容做出有效的调整。从而更加针对对方所使用的战术和阵容进行有力的突破和应对。而通过现场的暂停和换人是教练对比赛最好的掌控和把握工作手段之一，在整场比赛中，教练对规则和对方阵容以及场地的熟悉和适应，能够在全队的比赛过程中做出有效的指导，同时作为球队的大脑，能够将整场比赛指挥贯穿于全场，同时将球员之间的矛盾做出客观的调整和有效的针对，从而将整场比赛团队的凝聚力展现出最好的一面。在指挥的过程中，要不仅仅观察球场上的瞬息万变的状况，同时还要考虑到现阶段的篮球比赛规则和规律，通常情况下，篮球比赛一般分为12分钟一节，一共四节。因此，教练就要必须了解到每个阶段的规律和可发展性，运用不同的暂停和换人战术，以及排兵布阵，从而结合现场实际情况，在不断变化过程中保持不变，来确保最终的主动权掌握在自身手里，同时又能保证最终的比赛获取胜利是教练员在场上最为直接的表现。

（1）暂停。暂停也需要技巧。其表现在利用比赛的条件和规矩来创造更多的休息时间以及阵容调整时间，同时教练要观察队员在上场和下场之前所受到暂停所带来的实际情况，并且教练要实时观察对方教练是否要主动叫暂停，如若对方主动暂停，我方应正常的受到暂停来进行有利的调整和休息，同时对对手所做的表现，做出一定的预判和调整，要注意自己的态度，特别是当队员不耐烦时，要及时给予鼓励。

暂停时机：①场上士气低落、队员缺乏信心时。②技术上连续失误、战术配合失调时。③对方士气高涨连续得分时。④比分落后时。⑤发现对方薄弱环节，要改变战术打法，提出新任务时。⑥双方相持不下，或在关键时刻。⑦场上队员体力透支不能换人时。⑧在特殊情况下需要暂停时。

注意时机：暂停是运动员和教练在比赛中唯一把握机会和对场上运动员做出分析的交流机会，同时也是实际现场所指挥的和落实的重要手段之一，因此要注意以下三点：第一，掌握全局，不仅仅是针对已经发生过的问题进行处理，同时还要做出未发生事情的预判和掌握，要告诫自己的团队避免；第二，暂停时间有时间限制，因此要集中精神言简意赅分布，任务和实施情况；第三，时机正确。在正确的时间做出正确的暂停，能够有效地做出场上劣势的针对，从而扭转局面，要特别注意在己方队员手感火热或者进入状态时，切记不可叫暂停。

（2）换人。换人技巧：合理地运用队员和资源来获取比赛中的胜利，也是一种胜利的手段和战术。因此，教练结合实际比赛过程中发生的真实，要做出良好的判断，是否换取不一样的运动员利用优势来弥补短处。①首先要了解队员的实际情况和队员的优势以及劣势，因此可做到对不同人运用不同人去防守或者进攻；②换人时应考虑现阶段球场上所运用的战法和打法，并且告诫将要换上场的运动员，做好思想准备和身体准备；③要保持原则性，偶尔的失误不代表整场比赛的失误，但不允许大量的失误，造成无可挽回的局面。

换人时机：①队员疲劳或者需要休息时，通过休息来对实力的有效保存，在最后决战时，再将首发队员换上场；②队员犯规较多并且要根据对方的主力球员实际情况进行有效的人员更换；③为保留暂停而进行换人，同时要观察队员的心理表现和情绪，避免造成运动员内心的伤害和歧视；④在主力球员或者首发球员得到一定的优势时，换取新队员上场得到一定的锻炼或者替代受伤球员继续为球队带来胜利。

换人方法：①根据对手实际情况来采取不同的换人方式。对方球队要是比自己的综合实力弱，教练可采取相应的政策安排新入队的球员和替补人员，以便训练新队员，排练替补队员，为将来可能发生的变化做好准备。当对手比自己的球队更强时，教练应适当更换一些年轻球员或具有替补动力的球员，利用新入队的球员的新鲜血液和对胜利的渴望来为球队创造更多的动力。在双方球队的综合实力旗鼓相当时，在防守方和进攻方并没有良好的打开时利用新秀球员集中性的开火或者进攻，打开球队进攻的欲望和得分点。同时能够为对方球员心理造成一定的压力，并且为己方球员的核心位置保持一定的实力。②根据临场的比赛局面不同所采用的换人方法。在比赛中得分差距较大时，应继续坚持之前所运用的战术和打法来换取更多的优势和胜利希望。但是在分数落后较大的时教练员应针对落后分数实际情况从而做出有效的调整，降落后的分数追回甚至反超，切不能抱着"死马当作活马医"的态度进行换人。当双方的比分不分上下时，应将球队当家球员或者明星球员更换，为球队带来更好的得分效果，在比赛最后一节关键时刻，可将主力球员全部换上为自己球队的胜利带来更多的希望。③根据一场比赛结果对其队的影响所采用的换人方法。当运动员被要求赢得比赛时，他们往往有两种心理：一种是战斗到底，另一种是由于心理压力过大而产生的"怕输"心理。在这方面，教练应该在比赛开始前了解情况，及时采取换人。从而将机会分给更多的心理素质良好的优秀球员，认真地对待每一场比赛，及时在总比分能够晋级的机会下，反而是更好的机会，让新秀球员获得更多的实战训练。

注意事项：

在将球员换人时，应告知所要上场的球员，多进行的战略政策以及防守要领和得分机会，最为重要的时要给予更多的信任注入即将上场的球员，在换人后要观察上场球员的实战情况，切不能在不适应的情况下将其换下，反而更多的是要鼓励球员，恢复球员的信心和热情，在找回感觉和状态时，教练要注意观察球员的情况，从而在比赛结束后，帮助球员的不足之处做出指正，从而更好地帮助球员提高比赛能力，而在球场比赛中，教练也应该冷静，准确预测，及时决策，即兴创作，注意技巧，以激励整个团队精神，捕捉战机，争取比赛的主动权，为赢得比赛打下基础。

（3）场外提示。当我们观看国内、国外或国际比赛的转播时，我们会发现在场边的教练经常给场上的球员发出信号或声音提示，甚至大喊大跳。根据规定，在比赛中，球队的教练可以站着制造噪声，但不能离开板凳或进入赛场，也不能侮辱球员、裁判或观众。在规则允许的情况下，教练员应采用多种方法指导运动员在场上活动，用手势安排或改变战术，用语言调动运动员的积极性，激发运动员的能量，提高运动员的注意力等。

3.赛后总结

比赛结束后，无论输赢，教练都必须做一个总结。一方面，总结的目的是检查任务的完成情况。二是总结经验教训，指导今后的比赛和训练。对团队要胜不骄，败不馁，避免胜利和骄傲，或失败和气馁的作用。

一般情况下，赛后总结应在充分准备的情况下进行，在条件允许的情况下，可以结合比赛视频对技术统计进行检查，让运动员复习旧的，学习新的。赛后总结是在教练的带领下进行的，不仅要分析，还要提问，但不能责怪或责怪裁判。教练员应注重研究技术、战术训练、队伍配置和应变能力的运用。教练员还应表现出高姿态、高格调，总结经验教训。教练员的总结要有详细的技术资料，高度总结运动员的分析和建议，向运动员提出提高训练质量的几点建议，并撰写书面材料。

为了加强队伍建设，应重视训练档案的管理，规范训练和比赛总结档案。应将摘要文件汇集成册，以便妥善保存和使用。

第四节　篮球竞赛组织与管理方法

一、篮球竞赛概论

（一）篮球竞赛的概念

篮球比赛是以篮球为主要内容的竞赛活动。不同球队的运动员通过遵守一定的比赛规则和裁判的判罚，充分发挥自己的竞争能力和团队合作能力，努力打败对手，争取更好的运动成绩和比赛名次。体育成绩由竞技水平和比赛名次构成，两者的影响因素包括三个部分。第一，是对手在竞争中的表现，包括对手的先天和后天的竞争能力以及在竞争中的表现程度。前者包括形式、技巧、素质、协调、技术、战术、心理、智力等。后者包括比赛地位和比赛条件，还包括训练安排、生物节律、气候、地理环境、场地设备和观众。第二，运动员在比赛中的表现，具体因素与前一点相同。第三，比赛结果的评价行为，包括比赛规则和组织、评价手段、职业道德和裁判员的职业水平。从其概念内涵可以看出：篮球比赛是一项竞技比赛；篮球比赛必须有几个参赛者；篮球比赛必须遵循事先规定的统一规则；篮球比赛是一种特殊的社会现象，它不仅是对篮球运动员成绩的评价，而且在整个社会的精神文明建设中发挥着重要的作用。篮球比赛是篮球的基本形式之一，也是篮球内容体系的重要组成部分，是最受欢迎的体育活动之一。篮球比赛能使篮球的价值得到深刻的体现。例如，竞争、合作和努力工作的精神可以体现在篮球比赛中。

1.篮球竞赛的参与者

篮球比赛的参赛者包括运动员、教练员、裁判员、组织领导者、服务管理者和观众。其中，运动员是篮球比赛的核心部分。篮球比赛能否吸引更多的人，对社会产生更大的影响，取决于运动员的成绩好坏。

2.篮球比赛的物质条件

篮球比赛的物质条件包括基本场地、器材、器材、食品、住房、交通等。篮球比赛的物质条件对运动员的表现也起着非常重要的作用。例如，如果一个团队想去另一个国家打一场篮球比赛，如果团队有优越的物质条件，专业厨师为他们准备他们的最喜欢的食物，路上豪华专机为他们减少疲劳，会使团队的运动员有更多的精力进行下面的比赛。

3.篮球比赛组织

篮球比赛组织委员会是篮球比赛管理的核心，它管理着比赛的规章制度、组织安排、组织运作等方面。同时负责参赛人员的资格认定、成绩争议、新闻发布等工作。

4.篮球比赛的保障

篮球比赛的保障主要包括资金支持、安全保障和违禁药品检测。比赛安全是篮球比赛的关键因素之一。随着我国社会主义市场经济的深入和社会条件的改善，有必要投入大量资金举办一场大型篮球比赛。因此，相关篮球比赛组织部门必须走市场化、社会化的道路。

5.篮球比赛的媒体宣传

随着当今世界科技的进步，篮球比赛的媒体宣传变得越来越重要。各种宣传手段和设备的升级，为篮球比赛的媒体宣传提供了可能。通过媒体宣传，世界各地的篮球爱好者可以随时随地了解不同地区的篮球赛事。例如，NBA（美国职业篮球联赛）在世界各地如此受欢迎的原因是各国媒体宣传它的一个重要方面。

（二）篮球竞赛的特征

1.参赛目标的竞争性

竞争性是篮球比赛的一个突出特点。两队之间只有一个队赢得这场比赛。比赛成绩使人们意识到危机意识，这将进一步推动篮球运动员通过各种手段和方法追求更全面的篮球比赛技术。

2.参赛目的的综合性

目标是驱使人们做任何事情的一个重要动机。运动员在篮球比赛中的目的不是单一的，而是综合性的。一些运动员在比赛中为了锻炼他的意志，提高篮球技能，有些运动员为了追求利润丰厚的奖金和个人荣耀，在一些国家之间的篮球比赛中，许多运动员参加比赛不仅是为了个人的物质和精神上的收获，而且是为了给国家增添光彩。

3.竞赛过程的激烈性与随机性

篮球比赛是同一领域的对抗性运动。在比赛过程中，身体之间总是有接触和碰撞，比赛造成的身体伤害是常见的。因此，要想在如此激烈的竞争中取得优势和胜利，就必须加强身体素质、技能、战术、心理、智力等方面的水平。此外，在竞争的过程中，有很大的随机性，例如，在比赛过程中，战术的使用、比赛方法等方面都是不确定的，双方会根据场上的不同情况随时做出适当的调整，以打败对手。

4.竞赛条件的制约性

"无规矩不成方圆"，篮球也是如此。建立竞争结构体系和运行机制，可以使竞争正常运行，提高竞争的观赏性和竞争力。如果不限制竞争条件，就会出现各种各样的问题，如受伤概率增加，资格不公平，非法药物的出现等。

5.比赛结果的不确定性

虽然比赛的结果很大程度上与运动员平时的竞技能力有关，但竞技能力仍然不能完全决定比赛的结果。例如，在一场篮球比赛中，如果一个强队的主力队员当时情绪控制不好，并且出现严重的犯规行为，就会被罚下场，这样的结果会导致球队的整体竞争力大大下降。另一个例子是一支实力较弱的球队在过去一直很差，而一场比赛突然有一名球员手感火热，怎么投怎么中，也一定会打败实力较强的球队。我们经常可以在CBA、NBA和其他比赛中看到这种情况。

（三）篮球竞赛的功能和价值

1.保持健康

这是篮球比赛最基本的功能和价值。通过比赛可以使运动员承受更多的负荷，从而对运动员的身体进行不断的刺激，使身体更加强壮和健美。

2.促进篮球运动的发展

比赛不仅能吸引更多的人参加，提高篮球竞技能力，而且能培养参与者的团队精神，激发进步的欲望。

3.丰富文化生活

篮球比赛本身就是一种文化现象，它可以进一步扩大和丰富人们的业余时间和生活空间。它的公平和正义将使人们更有信心拥有一个真正的和谐社会。

4.适应社会政治的需要

篮球比赛可以提高民族声望，激发民族精神，创造稳定的社会环境。例如，在冷战期间，奥运会的金牌和银牌被视为判断社会制度优越性的重要标准。

5.促进社会经济的快速发展

（1）促进篮球产业化。今天的NBA就是最好的例子。组织可以通过门票收入、转播权、广告费等方式实现竞争的巨大经济效益。

（2）带动其他社会产业的发展。例如，奥运会的主办城市将建设更好的体育场和更多的道路，因为篮球比赛。同时，当人们去看奥运会的时候，它将带动酒店业、餐饮业、旅游业等的发展。

6.带动科学技术的发展

有需求就会有发展。当今的篮球比赛越来越依赖科技，如各种篮球鞋、电脑应用、比赛计时器、LED大屏幕等。随着人们对篮球运动的不断要求，罚球的准确性和公正性，以及比赛的观赏性，都促使新的科技产品将不断涌现。

（四）篮球竞赛的基本原则

1.健康性原则

篮球比赛必须符合这项运动的目的：提高我们的身心健康。在比赛过程中，任何不利于运动员和观众身心健康的行为都应予以制止。例如，服用兴奋剂以增强体力，避免对对方球员做出侮辱性的手势和言语。

2.恢复性原则

篮球比赛是一个非常激烈的体育锻炼，所以在比赛前，运动员必须训练与休息将结合，一定强度的篮球训练后进行放松，这样可以有效恢复功能，为了以下的篮球比赛更全面的准备。

3.创新性原则

我们在生活中经常说"创新是一个民族取之不尽的动力"，篮球比赛也是如此。篮球比赛是一个非常复杂的项目，我们应该善于将各种技术动作和战术的合理组合和转化，从而在场上对对手产生强烈的冲击。如果技术、战术总是一样的，就很容易被对手识破，被对手攻其不备，攻其软肋。

4.协作性原则

篮球比赛是一项集体活动，你不是一个人在战斗，在比赛中队员之间要学会合作，把比赛中的五个人变成一个整体，这样比赛就会打得更流畅，更有活力。

5.育人性原则

在比赛中，运动员和裁判员都应具备基本的体育精神。裁判在决策过程中应该公平公正，运动员在比赛中应该尊重对手，而不是为了取胜而不择手段。

6.公平性原则

公平是指按照一定的社会标准和适当的秩序合理地对待人和做事，是制度、系统和大型活动的重要道德品质。在篮球比赛中，它包括资格的公平、成绩的评定和规则的制定。

（五）篮球竞赛的种类

根据比赛的性质和目的，一般可分为非专业比赛和专业比赛两大类。

1. 非职业性比赛

（1）综合性运动会中的篮球比赛：如奥林匹克运动会中的篮球比赛。

（2）单一篮球项目的比赛：如世界篮球锦标赛。

（3）交际性的比赛：主要是为了加强交流，增进友谊，发展关系，如：国与国之间的友谊赛、省与省之间的友谊赛等。

2. 职业性比赛

（1）国外专业比赛：以商业化为主，目的是为了提高团队收入。

（2）国内专业比赛：主要是为了提高竞争力，从而为国家的国际比赛做准备。当然，近年来国内职业联赛也逐渐关注球队的商业价值，如CBA、超级篮球等职业联赛。

二、篮球竞赛方法

竞争最基本、最直接的目的是公平、公开、公正地取得胜利。为了使参赛队伍在公平合理的条件下进行竞争，采用合适的竞争方法是创造这样一个良好条件的前提，也是客观反映参赛队伍竞争水平的重要保证，也有利于组织和管理。篮球比赛中常用的方法有两种：淘汰法和循环法。

（一）淘汰法

淘汰法是球队在比赛中输球一两次后，即失去继续参加比赛的权利，获胜的球队继续参加比赛，直到最后确定获胜的球队为止。失败一次即失去比赛资格的方法为单淘汰，失败两次即失去比赛资格的方法为双淘汰，和同一对手以三战两胜、五战三胜或七战四胜的形式进行淘汰的为多次淘汰。

淘汰制的编制方法：首先根据报名参赛的队数确定比赛轮次表，由各队进行抽签，确定在比赛表中的位置，然后把队名填入比赛轮次表中，如果表中的队数恰好是2的乘方数（4、8、16、32、64等），那么在第一轮中所有的队都要参加比赛。假如12个队参加比赛，经过第一轮比赛，要剩下8个队参加第二轮比赛。在第一轮中淘汰4个队（12-8=4），就有8个队参加第一轮比赛，有4个队轮空。编排时要把轮空队分别排到上、下两半区，两半区参加的队数也要尽量相等或接近相等。如果轮空队为奇数，可使下半区的轮空队为偶数，上半区的轮空队为奇数。

计算第一轮比赛的轮空队数，可以用队数的2的乘方数减去参加比赛队数的办法。例如，13个队参加比赛，第一轮轮空队数为16-13=3，第一轮比赛中有3个队轮空，10个队参加比赛。

为避免强队在首轮比赛中相遇，经常采用"种子队"安排。种子队的设定应是有根据的，为各队所公认的。一般按照比赛成绩来确定。若无成绩，可用抽签方式来确定。种子队的排列，一种是按种子队的原来名次依次排定在种子位置号码上（种子位置号码是有规律地分布在比赛秩序表中各个不同"区"的顶部和底部）；另一种是让种子队抽签，确定在哪个种子位置号码上，在种子队排好后，再让其他非种子队抽签。

单淘汰只能合理地确定第一名，在必须确定其余各队名次时，应当进行补赛（附加赛）。补赛的办法应在竞赛规程中明文规定。常采用的补赛办法是：决赛中失败的队为第二名，复赛中失败的两个队补赛一次，胜者为第三名，败者为第四名，复赛前败的四个队进行补赛，争夺第五至第八名。

双淘汰制就是在比赛中失败两次才被淘汰。双淘汰制的编排方法基本上和单淘汰制相同，只是进入第二轮后，要把失败的队编排起来再进行比赛，再失败的则被淘汰，胜队继续与上一轮失败者进行比赛，最后一次失败的队还能参加决赛，并有可能夺取冠军。

多次淘汰的编排同单淘汰相同，所区别的是多次淘汰克服了单淘汰中两队之间交锋一场论胜负的偶然性缺陷，它采用两队之间三战两胜、五战三胜甚至七战四胜的结果来论胜负，更加客观地反映参赛队的实际水平。多次淘汰通常是在比赛水平比较高、双方实力相当，或者在一次篮球竞赛最后阶段的比赛中采用的方法。

（二）循环法

循环方式包括单循环、双循环和群循环。

单循环：指所有队伍在整个比赛中可以相遇一次。最后，根据整个比赛的输赢情况对各队进行排名。一般来说，参赛队伍数量不多，比赛时间较长。

双循环：所有队伍可以在比赛中相遇两次。最后，根据在整个比赛中获胜和失败的次数对队伍进行排名。当参赛队伍数量较少，比赛时间较长时，一般采用这种方法。

分组循环：参赛队伍分为若干组，进行单次团体赛。各参赛队的名次确定后，将举行第二阶段比赛。一般在参赛队伍多、比赛时间有限的情况下采用。

1.循环法的编排

（1）单循环比赛场数和比赛轮次的计算。比赛场数计算的公式为：

$A(N-1)/2=X$

即：队数(队数-1)/2=比赛总场数。例如：10个队参加比赛，比赛总场数是

10(10 - 1)/2 = 45(场)。

如果参加的队数是偶数，则比赛轮数为队数-1。例如：10个队参加比赛，比赛轮数是10-1=9轮。如果参加比赛的队数是奇数，则比赛轮数等于队数。例如：5个队参加比赛，比赛就要进行5轮。计算轮数和场数可以做到心中有数，便于更好地安排比赛工作。

（2）比赛轮次表的编排。把参加比赛的队平均分为两半，前一半号数由1号起自上而下地写在左边，后一半号数自下而上地写在右边，然后用横线把相对号数连接起来，就是第一轮的比赛队。如果是奇数，可以加一个"0"号使之成为偶数，碰到0的队轮空一次。

第二至第五轮的排法：把1号的位置固定不变，其余的号码按逆时针方向移动一个位置，再用横线连起来，这就是第二轮的比赛队。依此类推，排出第三、四、五轮的比赛。

轮次表排完后，各队进行抽签，并把各队队名按抽到的号码填到轮次表里。

（3）双循环比赛轮次表的编排。双循环比赛轮次表的排法与上述循环的编排相同，只是要排出第一循环和第二循环轮次。

（4）分组循环的编排。分组循环就是把参加的队分成若干小组，各小组先进行单循环比赛。如十六个队参加比赛，分成四个小组，每个小组进行六场比赛，四个小组共进行二十四场比赛，所需要的轮数4-1=3轮。

经过小组循环比赛，排出各小组的名次后，再进行第二阶段的比赛。第二阶段的比赛可采用下列方法：

仍用单循环比赛方法，各小组第一名编在一组再进行比赛，决出第一至第四名；各小组第二名编在一组再进行比赛，决出第五至第八名；各小组的第三名编在一组再进行比赛，决出第九至第十二名；各小组的第四名再编在一组进行比赛，决出第十三至第十六名。

可将第一阶段比赛中各组的前两名编在一组再进行比赛，决出第一至第八名。将各小组的第三、第四名编在一组再进行比赛，决出第九至第十六名。

如果时间短，可只将第一阶段各小组的第一、第二名编在一组进行比赛，决出前八名的名次，其他队不再参加第二阶段的比赛。

2.循环法的抽签排列办法

在比赛前几天，由主办单位召集各领队公开抽签，排好比赛轮次表。使各队明确比赛的次序、日期、时间和地点，以便做好工作。

（1）单循环比赛的抽签。按参加比赛的队数排好比赛轮次表，备好签号进行抽签。然后将队名填入比赛轮次表中。

（2）分组循环比赛的抽签。首先在领队会上协商确定种子队。种子队的队数一般等于分组的组数。如果分四个组进行比赛，应有四个种子队。为了做到更合理，也可以多选出几个种子队，但必须是组数的倍数。如分四个组进行比赛，可确定八个种子队，第一号种子队与第八号种子队编为一组，第二号种子队与第七号种子队编为一组，依次类推。

抽签方法。种子队先抽签，确定各种子队的组别，然后其他各队再抽签确定组别。例如：二十个队分为四个小组，除八个种子队外，其他十二个队再抽签。签号为四组，每组有相同的三个签，由十二个队抽签确定组别，然后再把各队按组别填入各组的比赛轮次表中。还有一种方法是按上一届进行蛇行排列分组。例如：有十六个队分成四个组时，其排法见表10-1。

表10-1 十六队蛇形排列分组

第一组	第二组	第三组	第四组
1	2	3	4
8	7	6	5
9	10	11	12
16	15	14	13

（3）循环制的计分方法和名次排列。在确定比赛名次时，将计算总分，即赢2分，输1分，弃权0分。在列之前指出更多的位置。

如两队的积分相等，则仅以两个有关队之间比赛的胜负排列名次，胜队名次列前。如三队或三队以上的队积分相等，则以这几个积分相等队之间的比赛胜负场次排列名次；如还相等，则按他们之间比赛的得失分率（得分之和或失分之和）排列名次；如仍相等，贝！J按他们的全组内所有比赛的得失分率排列名次。

（三）混合法

在比赛中同时采用淘汰法和循环法成为混合法。比赛分为两个阶段，第一阶段采用小组淘汰制，第二阶段采用循环制。或者反过来说，第一阶段采用循环制，第二阶段采用小组淘汰制。即第一阶段采用分组循环制，第二阶段的比赛按两组相应的名次（即两小——第一名和第二名）首先交叉进行比赛，两个胜队再进行比赛决定第一名和第二名，两个上轮中失败的队再比赛决定第三和第四，原分组循环产生的第三名和第四名，也用同样的方法决定第五名至第八名。还有一种混合制是把两次分组循环赛后的各队，按成绩排出复赛的全部名次，然后，从前面按顺序，把临近的两个队编组进行决赛，取出受奖名次。如十二个队，先把十二个队分成A、B、C三组，分组循环后，把预赛各组的前两名编为一组，采用循环制，进行复赛，按成绩排出1~6名；各组的后两名编为一组，进行比赛，排出7~12名。最后，第一名和第二名再进行比赛，决出冠亚军；第三名和第四名进行比赛，决出第三名和第四名，其他队不再进行比赛。

三、篮球竞赛组织与管理

篮球比赛组织是一项复杂而细致的工作，是整个比赛成败的关键。一般竞赛组织工作可分为赛前、赛中、赛后三个部分。

（一）赛前准备工作

为篮球比赛做准备是很重要的。赛前应根据篮球比赛的规模和特点设立相应的办公室，明确各人员的分工和职责。

1.成立筹备委员会

筹备委员会负责比赛的筹备工作。根据篮球比赛任务和计划，讨论确定组织方案。组织计划一般包括以下内容：

拟订竞赛的目的、任务、名称、主办单位及承办单位（及协办单位）。编制费用预算。应根据财政资源和实际工作需要编制预算。一般经费预算应包括场地设备费、交通费、食宿费、裁判员工资、工作人员津贴、运动员奖金、招待费、广告制作费和文字印刷费、通讯费等。制定工作流程。为每个任务指定实现的步骤和截止日期，确定竞赛的组织机构。根据工作需要确定组织机构，包括组织形式、人员安排、职能部门负责人名单等。

2.制定竞赛规程

竞赛规程是竞赛活动得以顺利进行的法规性文件，是竞赛过程中一切活动的依据。竞赛规程应提前下发有关单位，以便各参赛单位做好赛前准备工作。一份完整的竞赛规程应包括下列内容：

（1）篮球竞赛的全称。

（2）竞赛的目的与任务。

（3）主办单位和承办单位。

（4）竞赛日期和地点。

（5）参加竞赛的单位。

（6）各参赛队参加人数。

（7）参赛运动员的资格。

（8）明确报名及报到日期。

（9）采用何种竞赛办法和竞赛规则。

（10）录取名次和奖励办法。

（11）抽签日期和地点。

（12）交通、住宿和经费开支等有关规定。

3.成立组织机构

建立组织机构，制定工作计划，明确任务和分工。竞赛组织的一般形式是组委会领导下各职能部门的具体责任制。

组委会由主办和承办单位的领导或代表、各职能部门的负责人、各代表队的领队组成，组委会一般下设以下职能部门并分工。

（1）竞赛组。接收各队报名单。比赛规则、组委会名单、工作人员名单、裁判员名单、参赛代表名单、赛程安排、成绩记录等基本内容应列入《比赛规则》，审查运动员资格。检查现场、设备和器材的准备情况。制定会议日程，包括比赛、休息、会议、参观、学习、娱乐活动、报到离场日期、作息时间等。制定比赛前及休息日的成绩表、评委安排、训练场地安排等形式。确定参加技术统计工作的人员并组织研究，准备各种设备。举办领队、教练员联席会议，讨论、研究、安排与比赛有关的事宜。

（2）裁判组。组织裁判员学习竞赛规则的有关规定。公平、准确、无私、无畏的职业道德教育。监督裁判员进行体育锻炼和必要的测试。

（3）场地组。根据比赛要求安排场地。如记录台和参赛队座位、换人席的设置。落实有关设备，如计时钟和备用钟、计分器和记分牌、30秒或24秒计时器、犯规牌、全队犯规装置、锣或蜂鸣装置等。准备好比赛用球、拖把、干毛巾等与比赛有关的物品。

（4）会务组。确保交通、住宿、票务，及时制作奖杯、奖牌、横幅、奖品。安排医务人员和物资，制定安全工作计划，落实值班人员。

（5）仲裁委员会。仲裁委员会委员一般应由篮球方面的专家和权威人士担任，人数为3~5人。

仲裁委员会：妥善处理法庭上的各类纠纷和申诉，并将仲裁结果报告有关部门和参赛队伍。

竞赛组：与团队保持联系，定期召开团队负责人或其他会议，处理和解决相关问题；因特殊情况需要变更场地、日期、时间的，应及时通知团队。及时登记并公布结果。当有淘汰赛和交叉赛时，应及时发送比赛进度表。

场地组：对现场、设备、设备进行日常检查，并及时进行必要的维护保养。

裁判组：每天组织裁判员做好准备会议和总结会议，及时总结，努力提高工作水平；安排好第二天的工作。

会务组：听取团队对生活、交通等方面的意见，及时改进；加强医疗监督，及时处理受伤事故。

（二）赛后结束工作

（1）组织召开闭幕式，宣布比赛成绩并颁奖。

（2）办理各队离会的经费结算及交通安排等事宜。

（3）印发成绩册。

参考文献

［1］侯向锋著.体育教学与篮球体能训练研究［M］.吉林出版集团股份有限公司，2022.02.

［2］戴志东.篮球后备人才选拔与培训体系建设［M］.北京：北京体育大学出版社，2022.01.

［3］周秉政.铸魂育人 新时代高校篮球教学研究［M］.天津：天津社会科学院出版社，2022.06.

［4］刘海荣，冯强明，胡晶编.新时代高校体育与健康教程［M］.天津：天津大学出版社，2022.08.

［5］张秀梅著.篮球运动基本技术教学与训练［M］.长春：吉林人民出版社，2021.07.

［6］张小刚，周秉政.篮球运动教学训练的理论与实践［M］.天津：天津社会科学院出版社，2021.01.

［7］石颖著.青少年篮球教学训练体系研究［M］.长春：吉林大学出版社，2021.03.

［8］李建龙著.篮球运动科学健身与开展方法［M］.长春：吉林大学出版社，2021.10.

［9］孙彬著.篮球教学与训练多方位研究［M］.长春：吉林文史出版社，2021.

［10］纪德林著.高校篮球运动教学与训练的指导及优化［M］.北京：北京工业大学出版社，2020.06.

［11］徐云美著.篮球运动教学与训练方法［M］.天津：天津科学技术出版社，2020.03.

［12］王磊，柏海平主编.篮球运动教学与训练体系的优化和实践指导教程

［M］.西安：陕西旅游出版社， 2020.08.

［13］胡文娟著.高职院校篮球教学研究［M］.长春：吉林人民出版社，2020.08.

［14］闫萌萌，张戈著.当代高校篮球教学与训练实践研究［M］.太原：山西经济出版社， 2020.08.

［15］李杨著.青少年篮球发展指南［M］.北京：中国书籍出版社， 2020.08.

［16］田刚，闫俊峰，符谦.生命在于运动［M］.上海：上海交通大学出版社， 2020.

［17］张伟，肖丰著.高校篮球运动教学理论与方法研究［M］.北京：新华出版社， 2019.01.

［18］陈杰著.篮球运动教学理论创新与实战技巧研究［M］.中国原子能出版社， 2019.03.

［19］刘烁编著.篮球运动教学与人才培养研究［M］.长春：吉林科学技术出版社， 2019.11.

［20］胡永著.篮球运动教学与训练体系的优化及实践探索［M］.北京：中国水利水电出版社， 2019.04.

［21］丛向辉著.高校篮球运动开展研究与教学创新［M］.北京：中国纺织出版社， 2019.01.

［22］史黎清著.篮球运动的关键技术与教学实践［M］.长春：东北师范大学出版社， 2019.06.

［23］肖春元著.大学体育篮球教学改革研究［M］.哈尔滨：黑龙江教育出版社， 2019.03.

［24］陈钧，史燕.篮球［M］.北京：中国少年儿童出版社， 2019.09.

［25］杨照亮著.基于体育强国背景下现代篮球运动的教学与训练研究［M］.长春：东北师范大学出版社， 2018.05.

［26］战迅，王新青著.现代高校篮球运动教学的内容设置与研究［M］.科瀚伟业教育科技有限公司， 2018.03.

［27］范丽霞著.现代高校篮球运动与教学研究［M］.长春：吉林大学出版社， 2018.05.

［28］朱超著.高职篮球运动教学理论分析与科学设计［M］.北京：中国水利水电出版社， 2018.07.

［29］马光亮著.青少年篮球运动教学与训练［M］.哈尔滨：北方文艺出版社， 2019.05.